Bruder Andrew / Verne Becker

Der Auftrag

Mit Gott ist nichts unmöglich

Brunnen/Open Doors

Die amerikanische Originalausgabe erschien unter dem Titel
„The Calling" bei Moorings. Außerdem wurde eine Ausgabe
bei Bethany House unter dem Titel „For the Love of My Brothers"
sowie bei Baker House unter dem Titel „God's Call" veröffentlicht.
Copyright © 1996, 2002 by Open Doors International

Übersetzung ins Deutsche von Franziska Dallmann

Bibelzitate, wenn nicht anders angegeben, aus:
Gute Nachricht Bibel, revidierte Fassung, durchgesehene Ausgabe in
neuer Rechtschreibung, © 2000 Deutsche Bibelgesellschaft, Stuttgart

© der deutschen Ausgabe
Brunnen Verlag Gießen 2010
www.brunnen-verlag.de
Umschlagfotos: Shutterstock; Open Doors
Umschlaggestaltung: Ralf Simon
Satz: DTP Brunnen
Druck: CPI – Ebner & Spiegel, Ulm
ISBN 978-3-7655-4087-5

*Bruder Andrew möchte Ihnen zeigen,
dass Gott auch aus Ihnen
einen Weltveränderer machen kann.*

LOREN CUNNINGHAM

Inhalt

Einführung	7
1. Den Augenblick erkennen	13
2. „Das kannst du doch nicht machen!"	36
3. Türen, die sich öffnen	60
4. Aus den Angeln gehoben	86
5. „Das passiert bei uns nicht!"	106
6. Gabriella und Michael	134
7. Einundzwanzig Tassen Tee und achtzehn Schüsseln Reis	155
8. Kinder der Revolution	183
9. Frischer Wind	209
10. Aus Hammer und Sichel werden Hammer und Meißel	235
11. Die muslimische Herausforderung	267
12. Weichen für die Zukunft stellen	301
Anhang	
Zehn Schritte	327
Der Dienst von Open Doors	329

Einführung

Als ich vor vielen Jahren in Osteuropa unterwegs war, besuchte ich einmal eine evangelikale Gemeinde in der DDR. Ich weiß nicht mehr, worüber ich predigte, aber ich werde nie vergessen, was im Anschluss an meine Ansprache geschah. Der Pfarrer kam nach vorne, legte seine Arme um mich und begann zu weinen.

Als er sich wieder gefasst hatte, erzählte er uns allen die Geschichte von Josef aus dem ersten Buch Mose. Josef blieb zu Hause, während seine Brüder draußen die Schaf- und Viehherden hüteten. Eines Tages wurde er von seinem Vater Jakob hinausgeschickt, um sie aufzusuchen und festzustellen, wie es ihnen ging.

Als Josef über die Felder lief, kam ein Mann auf ihn zu und fragte ihn: „Was suchst du?"

Josef antwortete: „Ich suche meine Brüder."

Als der Pfarrer – die Arme noch immer um meine Schultern – zu diesem Punkt in der Geschichte kam, brach er erneut in Tränen aus. „Genau das tut Bruder Andrew!", rief er. „Er sucht seine Brüder."

Bis heute suche ich in der ganzen Welt und besonders in islamischen Ländern nach meinen Brüdern und Schwestern, die um ihres Glaubens willen leiden. Ich suche nach ihnen, nicht nur, weil sie mich brauchen, sondern auch weil ich sie brauche. Alle sind wir Teil der gleichen Gemeinschaft der Gläubigen, die in der Bibel als „Leib Christi" bezeichnet wird. Wir brauchen einander. Wir sind von Gott dazu berufen, sein Werk zu tun, und zwar gemeinsam.

Seit meinem ersten Besuch in der kommunistischen Welt im Jahre 1955 hat sich die politische, soziale und geistliche Landschaft dramatisch verändert. Damals ahnte ich nicht, wie sehr mein Leben als Folge jenes Besuches auf den Kopf gestellt werden sollte. Ich ahnte auch nicht, dass ich später die Bezeichnung „Schmuggler Gottes" erhalten sollte, die dann zum Titel meines ersten Buches wurde. In der Zwischenzeit ist „Open Doors" über eine Kiste mit Bibeln und einen Volkswagen hinausgewachsen und zu einer internationalen Organisation geworden, die in rund fünfzig Ländern tätig ist, wo Christen verfolgt werden.

Obwohl wir einen großen Teil unserer Bemühungen darauf richteten, der Gemeinde Jesu in Osteuropa und in der Sowjetunion zu dienen, machte mir die Verfolgung der Christen in anderen Teilen der Welt von Anfang an auch sehr zu schaffen, zum Beispiel in China, im marxistischen Lateinamerika, im gebeutelten Afrika und in den Ländern der islamischen Welt. Ähnlich wie hinter dem Eisernen Vorhang suchte ich auch in jenen Ländern meine Geschwister im Glauben und half, einheimische Teams für den Dienst zu organisieren, die dann vor Ort die Gemeinde Jesu in der Verfolgung unterstützten und ermutigten. Seit die Berliner Mauer gefallen, der Kalte Krieg beendet und das sowjetische Reich zusammengebrochen ist, freuen wir uns über die dort neu erworbene Freiheit der Christen, die es ihnen ermöglicht, Gott anzubeten und die Gute Nachricht von Jesus Christus öffentlich weiterzutragen. Wir dürfen jedoch nicht aufhören, für diese Brüder und Schwestern zu beten und sie zu unterstützen. Denn nun gilt es, sich einer neuen Herausforderung zu stellen, nämlich den schlechter werdenden wirtschaftlichen Verhältnissen, der politischen Instabilität und den moralischen Versuchungen, die mit der Freiheit einhergehen. Und immer noch leiden sie unter dem großen Mangel an Bibeln und christlicher Literatur. Sie benötigen unser Gebet und unsere finanzielle und materielle Unterstützung mehr denn je.

Von Anfang an bestand meine Vision und die Vision von Open Doors darin, die Gemeinde Jesu in der Verfolgung in den „verschlossenen" Regionen zu erreichen. Nach der offiziellen Öffnung der Sowjetunion haben wir unseren Schwerpunkt auf solche Gebiete verlagert, in denen die Gemeinde unter dem Druck der Regierung oder der Gesellschaft leidet.

Das gilt besonders für die islamische Welt. Obwohl der Islam zu den am schnellsten wachsenden Religionen der Welt zählt, ist lediglich ein sehr kleiner Prozentsatz christlicher Missionsaktivität auf die islamische Welt gerichtet. Viele Christen schreiben die islamische Welt ab mit der Begründung, sie sei dem christlichen Glauben gegenüber verschlossen. Aber eine kleine, ums Überleben kämpfende Gemeinde benötigt ganz dringend unsere Gebete und unsere Hilfe. Aus diesem Grund hat Open Doors die Gebets- und Hilfskampagne „Gefährlicher Glaube" für Christen in der islamischen Welt und besonders für ehemalige Muslime, die Christen geworden sind, ins Leben gerufen. So wollen wir unsere Geschwister stärken und darin unterstützen, ihren Glauben in einem bedrohlichen Umfeld zu leben und weiterzugeben.

Die Botschaft Christi breitet sich in islamisch geprägten Ländern auf erstaunliche Weise aus, wie in diesem Buch berichtet wird. Den Christen in verschlossenen Gebieten stehen aber unglaubliche Hindernisse im Weg. Deshalb habe ich es mir zur Priorität gemacht, die Gute Nachricht von Jesus Christus in eben diese Gebiete hineinzutragen, so wie damals in die kommunistischen Länder in Mittel- und Osteuropa. Die Orte mögen anders geprägt sein, unser Missionsauftrag ist derselbe geblieben: „Werdet wach und stärkt das, was noch Leben hat, bevor es abstirbt" (Offenbarung 3,2).

In „Der Schmuggler Gottes", meinem ersten Buch, konnten die Leser erstaunliche Geschichten über Gläubige lesen, die mir in Russland und in Osteuropa begegnet sind. In diesem Buch haben Sie Gelegenheit, Brüder und Schwestern auch aus anderen Teilen der Welt kennenzulernen. Weil viele Christen aufgrund ihres Glaubens in beständiger Gefahr stehen, verhaftet, eingekerkert oder getötet zu werden, werde ich einige Einzelheiten im Zusammenhang mit ihrer jeweiligen Situation abändern, um ihre Identität zu schützen. Die authentische Kraft ihres Glaubens und ihrer Hingabe jedoch kann und soll nicht verborgen bleiben.

Seit Jahren werde ich gefragt: „Andrew, wie kommt es, dass du so viele verbotene Länder besuchen kannst? Wie lernst du all diese wichtigen Menschen kennen, die du auf den Herrn hinweisen kannst? Und wieso kannst du immer noch aktiv sein und bist nicht in irgendeiner Gefängniszelle eingesperrt?"

Ich verrate Ihnen ein kleines Geheimnis. Ich bin absolut kein außergewöhnlicher Mensch und nicht einmal besonders begabt. Ich habe nie eine höhere Schule oder eine Fachhochschule besucht. Alles, worauf ich zurückgreifen kann, ist meine Ausbildung in einer Bibelschule. Ich sage den Menschen, dass ich ein einfacher Holländer bin, der Sohn eines Schmieds, und dass ich für einen jüdischen Tischler arbeite. Mit anderen Worten – ich bin ein ganz durchschnittlicher Kerl, der in seinem Leben stets versucht, Gottes Ruf zu erkennen und ihm zu gehorchen.

Wenn ich jedoch über die vergangenen fünfzig Jahre im Dienst nachdenke, dann erkenne ich einen gewissen Entwicklungsprozess darin, wie Gott in meinem Leben gewirkt und was er mir zur Förderung des Reiches Gottes aufgetragen hat. Außerdem ist mir klar geworden, dass dieses fortschreitende Wirken Gottes nicht nur für mein Leben gilt, sondern dass er so etwas im Leben jedes Christen tun will.

Deshalb erfahren Sie im vorliegenden Buch nicht nur mehr über meine weiteren Begegnungen mit der Gemeinde Jesu in der Verfolgung, sondern Sie lernen zusätzlich noch diesen Entwicklungsprozess kennen. Ich habe diese Entwicklung in zehn Abschnitte unterteilt, die ich im Verlauf der Erzählung untergebracht habe, damit Sie von Zeit zu Zeit innehalten und über Ihre eigene persönliche Verantwortung als Teil des weltweiten Leibes Christi nachdenken können. (Am Ende des Buches finden Sie eine Übersicht aller *zehn Schritte*. Das soll Ihnen eine praktische Hilfe für Ihr Leben sein.)

Diese Schritte beschreiben, was passieren kann, wenn Sie auf den Ruf Gottes in Ihrem Alltag achten und darauf eingehen – zu Hause, am Arbeitsplatz oder in der Nachbarschaft. Denn genau dort können wir anfangen, die Welt zu verändern. Unser Glaube an Christus muss zu einem Lebensstil werden, ganz gleich, wo wir leben.

Wenn das passiert, dann dauert es nicht lange, bis Sie die ganze Welt und die Rolle, die Sie darin spielen, mit anderen Augen betrachten. Sie werden feststellen, dass Gott Ihnen Türen öffnet, damit Sie ihm auf eine nie für möglich gehaltene Weise dienen.

Bruder Andrew

1. Den Augenblick erkennen

Es war im August 1968. Ich arbeitete gerade oben in meinem Büro, als meine Kinder plötzlich hinaufriefen: „Papa! Im Fernsehen kommt etwas ganz Schreckliches!"

Überrascht sprang ich auf und lief nach unten. Das holländische Fernsehen sendete damals zu dieser Tageszeit nicht, sodass es sich um etwas Ernstes handeln musste, wenn tatsächlich etwas ausgestrahlt wurde.

Auf dem Bildschirm waren Panzer zu sehen, die in endlosen Reihen auf Prag, die Hauptstadt der ČSSR, zurollten, und außerdem Transportfahrzeuge mit Tausenden von Soldaten. Die Invasion der sowjetischen Armee hatte begonnen.

Die Fernsehkameras zeigten die Gesichter der verunsicherten Bevölkerung. Die meisten blickten stumm vor sich hin, einige wenige reagierten zornig auf die Präsenz der Russen in ihrem Land.

Während ich die Nachrichtensendung verfolgte, fragte ich mich, welche Auswirkungen das auf meine Freunde in den dortigen Gemeinden haben würde. Ob die Russen sie vielleicht unterdrücken würden; was sie wohl dringend benötigten und wie ich ihnen helfen könnte. In Windeseile lud ich russische Bibeln und kleinere christliche Schriften in tschechischer Sprache in meinen großen Citroen Kombi und machte mich unverzüglich auf den Weg zur tschechischen Grenze. Da es damals fast keine Geschwindigkeitsbegrenzungen in Europa gab, fuhr ich mit durchschnittlich 160 Stundenkilometern und schaffte die Strecke in nur einem einzigen Tag.

Am Grenzübergang traute ich meinen Augen nicht. Mir

13

gegenüber stand eine lange Autoschlange, so weit das Auge reichte. Tausende von tschechoslowakischen Bürgern versuchten, auf der Flucht vor den Truppen der Warschauer-Pakt-Staaten das Land zu verlassen.

Mein Auto war das einzige, das ins Land hineinwollte.

Die Grenzbeamten schauten sehr bedrückt. Ein Soldat kam zu mir herüber und beugte sich durchs offene Fenster zu mir herein. Das Maschinengewehr an seiner Schulter war gefährlich dicht an meinem Kopf.

„Wissen Sie, was gerade mit meinem Land passiert?", fragte er und sah mich traurig und entmutigt an.

„Ja", erwiderte ich. „Ich weiß genau Bescheid."

„Und Sie wollen trotzdem hinein?"

„Ja, eben aus diesem Grund möchte ich hinein."

Er zuckte mit den Schultern, stempelte meinen Pass ab – ich hatte nicht einmal ein Visum – und winkte mir zum Weiterfahren. Er war zu sehr mit den Ausreisenden beschäftigt, als dass er sich um mich Dummkopf hätte kümmern wollen. Inmitten des Durcheinanders hatte niemand Interesse daran, mein Gepäck zu kontrollieren. Ich hatte mir nicht einmal die Mühe gemacht, die Kisten mit den Bibeln zu verstecken. Die tschechoslowakischen Bürger in der Schlange der Ausreisenden schauten mich fragend an.

Nur wenige Kilometer nach dem Ende der Schlange wurde ich von der sowjetischen Armee angehalten. Auf den Feldern zu beiden Seiten der Straße waren riesige Lager errichtet worden. Überall standen Panzer, Lastwagen, Truppenverbände und Artillerie. Auf der engen Straße blockierten zwei große grüne Panzer die Durchfahrt. Als sie ihre Kanonen direkt auf meinen Kombi richteten, kam ich mir ganz klein vor.

In solchen Augenblicken hat man keine Zeit für längere

Gebete. Man verlässt sich auf den Glauben und die Gebete der Partner zu Hause und auf das Wort Jesu. Als mehrere Uniformierte mit ihren Maschinengewehren auf mich zukamen, reichte mir die Zeit nur knapp, um mein kleines Schmugglergebet zu sprechen: „Herr Jesus, ich habe Bibeln dabei, die ich deinen Kindern in diesem Land bringen möchte. Als du auf der Erde warst, hast du viele blinde Augen sehend gemacht. Jetzt bitte ich dich, sehende Augen blind zu machen."

Der Soldat streckte ohne Umschweife seine Hand nach meinem Pass aus. Bei der Überprüfung schien er ihn falsch herum zu halten, aber ich war sicher, dass er ihn sowieso nicht lesen konnte. Eine Sekunde später reichte er ihn mir zurück und ließ mich wortlos passieren.

Schließlich gelangte ich nach Prag, wo es von Panzern und sowjetischen Truppenverbänden nur so wimmelte. Die großen Panzer ratterten und rasselten auf den Pflastersteinen, wobei sie die Anwohner erschreckten und viele Straßen beschädigten.

Sobald sie das ausländische Kennzeichen an meinem Auto erblickten, hoben die Menschen die Arme zum Willkommensgruß. Das machte mich etwas nervös, weil die Aufmerksamkeit dadurch auf mich gelenkt wurde. Ich blickte andauernd in den Rückspiegel, in Sorge, dass der hinter mir fahrende Panzer mich vielleicht wie eine leere Coladose überrollen könnte.

Am ersten Sonntag nach der Besetzung predigte ich in derselben Gemeinde, die ich in meinem Buch „Der Schmuggler Gottes" erwähne (S. 93/94). Ich hatte sogar noch denselben Dolmetscher, Antonin. Trotz der vorbeirollenden Panzer und dem sporadischen Maschinengewehrfeuer auf den Straßen war die Kirche brechend voll.

Die Menschen trugen die Frage nach dem Warum der Besetzung im Herzen.

Zunächst überbrachte ich ihnen Grüße von den Christen im Westen und versicherte ihnen, dass unsere Gebete sie in diesen schweren Zeiten begleiteten und wir sie nicht vergessen würden. Dann fing ich trotz klirrender Fensterscheiben an, ihnen zu erklären, weshalb sich meiner Meinung nach dieser Übergriff ereignet hatte.

„Wenn wir den Heiden nicht das Evangelium bringen", sagte ich mit Nachdruck, „dann werden sie uns als Revolutionäre und Besatzer überrollen." Diesen Grundgedanken sollte ich in den nächsten vier Jahrzehnten noch oft betonen.

Sie begriffen schnell, dass ich über die verpasste Gelegenheit der Gemeinde sprach, die Russen mit dem Evangelium zu erreichen. Die Bürger der Tschechoslowakei hatten während des „Prager Frühlings" in den vergangenen neun Monaten unter Alexander Dubček einigermaßen viel Freiheit gehabt. Aber die Christen hatten, anstatt die Gelegenheit beim Schopf zu packen und Bibeln und Prediger nach Russland zu schicken, den Westen aufgesucht, um neue Kleidung, Schuhe, Fahrräder, Kassettenrekorder, Radios und sogar Autos zu kaufen. Der westliche Materialismus hatte sie gefangen genommen. Und sie hatten ihren großen Bruder im Osten vergessen. Jetzt waren die Russen einmarschiert, und nun war ihre Freiheit dahin. Es fiel mir nicht leicht, ihnen das zu sagen, aber es musste gesagt werden.

Tiefe Reue ergriff die ganze Versammlung. „Was wird jetzt geschehen?", fragten sie sich laut. Würde Gott sich gegen sie stellen?

„Nein!", rief ich. „Gott liebt euch, und er liebt auch die Russen. Weil ihr nicht mit Bibeln zu den Russen gegangen seid, hat Gott es in seiner unendlichen Liebe zugelassen, dass die Russen jetzt zu euch kommen. Jetzt habt ihr Gelegenheit, ihnen das Wort Gottes zu geben." Diese Idee war für viele von ihnen neu, Tränen standen in ihren Augen.

Nach dem Gottesdienst kamen sie zu mir und sagten: „Andrew, wenn wir es nur gewusst hätten! Wenn wir nur auf die sowjetische Besetzung vorbereitet gewesen wären! Jetzt haben wir keine russischen Bibeln. Wie können wir ihnen helfen?"

„Weshalb bin ich wohl gekommen?", fragte ich mit einem Lächeln. Dann packte ich meinen Berg russischer Bibeln aus und überreichte sie den Menschen beim Auseinandergehen. Überglücklich teilten sie die Bibeln untereinander aus und gingen auf die Straßen, um sie den russischen Soldaten in der ganzen Stadt zu schenken.

Man darf dabei nicht vergessen, dass die jungen Soldaten Angst hatten. Es war ihnen gesagt worden, dass die Tschechen sie freudig begrüßen würden. Stattdessen wurden sie von den Menschen auf der Straße bespuckt. Sie erlebten, wie Fäuste gegen sie erhoben wurden, wie sie angebrüllt, verflucht, mit Steinen und Molotowcocktails beworfen wurden. Straßenschilder waren in die falsche Richtung gedreht, entfernt oder überpinselt worden, damit sie sich nicht orientieren konnten, und die Tschechen gaben ihnen nicht einmal ein Glas Wasser. Doch dann kamen die Christen, lächelten sie an und sagten: „Gott segne euch! Gott ist Liebe, und er liebt euch. Hier ist eine Bibel. Wollt ihr nicht die Liebe Gottes annehmen und lesen, wie sehr Gott euch liebt?" Bald darauf waren andere Teams in weiteren Städten der ČSSR (heute Tschechien und Slowakei) unterwegs, um das Gleiche zu tun. Sie brachten den Russen die Liebe Gottes und sein Buch.

Und etwas Erstaunliches geschah – etwas, wofür wir keinerlei Erklärung haben: Es wurde mir später aus verschiedenen Städten berichtet, dass die sowjetische Führung die gesamte russische Besatzungstruppe zurückrief und durch eine andere ersetzte! Die Soldaten waren völlig demoralisiert. Ich glaube einfach, dass die Liebe und die Bibeln, die die Christen austeilten, eine gewisse Rolle bei ihrem Rückzug spielten. Denn schließlich verändert die Bibel, das Wort Gottes, die Menschen. Durch veränderte Menschen werden Situationen verändert.

Einige Jahre vorher, 1961, fuhr ich einmal zu einer Konferenz von Holland über die Bundesrepublik in die DDR. Es war damals im Kalten Krieg eine kritische Zeit. Wegen der Stationierung sowjetischer Trägerraketen auf Kuba herrschte große Spannung. In der ganzen Welt fürchtete man einen drohenden atomaren Erstschlag der Amerikaner. Die Christen in der DDR genossen noch eine relativ große Freiheit. Das wurde zum Beispiel am Dienst der Diakonissen der evangelischen Kirche der DDR deutlich. Einem evangelischen Orden gleich trugen die Diakonissen viel zur Verbreitung des Evangeliums und zur Bibelunterweisung bei. Auch leisteten sie im sozialen Bereich Großes zum Wohl der Bevölkerung. Sie sorgten sich um Menschen, für die das System nichts übrig hatte, und bewiesen dadurch ihre Liebe zu Christus.

Viele Diakonissen arbeiteten als Krankenschwestern in den Krankenhäusern, sangen oft Kirchenlieder für die Kranken und beteten mit ihnen. Als in einem Krankenhaus die Regierung solche Aktivitäten unterbinden wollte, sagten die Diakonissen, sie würden eher ihren Dienst einstellen, als mit dem Singen und Beten aufzuhören. Es dauerte nicht lange, bis die Behörden nachgaben, weil sie sowohl auf die Fähigkeiten als auch auf die hingebungsvolle Tätigkeit der Schwestern angewiesen waren.

Mit meinem blauen VW-Käfer fuhren mein Partner Erik und ich also zu der Konferenz in die DDR. Unterwegs hörten wir im Radio von einer überraschenden Entwicklung: Die DDR-Regierung hatte mit dem Bau einer Betonmauer und der Errichtung von Stacheldrahtzäunen zwischen dem Ost- und Westteil Berlins begonnen. Und tatsächlich, in West-Berlin passierten wir den später als „Checkpoint Charlie" bekannten Kontrollpunkt mit seinen bedrohlich aussehenden Soldaten, Maschinengewehren und Wachtürmen.

Damals hatten Erik und ich noch eine recht lässige Haltung der neuen Mauer gegenüber. Nachdem wir ohne Zwischenfälle durchgekommen waren, sagte er sogar: „Andrew, das hat Spaß gemacht! Lass uns noch einmal durchfahren."

Dieser Kerl ist ein Spinner, dachte ich.

Ich war eigentlich der größere Spinner, denn ich wendete tatsächlich den Wagen und fuhr noch einmal durch. Nichts geschah. (Wir hatten keine Bibeln mitgenommen, da die Gemeinden damals noch keinen Bedarf hatten.)

Auf DDR-Seite sah ich jedoch später ein weitaus finstereres Bild von den Auswirkungen der Mauer. Die Menschen waren völlig vor den Kopf gestoßen. Ohne Vorwarnung waren sie von Freunden, Geschäftspartnern und sogar Familienmitgliedern, die zufällig auf der freien Seite wohnten, abgeschnitten. Bis zu diesem Zeitpunkt hatten viele, die nicht unter dem kommunistischen Regime der DDR leben wollten, die Chance wahrgenommen und das Land verlassen, doch jetzt gab es keine bzw. nur noch wenig Hoffnung für eine Flucht. Ich hörte viele Berichte von Menschen, die sich das Leben nahmen.

Die Bibelkonferenz verlief gut, und Hunderte von gläubigen Menschen versammelten sich allmorgendlich auf dem weiten Konferenzgelände zum Gebet. Erik und ich verbrachten auch eine wunderbare Zeit bei Diakonissen. Als ich von der großen Verzweiflung unter den Menschen, sogar unter den Christen, hörte, beschloss ich, das Land bald wieder zu besuchen.

Einige Monate später kam ich mit einem anderen holländischen Kollegen, Jan, wieder an die Mauer. Dieses Mal starrten die Augen aller im Westen auf uns, denn die Medien hielten ihre Kameras auf den Checkpoint Charlie gerichtet. In jedem Haus und jedem Gebäude mit Blick auf den Checkpoint schauten Kameras aus geöffneten Fenstern und von Dächern herab, um ja keine dramatischen Fluchtversuche zu verpassen. Einige Menschen im Ostteil der Stadt ließen sich unter Autos oder Lastwagen anseilen oder nahmen andere gewagte Manöver auf sich, um das Land unentdeckt zu verlassen. Sie riskierten dabei Gefangennahme oder Erschießung. Es gab einige Erfolgsgeschichten, aber auch viele missglückte Versuche, die alle großes Medieninteresse hervorriefen.

Wieder gelangten wir ohne Schwierigkeiten über die Grenze und reisten zu Veranstaltungen im ganzen Land.

In einer Stadt kam mir der Bericht eines Pfarrers zu Ohren, eines gläubigen Mannes, der Selbstmord begangen hatte. Die Menschen in seiner Gemeinde waren völlig verstört, viele am Rande der Verzweiflung. Der junge Nachfolger des Pfarrers war zu unerfahren, um die Situation in den Griff zu bekommen, weshalb er mich bat, ihn zu besuchen.

„Eine ältere Frau in unserer Gemeinde will sich umbringen", erzählte er mir am Telefon. „Gestern sagte sie mir, der Teufel sei stärker als Jesus. Kannst du so schnell wie möglich kommen?" Aus seiner Stimme war die Dringlichkeit der Situation herauszuhören.

„Gut, ich komme!", erwiderte ich. „Ich bin abends in Karl-Marx-Stadt (heute Chemnitz) zu einer Versammlung, aber wir können unsere Fahrt für einige Stunden unterbrechen."

Ehe ich den Pfarrer aufsuchte, wollte ich noch in einer nahe gelegenen Stadt einen kurzen Besuch machen. Eine Familie, bei der ich bereits mehrere Male gewesen war, hatte angeboten, unsere Wäsche zu waschen. Normalerweise kümmere ich mich selbst um meine Wäsche, aber da mein Zeitplan eng war, hielt ich es für das Beste, unseren Sack schmutziger Wäsche dort abzugeben und am nächsten Tag wieder abzuholen. Als wir das Haus erreichten, lud uns die freundliche Frau zu einer Tasse Kaffee ein.

„Es tut mir leid", sagte ich, „aber heute bleibt uns keine Zeit dafür. Vielleicht auf dem Rückweg."

„Aber ich brauche euch auch", sagte sie bittend. „Ich möchte mit euch über einige Dinge reden. Ich brauche euer Gebet."

Und so ließen wir uns auf ein kurzes Gespräch ein. Bald darauf merkte ich, dass es zu spät werden würde, um den jungen Pfarrer auf dem Weg zu unserer Versammlung aufzusuchen. Ich rief ihn an und sagte: „Es tut mir leid, aber wir können erst morgen früh kommen, gleich als Erstes."

An jenem Abend hatten wir eine gesegnete Zusammenkunft in Karl-Marx-Stadt. Das Thema war „geistlicher Kampf". Am nächsten Morgen trafen wir uns mit dem jungen Pfarrer und fuhren mit ihm zusammen zu dem Haus, in dem die betreffende Christin im zweiten oder dritten Stock eines großen Wohnhauses wohnte. Jan und ich warteten unten, während er hinaufging, um unseren Besuch bei ihr anzukündigen. Nach nur wenigen Sekunden kam er kreideweiß im Gesicht zu uns zurück und stammelte: „Es ist zu spät! Sie ist tot!"

Wir liefen in die Wohnung hinauf. Dort lag sie leblos auf dem Boden, zusammengekrümmt zwischen Herd und Ofen. Die Tür des Backofens stand offen, und die ganze Wohnung roch nach Gas. Mir war sofort klar, dass sie tot war.

Jan eilte auf sie zu, ergriff ihre Hand und begann zu beten, Gott möge doch ein Wunder tun und sie wieder zum Leben erwecken. Einen Augenblick lang stand ich unter Schock und versuchte zu begreifen, was geschehen war. Dann legte ich meine Hand auf seine Schulter. „Jan, hör auf", sagte ich kopfschüttelnd. „Dieses Gebet wird Gott nicht erhören. Wir müssen für uns beten. Wir hätten gestern Abend hier sein müssen. Wir hätten ihr Leben retten können. Wir brauchen Vergebung." Dann hörte Jan auf zu beten.

Es war ein sehr trauriges Erlebnis, doch es diente mir zur Warnung: Verspäte dich nicht. Wenn Gott ruft oder wenn sein Volk in Not ist, dann sei da! Diese Begebenheit überzeugte mich noch mehr von der Notwendigkeit, andere Menschen zu finden, die bereit waren, gemeinsam mit mir unsere Brüder und Schwestern in Not zu stärken.

Weil ich persönlich Zeuge war, welchen Schmerz und welches Leid die Berliner Mauer für so viele Menschen mit sich brachte, begann ich sie zu hassen, genauso wie ich alle Mauern hasse, die errichtet werden, um Menschen voneinander zu trennen. Als diese Mauer fast dreißig Jahre später zusammenbrach und Bruchstücke davon als Andenken weiterverkauft wurden, hatte ich keinerlei Verlangen danach, auch nur ein Stückchen davon zu besitzen. Ich hatte die andere Seite der Mauer gesehen, das reichte mir.

Und doch weiß ich, dass Gott auf geheimnisvolle Weise diese Mauer benutzt hat, um seine Gemeinde zu stärken. An einem Eisernen Vorhang kann auch etwas Gutes sein, besonders dann, wenn er die Menschen in die Arme eines liebenden Gottes treibt. Er schränkt wohl die Freiheit ein, aber er schützt auch vor einigen schädlichen Dingen, die die Freiheit mit sich bringen kann, wie Materialismus und Sittenverfall. Er hilft uns zu erkennen, was wirklich wichtig im Leben ist, nämlich der Glaube an Jesus Christus.

Als die Mauer 1989 schließlich fiel, erhielt die DDR ihre Freiheit zurück. Aber fast augenblicklich ging auch der Verkauf von Bibeln zurück, und der Einfluss der Gemeinde auf die Gesellschaft nahm beträchtlich ab. Was für die ostdeutschen Gemeinden eine Zeit des Mobilmachens hätte sein können, wurde stattdessen zu einer Zeit, in der man sich zurücklehnte und sich selbst beglückwünschte.

Ungefähr zu der Zeit, als „Der Schmuggler Gottes" veröffentlicht wurde, machte ich eine weitere Reise, die für meine künftige Arbeit große Bedeutung bekommen sollte. Ich sprach und schrieb nicht darüber, weil damals alle Augen auf die Sowjetunion gerichtet waren. Diese Reise weckte mein Interesse für jenen Teil unserer Erde, der jetzt zu meiner primären Leidenschaft geworden ist – die islamische Welt.

Während eines Seminars auf einer Bibelschule in der Nähe von Lausanne in der Schweiz begegnete mir ein hochgewachsener Engländer, der am Genfer See wohnte und ein Buch über die Lage des wahren biblischen Bergs Sinai schrieb. Eines Tages fragte er mich unvermittelt, ob ich ihn nicht auf einer Expedition nach Saudi-Arabien begleiten wolle, wo er weitere Forschungen durchzuführen habe.

Ich kannte den Mann, dessen Name ausgerechnet Lawrence war, überhaupt nicht und war noch nie zuvor in Saudi-Arabien gewesen. Aber da in mir schon ein vages Interesse an der Welt des Islam bestand, sagte ich natürlich ja. Doug Sparks von „Jugend mit einer Mission" sollte uns begleiten. Ich hätte wissen sollen, dass Saudi-Arabien sich als Ausgangspunkt für etwas Neues fürs Reich Gottes nicht eignet, auch heute nicht, weil es äußerst schwer ist, in dieses Land vorzudringen.

Nichtsdestoweniger trafen wir drei uns einige Monate später im Baptistenseminar in Beirut im Libanon, wo wir uns einige Tage aufhielten. Mein englischer Freund kaufte dort einen gebrauchten grauen Geländewagen, rüstete ihn für die Fahrt um und belud ihn mit Kisten voller arabischer Bibeln, die ich mitgebracht hatte. Dann ging es los.

Zuerst fuhren wir ostwärts nach Damaskus in Syrien, dann südwärts auf der Hauptstraße nach Amman in Jordanien. Mein Rücken bereitete mir während dieser Zeit erhebliche Probleme, und so musste ich den Großteil der Fahrt auf dem Gepäck liegend auf dem Rücksitz verbringen.

Auf halbem Wege zwischen der syrischen Grenze und der Stadt Amman wurde ich vom Geräusch kreischender Bremsen aus dem Schlaf gerissen und zu Boden geschleudert. Wir waren in einen großen Mercedes gefahren. Niemand hatte sich verletzt, wofür ich dankbar war, aber der Mercedesbesitzer war verständlicherweise sehr aufgebracht. Er rief die Polizei. Da er ja wusste, dass wir Ausländer waren, verlangte er auf der Stelle Schadenersatz. Ich hatte den Aufprall nicht beobachtet, aber anscheinend waren wir an dem Unfall schuld.

Während ich die heiß miteinander diskutierenden Männer beobachtete, beschloss ich, nicht auf die Polizei zu warten. Wer wusste denn, was sie vorhatten oder wie lange man uns aufhalten würde?! Mir war klar, dass Lawrence und Doug zurückbleiben mussten, aber da ich geschlafen hatte und somit ein schlechter Zeuge war, wollte ich mich entfernen. Ich sagte ihnen, ich würde versuchen, nach Amman zu kommen, und gab ihnen den Namen einer dortigen Kontaktperson von der „Hospital Christian Fellowship" (Christliche Krankenhausmission). Sie sollten mich abholen, wenn mit dem Auto alles geregelt war.

Dann versuchte ich per Anhalter allein weiterzukommen. Wir befanden uns irgendwo im Nichts, aber da Amman nur ungefähr eine Stunde entfernt lag, hatte ich nicht weit zu gehen, bis mich jemand per Anhalter mitnahm.

Am gleichen Abend noch predigte ich zweimal in einer Gemeinde in Amman und hatte dort eine sehr gute Gemeinschaft mit den Gläubigen. Es war mir eine Freude, eine Anzahl Freunde wiederzutreffen, die ich bei einem vorherigen Besuch kennengelernt hatte.

Meine Reisegefährten stießen erst zwei Tage später zu mir. Man hatte sie zur Polizeistation gebracht und in eine Gefängniszelle gesperrt! Sie sollten erst nach Bezahlung des gesamten Schadens freigelassen werden. Also holte der Besitzer eine Schätzung des Schadens ein, woraufhin Lawrence den Transfer des Geldes mit seiner Bank vereinbarte. Erst dann ließ man sie frei. Als ich die Geschichte erfuhr, mussten wir alle drei darüber lachen.

Endlich konnten wir Amman in unserem verbeulten Geländewagen verlassen. Als wir uns Richtung Süden auf die saudische Grenze zubewegten, wuchs meine Spannung. Es war für mich das erste Mal seit meiner Soldatenzeit in Indonesien, dass ich die Zivilisation, wie ich sie kannte, hinter mir ließ. Das trockene, dürre Land um uns herum war allerdings völlig anders als jenes tropische Paradies.

Aqaba, ein kleiner jordanischer Ort unmittelbar an der Spitze des Golfs von Akaba, war unser letzter Halt vor der Grenze. Irgendwann nach Einbruch der Dunkelheit erreichten wir die winzige Grenzstation. Wir wurden zwar nach Saudi-Arabien hineingelassen, erfuhren jedoch, dass man unser Auto durchsuchen wollte. Wir beobachteten, wie sämtliche Gegenstände aus dem Auto herausgeholt und inspiziert wurden. Natürlich fanden sie die Bibeln und Schriften in arabischer Sprache, die ich gar nicht erst versteckt hatte. Obgleich die Einfuhr christlicher Schriften verboten war, sagten sie kein Wort dazu, legten stattdessen alles ins Auto zurück und baten uns ins Büro.

Wenige Augenblicke später ging ich zum Auto zurück, um mich auf dem Rücksitz auszuruhen, während Lawrence und Doug mit den Beamten verhandelten. Als ich in der Dunkelheit dalag, hörte ich draußen Geräusche. Dann öffneten zwei Beamte leise die Hecktür und begannen das Gepäck zu durchsuchen. Entweder hatten sie mich auf dem Rücksitz nicht gesehen, oder sie meinten, ich sei eingeschlafen. Ich hatte zu viel Angst, um mich bemerkbar zu machen. Ich glaubte, sie wollten einfach noch einmal das Auto unter die Lupe nehmen, doch nachher stellte ich fest, dass einige kleine Gegenstände und Vorräte gestohlen worden waren.

Bald darauf schloss ich mich den anderen wieder an.

Der zuständige Beamte hatte uns etwas zu sagen: „Ich muss Ihnen leider mitteilen, dass Sie unser Land nicht betreten dürfen, da Sie ein Militärfahrzeug fahren", eröffnete er uns.

Scheinbar benutzte die saudische Regierung damals solche Geländewagen zu militärischen Zwecken. Vielleicht wollte er uns ein Stichwort geben. Ich weiß es nicht. Statt die Bibeln zu konfiszieren, wollte er uns vielleicht auch nur an der Einreise hindern.

„Können wir dann umkehren und zurückfahren?", fragte ich.

„Nein, das dürfen Sie auch nicht", lautete die Antwort. „Sie haben kein Ausreisevisum."

War das aber ein verschlossenes Land! Man benötigte nicht nur ein Visum für die Einreise, sondern ein weiteres für die Ausreise! Wir befanden uns in einer sehr schwierigen Lage. Die Beamten hießen uns ins Auto steigen und begleiteten uns dann einige Kilometer weit die Straße hinunter bis zu einem mit elektrischem Draht umzäunten Gebiet. Es sah wie ein Gefangenenlager aus, nur dass man uns nicht einschloss und auch nicht befragte. Wir wurden einfach dort hineinbeordert. Wenn wir wollten, könnten wir gehen, hieß es, das Auto müssten wir aber dort lassen.

In jener Nacht schliefen wir unruhig im Auto. Die meiste Zeit verbrachten wir mit Nachdenken und Gebet, um herauszufinden, was wir tun sollten. Am nächsten Morgen machte ich mich früh auf den Weg in die Stadt Tabuk, die meiner Meinung nach nicht weit entfernt sein konnte. Ein Mann in einem vorbeifahrenden Lastwagen nahm mich mit. In der Stadt angekommen, suchte ich als Erstes die Bank auf, um Geld in die örtliche Währung umzutauschen. Unglücklicherweise hatte ich nur einen Tausendguldenschein mit, den, wie es sich herausstellte, die Bankangestellten dort noch nie zu Gesicht bekommen hatten. Sie boten mir deshalb lediglich den Gegenwert von siebenhundert Gulden in Saudi-Rial, also etwas mehr als dreihundert Mark.

Ich konnte nichts machen, und so nahm ich das Geld und suchte nach einem Taxi, das uns nach Dschidda, in die zweitgrößte Stadt des Landes, fahren sollte. Der Fahrer fuhr erst mit mir zu dem Gelände zurück, wo Lawrence und Doug auf mich warteten. Als Nächstes machten wir einen Plan. Doug sollte mit mir nach Dschidda kommen, und Lawrence würde in seinem Auto bleiben, das sonst vermutlich gestohlen würde.

Doug und ich holten alle kleinen Bibeln und Johannesevangelien aus unserem Gepäck und verstauten sie in große Tüten, die wir dann mitnahmen. Wenn wir unser Auto nie wieder zu Gesicht bekommen würden, dann hätten wir wenigstens, so dachte ich, den Großteil der Schriften gerettet. Dann verabschiedeten wir uns von Lawrence, sprangen ins Taxi und fuhren gen Süden. Die Fahrt nach Dschidda dauerte einen ganzen Tag.

Sechs Stunden später näherten wir uns Medina, einer der beiden Städte, in denen der Prophet Mohammed im siebten Jahrhundert gelebt hat. Die andere Stadt ist Mekka, sein Geburtsort. Diese Städte sind den Muslimen so heilig, dass Nicht-Muslime sie nicht betreten dürfen. Um das zu gewährleisten, sind am Stadtrand Schilder aufgestellt, auf denen zu lesen ist: „Für Ungläubige verboten." Ein Schauer lief mir über den Rücken, als wir die Hauptstraße verließen und einen Umweg fuhren.

Spät am Abend gelangten wir nach Dschidda und suchten das internationale Hotel auf. Damals waren nur einige wenige Hotels geöffnet, und da der Ölrausch noch einige Jahre auf sich warten ließ, waren die Preise noch erschwinglich.

Den darauffolgenden Tag verbrachten wir bei einem meiner Freunde, den ich in Verbindung mit der „Hospital Christian Fellowship" kennengelernt hatte. Dieser Christ, Besitzer einer Apotheke, kannte keine anderen Gläubigen in der Stadt. Sicherlich gab es einige, wir konnten sie jedoch nicht ausfindig machen, da Kirchen, Gemeinden und christliche Versammlungshäuser verboten waren. Unser Besuch war wahrscheinlich für den Apotheker die einzige Gelegenheit des Jahres, Gemeinschaft mit Christen zu haben.

Doug und ich gingen anschließend zum örtlichen Bazar und verteilten Bibeln an die neugierigen Menschen, die dort einkauften. Zu unserer Überraschung wurden wir von niemandem daran gehindert. Es war möglicherweise das erste und letzte Mal, dass irgendjemand unbehelligt in aller Öffentlichkeit in Saudi-Arabien Bibeln verteilte.

Nach einem weiteren Tag, an dem wir von Behörde zu Behörde pilgerten, gelang es uns, Ausreisevisa zu erhalten und einen Flug nach Beirut zu buchen. Wir hatten zwar vorgehabt, uns eine Weile im Land aufzuhalten und alles auszukundschaften, aber weil wir auf solche Schwierigkeiten stießen, beschlossen wir nach drei Tagen abzureisen. Wenigstens hatten wir hineingeschnuppert in die arabische und islamische Kultur und hatten die extremen Schwierigkeiten kennengelernt, dort als Christ zu leben.

Früh am nächsten Morgen trafen wir am Flughafen von Dschidda ein, noch ehe die Bücherkioske und Zeitungsstände geöffnet hatten. Doug und ich nutzten die Gelegenheit und legten die leeren Regale fein säuberlich mit sämtlichen übrig gebliebenen Bibeln aus. Dann bestiegen wir unser Flugzeug.

Kurz vor dem Abflug ertönte über Lautsprecher eine Durchsage: Alle Passagiere sollten augenblicklich das Flugzeug verlassen.

O nein, sie haben unsere Bibeln gefunden und suchen nach uns!, war meine erste Reaktion. Es stellte sich jedoch heraus, dass es sich um ein technisches Problem handelte. Kurze Zeit später konnten wir das Flugzeug wieder besteigen und nach Beirut zurückfliegen.

Was wurde aus unserem englischen Freund mit dem Geländewagen? Lawrence musste eine Tagesreise zur Hauptstadt Riad in Kauf nehmen, wo er sehr viele Formulare auszufüllen hatte. Schließlich erhielt er ein Ausreisevisum, sein Auto durfte er jedoch nicht mitnehmen. Erst acht Monate nach seiner Rückkehr erhielt er es schließlich doch noch zurück. Außer einigen kleineren Gegenständen, die gleich zu Anfang gestohlen worden waren, fehlte absolut nichts.

Diese Erlebnisse bei meinem ersten Besuch in der islamischen Welt blieben mir unvergessen. Ich begann zu beten, dass Gott die Türen für mich und andere öffnete, damit wir mehr Bibeln hineinbringen und die verstreut lebenden Christen unterstützen konnten. Als der Ölboom im Jahre 1973 begann und der Preis pro Barrel Öl von sechs auf dreißig Dollar stieg, wurde mehr und mehr ausländischen Investoren die Einreise erlaubt. Auch hatten die Saudis viel mehr Geld zum Ausgeben. In der arabischen Welt trat ein massiver Wandel ein. Die Auswirkungen spüren wir noch heute und werden sie auch noch lange spüren. Es sollte noch geraume Zeit dauern, ehe es dazu kam, dass ich den Großteil meines Lebens damit verbrachte, Muslimen das Evangelium zu bringen. Damals hatte ich jedoch bereits das deutliche Empfinden, dass die Zeit kommen würde.

Seit den frühen Anfängen meines Dienstes, sei es in Osteuropa oder im Nahen Osten, habe ich immer und immer wieder die Kraft der Bibel verspürt, mit der Menschen von innen her verwandelt werden. Sie ist eine weit effektivere Waffe gegen anti-christliche Philosophien als alle politischen oder militärischen Aktionen. Wer weiß, welche Veränderungen Menschen durch die Berührung mit den Exemplaren der Bibel erlebten, die wir in Saudi-Arabien zurückgelassen hatten? Die Kraft des Wortes Gottes ist einfach, aber wirkungsvoll. Wenn wir diktatorische Regime politisch und militärisch bekämpfen, treten wir ihnen als Feind gegenüber. Wir schenken ihnen Märtyrer, denen sie huldigen können. Wir heizen ihren Zorn an und bestärken sie in ihrer Entschlossenheit, ihre Sache voranzutreiben. Das Ergebnis ist, dass wir unserer eigenen Sache Schaden zufügen.

Ein böses System kann auf Dauer nur von innen her zu Fall gebracht werden, nämlich indem wir die Gemeinde Jesu durch Gebet unterstützen, ihr helfen und sie durch das Wort Gottes stärken. Dazu bedarf es keiner besonderen Berufung. Das ist schlicht und einfach unser Auftrag als Christen.

ERSTER SCHRITT

Hören!

Wer die Welt für Gott verändern will, muss auf sein Wort hören, so wie es in der Heiligen Schrift steht.

Im Alten Testament habe ich oft gelesen: „Und das Wort des Herrn erging an ..." einen bestimmten Propheten. Aufgabe der Propheten war es, auf das zu hören, was

Gott sagte, um es dann durch Wort und Tat dort zu verkünden, wohin Gott sie sandte. Die meisten Propheten in der Bibel waren nicht besonders gebildete oder ausgebildete Männer, die im Laufe ihres letzten Semesters auf einer Bibelschule einen bestimmen Ruf erhielten. Es handelte sich durchweg um ganz einfache Menschen wie du und ich, die in ihrem Alltag für Gott lebten. Und doch geschah es, wenn sie Gottes Botschaft verkündeten, dass sie ganze Königreiche aufrichten bzw. zu Fall bringen konnten. Ihr Dienst hinterließ eine mächtige Wirkung.

Um heute prophetisch zu sein, müssen wir nicht zu einer Audienz bei weltpolitischen Größen erscheinen. Wir müssen lediglich den großen Auftrag Jesu erfüllen, der lautet: „Darum geht nun zu allen Völkern der Welt und macht die Menschen zu meinen Jüngern!" (Matthäus 28,19) Das tun wir und gehen damit auf das Drängen des Heiligen Geistes in der Bibel ein. Um es anders auszudrücken: Wir handeln prophetisch, indem wir

1. durch das Lesen der Bibel Gott kennen,

2. eine Botschaft haben, die das Leben der Menschen verändern kann,

3. diese Botschaft weitergeben.

Die alttestamentlichen Propheten erhielten ihre Botschaft häufig von Gott und legten damit dann „das Gesetz", die fünf Bücher Mose, aus. Wir heute können in der ganzen Bibel Gottes Willen für unser Leben erkennen. Je mehr wir uns in die Bibel vertiefen und im Gebet auftanken, desto tiefer wird unsere Beziehung zu Christus. Durch die Bibel wird er uns dann zeigen, wie und wo er die Botschaft durch uns weitergegeben haben möchte.

Auf meiner ersten Reise in die kommunistische Welt hatte Gott durch einige Verse aus Offenbarung 3 zu mir gesprochen: „Stärkt das, was noch Leben hat", sagte er dort zu der sich abmühenden Gemeinde zu Sardes. Und in Vers 8 sagte er der Gemeinde in Philadelphia: „Ich habe euch eine Tür geöffnet, die keiner mehr zuschließen kann." In keinem der beiden Verse heißt es: „Andrew, du sollst für mich Bibeln nach Russland schmuggeln." Weil ich jedoch meine Bibel unter viel Gebet las und meinen Glauben mit denen um mich herum teilte und weil ich auch wirklich bereit war, dort hinzugehen, wohin Gott mich sandte, wurde ich durch diese Verse aufmerksam gemacht auf die große Not der Christen hinter dem Eisernen Vorhang. Das war der Anfang von Open Doors („Offene Türen").

Wir sollten beim Lesen der Bibel und beim Beten keine Zeit darauf verwenden herauszufinden, ob wir tatsächlich eine Berufung von Gott erhalten haben oder ob wir einen klaren Hinweis darauf haben, dass wir den Willen Gottes bereits erfüllen. Das akribische Analysieren lähmt und macht uns handlungsunfähig. Viele Christen haben die Vorstellung, dass Gott *eine* bestimmte, klare Berufung für unser Leben hat, ein besonderes Ziel, auf das wir hinarbeiten und das wir genau herausfinden müssen. Wenn wir keinen derartigen Ruf von Gott erhalten haben, dann hat er uns eben zu keinem besonderen Dienst erwählt, meinen wir. Folglich können wir unser Leben nur noch als Drohnen in seinem Reich verbringen und einen eintönigen und unbedeutenden Tag nach dem anderen durchleben.

Das ist unsere, aber nicht Gottes Vorstellung.

Gott hat uns in der Bibel eine volle Offenbarung seines Wesens geschenkt. Und er hat uns auch ein unmissverständlich klares Mandat erteilt, ihn und sein Wort an diejenigen weiterzugeben, die noch nichts davon gehört haben. Was wollen wir mehr? Wenn wir uns darauf konzentrieren, ihm im Alltag zu gehorchen, ganz gleich, wo wir uns befinden, dann wird er uns dorthin führen, wo er uns haben möchte, um die Menschen zu erreichen, die wir erreichen sollen.

Wenn wir uns ein wenig genauer damit befassen, woher die Propheten in biblischen Zeiten ihre Botschaft nehmen sollten, dann bekommen wir ein besseres Verständnis dafür, was es heißt, prophetisch zu wirken. In den meisten Fällen wurden sie in Situationen hineingestellt, in denen ihre Botschaft nicht mit Wohlwollen aufgenommen wurde, in denen sie den kulturellen Gegebenheiten zuwiderhandeln mussten, in denen sie wegen ihrer Verkündigung der Botschaft Gottes oft schlimme Konsequenzen auf sich nehmen mussten.

Wir sollten uns fragen: Bin ich willens, Gottes Botschaft in solch eine Situation hineinzutragen? Bin ich mir darüber im Klaren, dass mein Büro, meine Schule oder vielleicht mein eigenes Zuhause ein solcher Ort sein könnte?

In London habe ich die sogenannten Sandwich-Männer gesehen, Männer, die vor der Brust und hinten auf dem Rücken Schilder mit Bibelversen tragen. Das ist nicht unbedingt die von mir bevorzugte Methode, aber beachtet wird man auf jeden Fall. Ein Sandwich-Mann trug einmal vorne den Vers: „Ich bin ein Narr um Christi willen." Wer ihn so betrachtete, stimmte sicher sofort zu. Aber diejenigen, die vorbeigingen und auf die Rückseite schauten, lasen: „Um wessen willen sind Sie ein Narr?"

Jeder Mensch ist ein Narr um einer Person willen, sei es nun Marx, Mao, Mohammed oder ganz einfach um seiner selbst willen. Warum also nicht um Christi willen?

Gebet

Herr, hilf mir heute, dein prophetisches Wort
für mein Leben zu hören. Führe mich dorthin,
wo Menschen dieses Wort brauchen,
selbst wenn man mich für einen Narren hält.
Amen.

2. „Das kannst du doch nicht machen!"

Wenn es etwas gibt, das den Heiligen Geist zu dämpfen vermag, dann sind es wahrscheinlich diese Worte: „Das kannst du doch nicht machen!" Wir müssen dieser Haltung bewusst entgegentreten, wenn wir dorthin gehen möchten, wo uns Gott haben will, und wenn wir das tun wollen, was er von uns will. Mein ganzes Leben hindurch haben mir Menschen diese Worte gesagt, sogar bevor ich von der Gemeinde Jesu in der Verfolgung wusste.

Als ich 1953 die Bibelschule des „Worldwide Evangelism Crusade" („Weltweiter Einsatz für Christus", WEC) in Glasgow besuchte, musste ich mir für die Weihnachtsferien eine Unterkunft suchen. Aus finanziellen Gründen konnte ich nicht nach Holland zurück, und auf dem Seminargelände durfte niemand bleiben.

Während des Wintersemesters hatte ich wegen meiner Rückenprobleme viel Zeit im Bett verbracht und Trost in den Schriften des verstorbenen Oswald Chambers gefunden, besonders in seinem Klassiker „Mein Äußerstes für Sein Höchstes". Ich schrieb seiner Frau Biddy, welch ein Segen das Buch ihres Mannes für mich war. In ihrem Antwortschreiben lud sie mich ein, sie irgendwann einmal in Südengland zu besuchen. Als nun die Weihnachtsferien nahten, rief ich sie an, und sie sagte mir, ich dürfe sie gern besuchen und bei ihr wohnen. Ich erzählte niemandem davon, sondern fuhr einfach hin.

Als ich Anfang Januar wieder auf die Bibelschule zurückkam und abends beim Essen mit den anderen zusammensaß, fragte der Schulleiter: „Na, Andrew, wo warst du während der Ferien?"

Ich antwortete, ich sei bei der Familie von Oswald Chambers gewesen.

„Was?", rief er, „das kannst du doch nicht machen!"

„Vielleicht nicht", erwiderte ich lächelnd, „aber ich habe es gemacht."

Für mich war das nichts Besonderes. Für sie was es befremdend. Man besucht nicht einfach die Familie eines großen geistlichen Leiters, wie es Oswald Chambers gewesen war. Und man fährt nicht einfach in ein Land, das sich offiziell für die Botschaft Christi verschlossen hat.

Aber warum eigentlich nicht? Ich habe mein Leben lang so etwas getan.

Jetzt, wo ich darüber nachdenke, stelle ich fest, dass die Bibel voller gewöhnlicher Menschen ist, die unmögliche Orte aufsuchten und ganz einfach wunderbare Dinge taten, weil sie sich entschlossen hatten, Gott zu gehorchen, selbst dann, wenn andere sagten: „Das kannst du doch nicht machen!"

Sie waren nicht besser ausgerüstet für ihre Aufgaben als wir. Sie vertrauten jedoch Gott, dass er die Türen öffnen und ihnen die Kraft geben würde, die sie für die jeweilige Situation brauchten.

Josef sollte als Sklave nach Ägypten gehen und dort zur zweitwichtigsten Person im Lande avancieren? „Das kannst du doch nicht machen!"

Mose sollte das Schilfmeer teilen? „Das kannst du doch nicht machen!"

David sollte nur mit einer Schlinge und einigen kleinen Steinen Goliat besiegen? „Das kannst du doch nicht machen!"

Jona sollte in die dekadente Stadt Ninive reisen und mit

einer einzigen Predigt die gesamte Bevölkerung zur Um-
kehr bewegen? „Das kannst du doch nicht machen!"

Vielleicht nicht, aber mit Gottes Hilfe taten sie es.

Und wir können es auch tun, ganz gleich, wo wir uns
befinden und wohin Gott uns führt. Die Türen mögen
verschlossen scheinen, sie sind jedoch nur so verschlossen, wie es die Türen eines Supermarktes sind. Sie bleiben
verschlossen, wenn man sich in einer gewissen Entfernung
befindet, aber wenn man auf sie zugeht, erkennt das ma-
gische Auge oberhalb der Tür, dass jemand kommt, und
dann öffnen sich die Türen. Gott wartet darauf, dass wir
im Gehorsam vorwärtsgehen, damit er die Türen für uns
öffnen kann und wir für ihn arbeiten können.

Zwei weitere Ereignisse haben mein Leben sehr beein-
flusst. Beide stehen in Zusammenhang mit Gedrucktem.
Das erste Ereignis trug sich im Jahre 1955 zu, unmittelbar
nach meinem Abschluss an der WEC-Schule. Als ich im
Untergeschoss des Schlaftraktes meinen Koffer holen ging,
sah ich oben auf einer alten Kiste eine Zeitschrift liegen.
Es handelte sich um eine gut aufgemachte Zeitschrift mit
Farbfotos von begeisterten jungen Menschen, die durch
die Straßen von Prag, Warschau und Peking marschierten.
Die Jugendlichen, so wurde berichtet, gehörten zu einer
weltweiten, 96 Millionen Menschen umfassenden Organisation, die es sich zum Ziel gesetzt hatte, sich für eine
bessere Welt und eine strahlendere Zukunft einzusetzen.
Das Wort „Kommunisten" tauchte nicht ein einziges Mal
auf, das Wort „Sozialisten" sprang mir jedoch einige Male
ins Auge. Am Ende des Berichts befand sich eine Einladung zu einer Großveranstaltung in Warschau, dem Welt-
jugendfestival.

Gott gebrauchte diese Zeitschrift, um mich an einen Ort zu bringen, an dem ich die Gemeinde Jesu in der Verfolgung kennenlernte. Das hatte ich mir nie vorgestellt, da ich von ihrer Existenz noch nicht einmal gehört hatte. Ich besuchte jene Großveranstaltung als Vertreter Jesu, und anschließend war mein Leben nicht mehr dasselbe.

Das zweite Ereignis stellte die Veröffentlichung meines Buches „Der Schmuggler Gottes" im Jahr 1967 dar. Der Widerhall übertraf alle Erwartungen. Innerhalb weniger Jahre stiegen die Verkaufszahlen in die Hunderttausende, später in die Millionen. (Das Buch wird heute noch gedruckt. Es wurden bereits mehr als zehn Millionen Exemplare verkauft.) Die Honorare des Buches sowie viele Spenden ermöglichten es uns, Büro- und Lagerräume zu erwerben, christliche Schriften und Bibeln zu drucken oder zu kaufen, etliche Fahrzeuge für den Transport zu erstehen und Mechaniker anzustellen, die sie für unsere Zwecke umrüsteten und warteten.

Die Veröffentlichung meines Buches hatte eine Kehrseite, die mich jedoch nicht überraschte: Ich konnte für etliche Jahre nicht mehr in die sowjetisch beherrrschten Länder einreisen, ohne meine Kontakte unter den Christen (oder mich selbst) in große Gefahr zu bringen. Zunächst war ich entmutigt, doch dann wurde mir klar, dass Gott mir damit etwas sagen wollte. Hatten meine Frau Corry und ich denn nicht nach diesem Buch darum gebetet, dass unser Team von zwei auf zwölftausend Mitarbeiter anwachsen würde? Ich sah mich gezwungen, andere Menschen zu finden, die meine Arbeit hinter dem Eisernen Vorhang fortsetzten. Und so holten wir zwei neue Mitarbeiter in unser Team, denen die Gemeinde Jesu in der Verfolgung am Herzen lag. Sie griffen die Kontakte auf, die ich geschlossen hatte, und organisierten Teams, um Bibeln oder Schulungsmaterial sowie Unterstützung für die in Not geratenen Gläubigen hinüberzubringen.

Aber was hatte Gott speziell mit mir vor? Ich verstand sein Anliegen so: „Andrew, meine Gemeinde leidet hinter dem Eisernen Vorhang. Doch auch in anderen Ländern der Welt leidet sie. Sieh dich um! Dorthin solltest du auch gehen." Und so kam es, dass ich weitere Unruhegebiete der Welt aufsuchte wie China, Afrika, Mittelamerika, den Nahen Osten, denn auch dort wird das Volk Gottes um seines Glaubens willen verfolgt. Das wurde ebenfalls nur möglich durch die Honorare aus dem Verkauf des Buches und die Spenden unserer Freunde.

So sehr ich mich auch über den Erfolg meines Buches freute, so sehr beunruhigte mich einer der Gründe des Erfolges: Diese Geschichte wurde deshalb veröffentlicht, weil ich einer der wenigen Menschen war, der die große Not in der kommunistischen Welt kennengelernt hatte.

Was wäre geschehen, wenn Tausende von Christen damals ihre Gefangennahme riskiert hätten, um ihre leidenden Brüder und Schwestern in Osteuropa aufzusuchen? Wahrscheinlich wäre dann kein Buch gedruckt worden, weil der Inhalt ja allzu bekannt gewesen wäre. Aber die Gemeinde weltweit wäre dann viel stärker geworden. Ich wünsche mir sehnlichst, dass sich viele Christen aufmachen und dorthin gehen, wo sie von Gott gebraucht werden. Dann wird es nicht mehr nötig sein, ein Buch darüber zu schreiben! Du und ich wären zwar dann nicht berühmt, aber wenigstens würden wir der Welt zeigen, was echtes Christentum ist.

Unser erster Schritt in ein Land, in dem Christen strengen Einschränkungen unterliegen oder sogar verfolgt werden, sieht ganz einfach aus. Wir fahren dorthin und suchen die Gläubigen auf, ganz gleich, wo sie sich befinden. Wir bieten ihnen Ermutigung von ihren Brüdern und Schwestern in der freien Welt an und verteilen einige Bibeln oder Bibelteile in ihrer Sprache. Wir beten mit ihnen und besuchen ihre Gottesdienste. Unsere eigentliche Aufgabe ist es jedoch, ihnen zuzuhören, um zu erfahren, auf welche Weise wir sie am besten unterstützen können. Wir fragen sie direkt: „Was können wir für euch tun? Wie können wir euch helfen? Was braucht ihr?"

Die Antwort lautet jedes Mal unweigerlich, dass sie am nötigsten Gebet und Bibeln brauchen. Während des Kalten Krieges waren in den meisten Teilen der kommunistischen Welt Bibeln Mangelware. In der damaligen Sowjetunion war es nicht ungewöhnlich, wenn in einer Gemeinde mit Hunderten von Gläubigen nur eine einzige Bibel für die ganze Gemeinde existierte, wenn überhaupt. Wenn Verwandte oder Freunde hin und wieder einmal ein Exemplar ins Land brachten, dann war diese Bibel ein kostbarer Besitz. Das kam jedoch nur äußerst selten vor.

Auf dem Schwarzmarkt konnte man für eine Bibel leicht einen Monatslohn ausgeben, und einige verzweifelte Christen sparten monatelang, ja manchmal sogar jahrelang, um sich eine leisten zu können. Andere Christen legten ihr Geld zusammen, um gemeinsam ein Exemplar zu kaufen. Das wurde dann in Teile zerschnitten und untereinander herumgereicht, damit jeder einen kleinen Teil der Schrift lesen und auswendig lernen konnte. Geistliche verwendeten eventuell ihren zwei- bis dreiwöchigen Urlaub darauf, sich bei jemandem aufzuhalten, der eine Bibel besaß, sodass sie sich diese dann von Mal zu Mal per Hand abschreiben konnten. Sie hofften, auf diese Weise über mehrere Jahre hinweg zu einer kompletten Bibel zu kommen.

Nur wenige von diesen Berichten reichten, um uns klarzumachen, wie groß der Bedarf an Bibeln war. Wir arbeiteten mit Bibelgesellschaften, Missionsorganisationen, Verlagshäusern und Druckereien zusammen, um Bibeln herzustellen, die man leicht transportieren und verteilen konnte. Wenn die Bibel in der betreffenden Landessprache nicht vorrätig bzw. die vorliegende Übersetzung überholt war, dann arbeiteten wir mit Übersetzern zusammen, die eine neue oder revidierte Version erstellten. Auch probierten wir verschiedene Größen, unterschiedliche Formate und Bibelteile, um das Gedruckte möglichst kompakt und verstaubar zu bekommen.

Wenn wir dann mit einer Ladung Bibeln ein Land erneut aufsuchen konnten, erlebten wir immer und immer wieder das Erstaunen und die Dankbarkeit auf den Gesichtern unserer gläubigen Freunde. Tränen traten in ihre Augen, wenn sie eine Bibel in die Hand nahmen und an ihr Herz drückten.

Vor einigen Jahren hörte ich eine Geschichte aus Russland, die deutlich macht, wie kostbar eine Bibel in einem Land ohne Bibeln sein kann. Ich sprach in der Calvary Church in Denver. Ihr Pastor war Charles Blair. Er hatte kurz zuvor die Sowjetunion besucht. Als er mich der Gemeinde vorstellte, erzählte er von einem Pastor und seiner Frau, die er in einer winzigen Stadt in Sibirien kennengelernt hatte. Weil das Ehepaar Charles unter vier Augen sprechen wollte, nahmen sie ihn in ihrem Auto mit, um nicht von der Polizei beobachtet zu werden.

Während ich dieser Geschichte lauschte, kam mir das

Ehepaar bekannt vor. In den Sechzigerjahren, als „Der Schmuggler Gottes" noch nicht erschienen war und ich noch die Möglichkeit hatte, in die Sowjetunion zu reisen, hatte auch ich einen Pastor und dessen Frau in Sibirien besucht. Sie hatten damals jedoch nur ein altersschwaches Motorrad besessen, da ein Auto für sie absolut unerschwinglich gewesen war.

Charles Blair fuhr mit seiner Geschichte fort. Der Mann und die Frau bettelten um die russische Bibel, die er bei sich trug. Charles konnte sie nicht lesen, aber er hatte sie auf seine Reise mitgenommen, um den Christen, die er überall im Land aufsuchte, zu zeigen, dass er das Wort Gottes liebte und alle unterstützte, die der Gemeinde Jesu in der Verfolgung Bibeln brachten. Als das Ehepaar ihn um dieses einzige Exemplar anflehte, zögerte er, in erster Linie deshalb, weil er noch mehr Stationen auf seiner Reise vor sich hatte. Er wollte diese Bibel emporhalten, wenn er Grüße an die Gläubigen ausrichtete.

Die Frau war jedoch hartnäckig. „Bitte, überlass uns die Bibel", flehte sie ihn an. „Meine Tochter heiratet bald, und sie zieht in einen sehr entfernten Teil von Sibirien, wo es keine Gemeinde und keine Pastoren gibt. Sie sieht diese Möglichkeit als Chance an, den Menschen in ihrer neuen Heimatstadt das Evangelium zu bringen. Wenn sie doch nur eine einzige Bibel hätte, dann könnte sie so viel mehr tun."

Von ihrem Anliegen bewegt, fragte Charles Gott im Stillen, was er machen solle. Aber die Frau war noch nicht fertig. „Vor einigen Jahren", erzählte sie, „kam ein anderer Missionar zu uns. Er war der erste, der jemals zu uns kam. Ich bat ihn um eine Bibel. Ich sei Ärztin, erzählte ich ihm, und würde zu Menschen gerufen, die weit von der Stadt entfernt wohnten; ich besuche viele sterbende Menschen und wolle ihnen aus der Bibel vorlesen und von Jesus erzählen. Dieser Mann gab mir seine letzte Bibel, und ich habe sie noch heute in Gebrauch."

Sie zog eine alte, sehr abgegriffene Bibel hervor und zeigte sie Charles. Sie war ganz offensichtlich überallhin mitgeschleppt und immer und immer wieder gelesen worden. Während er sie durchblätterte, stieß er auf der Innenseite des Umschlags auf eine Widmung. Seine Augen wollten es kaum glauben, aber da stand als Unterschrift „Bruder Andrew". Da wusste Charles augenblicklich, was Gott von ihm wollte.

Während ich dasaß und der Geschichte lauschte, füllten sich meine Augen mit Freudentränen. Wer weiß, wie viele Menschen durch jene Ärztin und jene Bibel zu Jesus gekommen sind! Und wer weiß, wie viele Menschen durch das Leben ihrer Tochter zu Jesus hingeführt werden, die nun ein eigenes Exemplar der Bibel besitzt!

Ich könnte eine Geschichte nach der anderen vom wunderbaren Wirken Gottes unter unseren Bibelteams in Russland und Osteuropa erzählen. Manchmal reisten unsere Mitarbeiter als Touristen, manchmal als Geschäftsleute, manchmal als Erzieher oder Sozialarbeiter. In fast allen Fällen hat Gott in irgendeiner Form Wunder getan, die es ihnen ermöglichten, die wertvolle Fracht sicher ins jeweilige Land zu befördern. Es war wie ein Ratespiel, wenn wir uns immer wieder vorher fragten: „Wie wird Gott dieses Mal helfen?"

So fuhr zum Beispiel ein Team aus zwei jungen Männern einmal in einem unserer besonders präparierten Lieferwagen mit siebenhundert Bibeln über Jugoslawien nach

Bulgarien, wo sie ihre Fracht abgeben sollten. Laut ihrer Reisepapiere waren sie Touristen. In Jugoslawien hielten sie an, um in einem See zu baden. Sie packten ein aufblasbares Kanu aus, das ich einige Zeit zuvor gekauft hatte, und nahmen es mit ins Wasser. Hinterher ließen sie die Luft nicht wieder heraus, sondern schoben das Boot in den Lieferwagen hinein und schlugen die Tür fest zu.

Als sie die bulgarische Grenze erreichten, kamen zwei Beamte auf den Wagen zu. Einer prüfte die Papiere, während der andere zur Rückseite des Wagens ging, um sich das Gepäck anzusehen. Als der Beamte die rückwärtige Tür des Wagens öffnete, sprang das aufblasbare Boot heraus und hopste ihm an den Kopf!

Eine Minute lang stand er verwirrt da, während die beiden jungen Männer aus dem Auto sprangen und ihm zu Hilfe eilten. Sie entschuldigten sich überschwänglich und halfen ihm, das Boot wieder in das Auto hineinzubugsieren, ehe sie die Tür fest zudrückten. Und damit war die Inspektion auch schon abgeschlossen. Das kann man natürlich nicht vorher so einplanen oder ein zweites Mal wiederholen. So etwas „passiert" ganz einfach von alleine.

Bei einer anderen Gelegenheit befand sich eines unserer holländischen Teams auf dem Weg in die ČSSR. Ehe sie die Grenze erreichten, hielten sie an, um zu beten und, wie es sich für einen guten Holländer gehört, eine starke Tasse Kaffee zu trinken. Einer von ihnen öffnete eine Tüte Dosenmilch für seinen Kaffee, vergaß aber hinterher, sie wieder zu verstauen. Er hatte sie auf einen Karton gestellt, der Bibeln sowie einige Werkzeugteile enthielt.

Während sie an der tschechischen Grenze im Häuschen der Grenzbeamten darauf warteten, dass ihre Papiere abgefertigt wurden, ging ein Beamter hinaus, um den Inhalt des Wagens zu überprüfen. Er hatte kaum mit der Inspektion begonnen, da stieß er zufällig gegen die vergessene Milchtüte, die umkippte und ihren Inhalt auf den Boden des Wagens leerte. Der Beamte lief ins Häuschen, holte ein Handtuch, ging zum Auto zurück und wischte die verschüttete Milch auf. Dann entschuldigte er sich bei den Männern und schickte sie unverzüglich auf ihren Weg. Die Bibeln im Auto waren ihm nicht aufgefallen.

Ein weiteres Team von zwei jungen Frauen, die sich als Urlauberinnen ausgaben, gelangte an die tschechische Grenze. In ihrem Wagen befand sich eine größere Lieferung Bibeln. Als der Beamte auf sie zukam, setzten die beiden eine sorglose, heitere Miene auf. Doch dann stellte er ihnen eine direkte Frage, eine, die sie nicht ausweichend beantworten konnten: „Haben Sie Bibeln dabei?"

Im Bruchteil einer Sekunde mussten sie ihre Antwort parat haben. Lügen wollten sie nicht, weil sie das nicht für Gottes Weg hielten. Wenn sie mit ihrer Antwort zögerten, würden sie sich verdächtig machen.

Was also taten sie? Sie lachten laut los. „Natürlich", sagte die Fahrerin kichernd. „Unser Auto ist voll von Bibeln."

Der Grenzbeamte hielt ihre Antwort für einen Scherz und gab das Zeichen zur Weiterfahrt.

Diese Wunder scheinen vielleicht unbedeutend, aber ich glaube ganz einfach, dass es keine kleinen Wunder gibt. Jedes Wunder ist groß. Jedes Wunder ist ein Akt Gottes, es beruht auf seiner Wahrheit und ist dazu gedacht, seinen Willen auszuführen.

Unsere bevorzugte Methode, um Bibeln zu den Gemeinden hinter den Eisernen Vorhang zu bringen, war, Teams zu senden, die sie persönlich einer uns bekannten und vertrauenswürdigen Kontaktperson innerhalb der Gemeinde überbrachten. Dieser Weg gab uns in erster Linie die Sicherheit, dass wir die Bibeln direkt in die Hände von Christen übergaben, die sie brauchten. Außerdem konnten wir dann noch Gemeinschaft mit unseren Brüdern und Schwestern haben, mit ihnen Gottesdienst feiern und beten, selbst wenn dies im Verborgenen geschehen musste. Das Kuriersystem funktionierte recht gut, sodass Menschen, die nach dem Wort Gottes hungerten, mit vielen tausend Bibeln versorgt werden konnten.

Wir hatten keinerlei Gewissensbisse im Hinblick darauf, dass wir etwas verbergen bzw. schmuggeln mussten. Dort, wo die Gesetze der Menschen uns verbieten, unseren Glauben miteinander zu teilen oder die Bibel an andere Gläubige weiterzugeben, fühlen wir uns nicht daran gebunden, diesen Gesetzen Folge zu leisten. Wir müssen Gott mehr gehorchen als den Menschen. Ich glaube jedoch nicht, dass es richtig ist, zu lügen, um Gottes Pläne durchzuführen. Das ist nicht der königliche Weg. Wir haben stattdessen gelernt, nach Matthäus 10,16 klug zu sein wie die Schlangen und doch ohne Hinterlist wie die Tauben.

An manchen der vielen Grenzübergänge wurde ich gefragt: „Haben Sie irgendwelche Bücher religiösen Inhalts in Ihrem Auto?" Darauf antwortete ich sofort: „Nein, keinerlei." Denn die Bibel betrachte ich nicht als ein Buch über Religion. Sie handelt von einer Lebensform, nämlich vom Leben im Überfluss, das uns Christus schenkt, wenn wir ihm Raum in unserem Herzen geben.

Einer der Gründe für das Funktionieren des Kuriersystems war, dass es sich eigentlich gar nicht um ein bestimmtes System handelte. Um nicht entdeckt zu werden,

taten wir alles so wahllos wie möglich. Reisen und Grenzübergänge wurden zu unterschiedlichen Zeiten und an unterschiedlichen Stellen vorgenommen. Die Teams änderten
sich ständig. Es reisten Einzelpersonen, Freunde, kleinere
Reisegruppen oder Ehepaare in den Urlaub. Niemand trug
irgendetwas bei sich, das ihn oder das Team als Mitarbeiter von Open Doors identifiziert oder über unsere Arbeit
informiert hätte. Die meisten Kontaktpersonen, mit denen
wir zusammenarbeiteten, wussten nicht einmal etwas über
die Organisation, obgleich einige von ihnen mich von früheren Besuchen her kannten. Wenn wir herausfanden, dass
eine unserer Kontaktpersonen von irgendeiner anderen
Gruppe ebenso kontaktiert wurde, vermieden wir weiteren Kontakt zu ihr und suchten uns andere Ansprech-
personen. Wir wollten so wenig Anknüpfungspunkte wie
möglich bieten, damit unsere Operationen nicht von der
Polizei aufgespürt werden konnten.

All unsere Arbeit wäre natürlich umsonst gewesen,
hätten wir nicht jede einzelne Person und jeden einzelnen
Vorgang unserer Operationen in Gebet eingehüllt. Totale,
absolute Abhängigkeit von Gott war und ist der einzige
Weg, auf dem wir auch nur das Geringste für ihn erreichen
können.

Gleichzeitig trugen wir ununterbrochen neue Ideen
zusammen und versuchten, neue Wege herauszufinden, um
die gute Nachricht über verschlossene Grenzen hinweg ins
Land zu bringen. Wir arbeiteten mit Missionsgruppierungen zusammen wie „Trans World Radio", die Radiostation
„HCJB" und die „Far Eastern Broadcasting Company",
die Evangeliumsbotschaften nach Osteuropa und in die
ganze Sowjetunion ausstrahlten. Viele Zuhörer schrieben
an die Radiosender, um ihnen von ihrem Leiden und ih-

rer großen Not zu berichten. Wir lieferten dann manchmal Schriften und Material für die Nacharbeit, die wir ihnen dann durch unsere Kanäle zukommen ließen.

Eine besondere Möglichkeit bot sich uns dadurch, dass wir Freunde von Open Doors dazu anregten, sich Reisegruppen nach Russland anzuschließen. Wir gaben ihnen Bibeln, die sie dann in ihrem Gepäck mitnahmen. Ich kann mich an einen Mann namens John erinnern, der vor Jahren einen gewissen Übereifer für diese Idee entwickelte, allerdings jedoch auf eine wunderbare Gelegenheit stieß. Da er sieben Sprachen fließend beherrschte, einschließlich Tschechisch und Russisch, buchten wir ihm ein Ticket für die Teilnahme an einer Reisegruppe, die zusammen mit einigen Kommunisten und anderen Touristen nach Russland fuhr. Er war so begeistert von der Idee, dass er so viele Bibeln wie möglich mitnehmen wollte. Also stopfte er seine Kleidung buchstäblich von oben bis unten voll mit russischen Bibeln und erschien schließlich am Amsterdamer Flughafen Schiphol rundum gepolstert und mit breitbeinigem Gang. Er hatte sich sogar Taschen in seine Unterhose nähen lassen, um sie mit Bibeln vollstopfen zu können. Er muss unglaublich komisch ausgesehen haben.

Am Flughafen erfuhr er, dass viele ihre Teilnahme an der Reise abgesagt hatten. Es war das Jahr 1968, und sowjetische Truppen hatten wenige Wochen zuvor die Tschechoslowakei besetzt. Politische Spannungen waren aufgetreten, und die Touristen wollten kein Risiko eingehen. Als er eincheckte, stellte sich heraus, dass wegen der Absage zahlreicher Reiseteilnehmer sogar die Reiseleiter ihre Reise storniert hatten. Als der Angestellte des Reisebüros feststellte, dass John fließend Russisch sprach, ernannte er ihn zum Reiseleiter. Als Leiter der Gruppe hatte er viel mehr

Freiheiten als die anderen Reiseteilnehmer, und so ergaben sich für ihn ungeahnte Möglichkeiten.

Aber da war ja noch die Sache mit all den Bibeln, die er am Leibe trug. Auf dem Flug nach Leningrad musste er wegen der intensiven „Wärmedämmung" durch die Bibeln derart schwitzen, dass ihn die Zollbeamten bei der Landung für einen Gesundheitscheck herauspickten. Es gelang ihm mit der Hilfe Gottes, sich irgendwie herauszureden und die Untersuchung zu umgehen, aber es war für ihn eine beängstigende Erfahrung mit knappem Ausgang.

Im Land selbst verteilte er die Bibeln, erlebte interessante Zusammenkünfte und machte andere Menschen auf die Gemeinde aufmerksam. Das waren Dinge, die er nicht hätte tun können, wenn er nicht zum Reiseleiter ernannt worden wäre.

Sie können sich nicht vorstellen, auf welche Ideen wir manchmal kamen. Einmal kamen wir auf den Gedanken, Heißluftballons zu verwenden, die über die Grenzen fliegen und Pakete mit Bibeln und christlicher Literatur abwerfen sollten. Doch es stellte sich heraus, dass sie nicht leicht zu handhaben waren.

Wir prüften die Möglichkeit, mit einem Ultraleichtflugzeug in niedriger Höhe unterhalb der kommunistischen Radarkontrollen zu fliegen und eine Bibelfracht abzuwerfen. Dieser Gedanke fesselte mich so sehr, dass ich sogar einen Probeflug mit solch einem Flugzeug unternahm, um zu sehen, wie leicht es zu steuern war. Aber wir kamen zu dem Schluss, dass die Sache zu riskant und ineffizient war. Doch warum nicht ein Ultraleichtflugzeug ferngesteuert über die Grenze fliegen lassen? Möglich wäre das vielleicht schon gewesen, aber dann hätten wir keine persönlichen Kontakte knüpfen können. Außerdem hätten wir das

Flugzeug gern sofort vernichtet, sollte etwas schieflaufen. Das hätte Dynamit erfordert, doch davon wollten wir lieber die Finger lassen.

Einmal überlegten wir, dass wir mithilfe eines U-Boots Bibeln unter Wasser transportieren könnten. Durch einige russische Gläubige hatten wir von einem buchstäblich unbewachten Strand in einem der baltischen Staaten erfahren. Man hätte ein kleines U-Boot, ähnlich der von Wissenschaftlern zur Beobachtung des Meeresgrundes eingesetzten kleineren U-Boote, verwenden können. Es wäre in Strandnähe aufgetaucht, wo ortskundige Christen dann mit wenigen kleinen Booten hinausgerudert wären, um die Fracht zu übernehmen. Aus verschiedenen Gründen gaben wir diese Idee jedoch wieder auf. Erst einige Jahre später kamen wir darauf zurück, als wir mit unseren Planungen für das „Projekt Perle" begannen, mit dem wir auf dem Seeweg eine Million Bibeln nach China hineinschmuggelten, wie in Kapitel 6 und 7 zu lesen sein wird.

Unsere Einstellung lautete: Wenn du etwas wirklich tun willst, dann tu es. Dann finde Wege. Es fand sich immer ein Weg, und wir machten uns ständig auf die Suche nach neuen Möglichkeiten. Ich glaube, der Herr hat diese Einstellung gesegnet.

Im Laufe der Jahre während des Kalten Krieges gelang es unseren Teams, Bibeln in fast jedes Land des sowjetischen Machtbereichs hineinzubringen. In Jugoslawien erwies sich das als nicht allzu schwierig, in Rumänien hingegen war es wesentlich mühsamer. Ein Land erwies sich als eine unglaublich harte Nuss: Albanien, bekannt für äußerst starke Unterdrückung. Albaniens unbeugsamer stalinistischer Führer Enver Hoxha ging so weit, dass er sämtliche Beziehungen zur Sowjetunion und später zu China abbrach, weil die jeweiligen Regierungen seiner Meinung nach zu nachgiebig waren. Im Laufe der Sechzigerjahre versuchte er, sämtliche Religionen im Land zu unterdrücken und auszulöschen, und im Jahre 1967 erklärte er unverdrossen Albanien zum ersten wahrhaft atheistischen Staat der Welt.

Ich hatte meine Mitarbeiter zu Hause aufgefordert, dieses Land nicht aufzugeben. „Wenn ihr die Welt für Christus gewinnen wollt", sagte ich ihnen, „dann müsst ihr es dort fertigbringen, wo die Aufmerksamkeit der ganzen Welt erreicht wird. Ich schlage Albanien vor." Einige unserer Mitarbeiter hatten das Land besucht, aber es war, ähnlich wie damals in China, unmöglich, dort „zufällig" seine Bibel im Hotelzimmer liegen zu lassen. Sie wurde einem sofort zurückgegeben.

Anfang der Siebzigerjahre sprach ich in der Schweiz auf einer Jüngerschaftsschule von „Jugend mit einer Mission". Ich forderte die jungen Menschen heraus, über Albanien nachzudenken. Einige junge Frauen fühlten sich geleitet, dorthin zu gehen und das Evangelium mit aller Vorsicht weiterzugeben. Eine von ihnen namens Reona Peterson wurde während ihres Aufenthaltes dort schwer krank und musste in ihrem Hotelzimmer von einer Krankenschwester versorgt werden. Sie glaubte, im Gesicht der Schwester etwas Jesusähnliches zu erkennen. Sie meinte daher, ihr vertrauen zu können, und überreichte ihr ein Exemplar des Johannesevangeliums in albanischer Sprache.

Sie hatte sich geirrt. Die Krankenschwester informierte sofort die Polizei. Reona Peterson wurde daraufhin verhaftet, vor Gericht gestellt und zum Tode verurteilt, nur weil sie ein einziges Exemplar des Johannesevangeliums weitergegeben hatte. An dem Tage, an dem die Todesstrafe vollstreckt werden sollte, fuhr man mit ihr an die jugoslawische Grenze und setzte sie dort aus.

Wir beschlossen daraufhin, nichts zu übereilen und lediglich einige Leute als Reisende hinüberzuschicken. Dann machten wir ein kleines Unternehmen auf und besuchten das Land, um Klappstühle zu kaufen, in der Hoffnung, dort Freunde zu finden und Brücken zu bauen. Es funktionierte nicht.

Später wurden die Türen einen kleinen Spaltbreit geöffnet, um in sehr eingeschränkter Form Touristen ins Land zu lassen. Wir Open Doors-Mitarbeiter beschlossen, Gebetsteams zu organisieren, die lediglich das Land bereisen und beten sollten. Keine Gespräche über Jesus Christus, keine Bibeln, keine christlichen Schriften, lediglich Beten für die Städte und Ortschaften. Das war ein absolut biblisches Konzept. In Josua 1,3 heißt es: „Jeder Fleck Erde, den ihr betreten werdet, gehört euch." Und so reisten die Teams durch das Land und beteten.

Ich habe keinen Zweifel, dass Gott alles und jeden gebrauchte, jeden Einzelnen in diesen Teams und auch jedes einzelne Gebet, um dieses repressive System in Albanien zu Fall zu bringen. Selbst dort, wo wir nicht über unseren Glauben reden oder Bibeln und Schriften verteilen können, können wir anwesend sein. Das ist etwas ganz Wichtiges, das wir nicht vergessen sollten; vielleicht gehört es zu den wichtigsten Dingen überhaupt.

Zweiter Schritt

Handeln!

Als ich vor einigen Jahren einmal Halsschmerzen hatte, trank ich einen Kräutertee aus Kalifornien. An den Teebeuteln dieses Tees hingen Schildchen mit Sprüchen. Einer von ihnen lautete: „Nur für einen Leithund ändert sich die Landschaft."

Nun gut, das mag vielleicht etwas frech klingen, aber dennoch schien mir in dieser Aussage eine Wahrheit zu stecken, die sich auch auf das Geistliche übertragen lässt. Jesus befahl seinen Jüngern, und damit auch uns, in alle Welt zu gehen und Zeugen zu sein (Apostelgeschichte 1,8). Vergessen Sie dabei nicht, dass zu Jesu Zeiten die Menschen der Guten Nachricht gegenüber sehr feindlich gesinnt waren, und zwar so sehr, dass sie Jesus sogar töteten. Jerusalem, Judäa, Samarien – das sind alles Orte, die damals genauso verschlossen waren wie manche Länder heute. Und doch forderte Jesus seine Jünger auf, dorthin zu gehen.

Sie sollten Pioniere werden, sozusagen „Leithunde". Ein Pionier muss wissen, wohin er kommt, und muss dementsprechend planen. Wenn wir nicht neue Missionsgebiete erschließen und dorthin gehen, wo wir gebraucht werden, statt dahin, wo wir sicher sind, dann wird sich die geistliche Landschaft um uns her nicht verändern, dann halten wir an den gleichen alten Theorien fest und tun die gleichen Dinge auf die gleiche Weise, wie sie immer getan wurden. Wir werden der Erfüllung unseres großen Auftrages, der Welt von Jesus zu erzählen, keinen Deut näherkommen.

Jesus sagte seinen Jüngern: „Seht euch die Felder doch an! Das Korn ist schon reif für die Ernte" (Johannes 4,35).

Wenn ein Landwirt nicht sorgfältig, das heißt oft Jahre im Voraus plant, dann wird er nie eine Ernte einbringen können. Die Landwirtschaft ist eine Wissenschaft, bei der jeder Schritt, angefangen vom Pflügen bis hin zum Ernten, genau bedacht und angemessen geplant sein muss. Das Gleiche gilt für unser Bezeugen der Guten Nachricht von Jesus Christus.

Seht euch die Felder an! Seht euch China an! Seht euch die islamische Welt an! Seht euch Kuba an! Seht euch einige der Länder Afrikas, Lateinamerikas und Südamerikas an! Sehen Sie sich die Menschen in Ihrem Büro, Ihrer Nachbarschaft, Ihrer Schule an! Sie sind reif zur Ernte, aber wenn wir dort für Christus wirksam sein möchten, dann müssen wir planen. Wir müssen planen, auf das prophetische Wort hin zu handeln, so wie wir es im „Ersten Schritt" gesehen haben.

Jesus sagte auch zu seinen Jüngern: „Ich habe euch gesandt zu ernten" (Johannes 4,38; rev. Lutherbibel). Wir und unsere Gemeinden sind zwar bereit auszusäen, wenn es jedoch ans Einbringen der Ernte geht, dann gebrauchen wir ausweichende fromme Phrasen und sagen: „Das ist nicht meine Berufung." „Die Ernte ist Gottes Sache." Dabei ist die Welt so voll Verlangen, so offen, so bereit!

Laut 1. Johannes 3,8 war die Fleischwerdung Jesu das Resultat einer Planungssitzung im Himmel. Jesus kam mit einem Plan in die Welt: Er wollte die Werke des Teufels zerstören, die Welt mit Gott versöhnen. Und wie sollte das geschehen? Indem er starb und von den Toten auferstand. Das Gebet Jesu in Johannes 12,27 fasziniert mich: „Mir ist jetzt sehr bange. Was soll ich tun? Soll ich sagen: Vater, lass diese Stunde an mir vorbeigehen? Aber ich bin doch gekommen, um sie durchzustehen." Der feste Entschluss

Jesu, den Willen Gottes zu tun, hatte seine Wurzeln in seiner entschlossenen Planung.

Wie schrecklich, dass so viele Christen keinen Plan für ihr Leben haben! Ich meine damit nicht einen rigorosen Zeitplan für alle Ereignisse des Lebens, sondern ein aktives Eingehen auf das prophetische Wort Gottes, wie im „Ersten Schritt" beschrieben. Ob wir nun einen Ruf für den afrikanischen Busch oder den Urwald in Südamerika verspüren – wir müssen darauf eingehen, indem wir planen, wohin wir gehen, und auch planen, wie wir diejenigen erreichen können, die wir erreichen sollen, im Bewusstsein, dass jeder, der erreichbar ist, auch zu gewinnen ist.

Bis zu dem Zeitpunkt, als ich 1955 meine erste Reise zum Treffen der sozialistischen Jugend machte, hatte ich keinen spezifischen Plan für mein Leben. Ich hatte noch nie zuvor von Bibelschmuggel gehört. Damals wusste ich nur, dass ich Missionar werden wollte. Welche Art Missionar? Wo? Das war Gottes Sache. So kam es, dass ich das allgemeine Ziel, so gut ich konnte, verfolgte, indem ich die WEC-Bibelschule in Schottland besuchte und Gott vertraute, dass er mir den nächsten Schritt auf dem Wege offenbaren werde.

Und so kam es auch. Er war es, der die sozialistische Zeitschrift im Keller meines Schlaftraktes deponierte, wo ich darüber stolpern musste. Der Rest ist Geschichte. Nach dieser Reise gab es kein Zurück mehr. Von jenem Moment an plante ich mein Leben im Dienst für die Gemeinde Jesu in der Verfolgung.

Was ist der Sinn Ihres Lebens? Und welche Rolle spielt Ihr Leben in der Erfüllung des großen Auftrages? Genau da setzt die Planung ein.

Auf der geistlichen Ebene bedeutet Planen, Initiative zu

ergreifen. Es geht nicht an, dass man herumsitzt, bis man *absolut sicher* ist, dass man den Ruf Gottes für eine besondere Aufgabe, Ausrichtung oder ein besonderes Land oder einen besonderen Dienst hat. Auch bedeutet es nicht, dass man auf offene Türen wartet, durch die man *leicht* hindurchschreiten kann. Planen bedeutet im Glauben handeln. Jesus sagte seinen Jüngern nie, sie sollten auf eine besondere Einladung warten. Er sagte, sie sollten gehen. Wohin und wann das sein wird, ergibt sich oft innerhalb der Zeit, die Sie mit der Heiligen Schrift verbringen. D. L. Moody formulierte es so: „Es geht nicht darum, wie oft du durch das Wort Gottes gegangen bist, sondern wie oft es durch dich gegangen ist."

Auf der praktischen Ebene bedeutet Planen: Nachforschungen anstellen. Ehe ich ein Land betrete, muss ich Folgendes wissen: Wie sind die politischen, wirtschaftlichen und geistlichen Verhältnisse an dem Ort, wo ich sein werde? Wie viele Christen gibt es dort? Können sie ihren Glauben öffentlich ausüben und anderen mitteilen? Wie und wo kann ich mit anderen Gläubigen zusammentreffen? Welche besonderen Bedürfnisse hat die Gemeinde? Braucht sie Bibeln, Schriften, Schulung, schwer erhältliche Ausrüstung, Geld? Wie kann ich ihr am besten helfen, an diese Dinge heranzukommen? Bedeutet meine Arbeit dort eine Wiederholung oder eine Ergänzung dessen, was andere vor mir getan haben?

Eine hervorragende Quelle für solche Nachforschungen ist Patrick Johnstones Buch „Operation World" (www.operationworld.org), ein Nachschlagewerk über sämtliche Länder der Welt vom Standpunkt christlicher Mission aus betrachtet. Neben wertvollen Statistiken für jedes Land listet das Buch geistliche und materielle Bedürfnisse auf und macht Vorschläge für das Gebet. Dieses Werk ist wirklich ein weltoffenes Arbeitsbuch.

Eine weitere Möglichkeit, Nachforschungen anzustellen, könnte es sein, mit Missionaren (wenn es sie denn gibt) aus dem jeweiligen Land zu sprechen, ob sie heute noch dort tätig sind oder einmal dort tätig waren, oder auch mit solchen Christen, die heute noch Bürger jener Länder sind bzw. es einmal waren. Auch gibt es die Möglichkeit, viel zu erfahren, wenn man sich hier bei uns mit ausländischen Studenten unterhält. Selbst ein kurzer Urlaub im jeweiligen Land könnte eine wertvolle Informationsquelle sein und neue Erfahrungen bringen.

Außerdem müssen wir unbedingt mithilfe der Nachrichten und Medien politisch auf dem Laufenden sein.

Das bedeutet jedoch nicht, dass die Missionsfelder weit entfernt liegen müssen. Wir sollten uns jeden Morgen, von dem Augenblick an, in dem wir die Füße aus dem Bett schwenken und auf den Boden setzen, bewusst machen, dass wir die Gegenwart Jesu in unsere alltäglichen Beziehungen hineintragen können.

In den Umschlag meiner Bibel habe ich ein interessantes Zitat hineingeklebt: „Der Mensch will entweder herausgefordert oder unterhalten werden." Gottes Wort ist nicht dazu da, um uns zu unterhalten. Es ist auch nicht dazu da, um uns glücklich zu machen. Vielmehr soll es andere Menschen durch uns glücklich machen, wenn wir die Herausforderung Gottes annehmen und den großen Auftrag erfüllen, ganz gleich, wie unsere Umstände sind.

Das Fazit ist: Wenn Sie eher passiv als aktiv sind und lieber auf offene Türen warten, anstatt im Glauben hinauszugehen, dann haben Sie wohl nicht vor, die Welt für Jesus Christus zu gewinnen.

Gebet

*Herr, hilf mir, dein prophetisches Wort
heute anzunehmen und mein Leben entsprechend
zu planen. Hilf mir, die Initiative zu ergreifen,
um dein Reich voranzutreiben und diese Initiative
selbst im Feindesland aufrechtzuerhalten.
Amen.*

3. Türen, die sich öffnen

In den Sechziger- und Siebzigerjahren breitete sich die atheistische Philosophie des Kommunismus weiter aus. Ich erkannte, wie sie sich in einem großen Bogen von China über die Sowjetunion, Osteuropa und Afrika und dann über den Atlantik nach Kuba erstreckte, wo sie ihre erste westliche Operationsbasis errichtet hatte.

Als ich Mitte der Sechzigerjahre das erste Mal nach Kuba reiste, überraschte mich die verhältnismäßig optimistische Atmosphäre des Landes. Im Gegensatz zu den trostlosen Farben in Russland und Osteuropa trugen die Menschen in Havanna leuchtend Rot, Gelb und Grün. Ich kann mich an einen Mann erinnern, der auf einer der breiten Küstenstraßen Gitarre spielte.

Die meisten Kirchen und Bibelschulen, ja sogar die Bibelgesellschaft, waren geöffnet. Während ich mit einer Gruppe von einheimischen Christen im Bus unterwegs war, hörte ich zu meinem Erstaunen, wie die jungen Leute christliche Chorusse sangen. Die Kubaner waren meiner Ansicht nach insgesamt gesehen ein glückliches Volk. Ihre Lebensfreude war noch nicht zerschlagen worden.

Mir war klar, dass die Revolution in Kuba noch in den Kinderschuhen steckte. Ähnliches hatte man in osteuropäischen Ländern selbst etliche Jahre nach der Machtergreifung der Kommunisten erleben können. Die kubanische Regierung begann erst nach und nach, die religiöse Freiheit der Menschen einzuschränken. Die Polizei infiltrierte Gemeinden und religiöse Organisationen. Das Drucken oder Verteilen von Bibeln wurde verboten. Die Gemeinden erlebten Einschränkungen. So war ihnen zum

Beispiel das Evangelisieren außerhalb der Gemeindehäuser verboten, ebenso die Unterweisung von Kindern. Alle Mitglieder mussten sich bei der Polizei registrieren lassen usw.

Dann verstärkte die Regierung ihren Druck. Viele Gemeindehäuser wurden geschlossen und leitende Pastoren ins Gefängnis geworfen oder verleumdet. Wer sich als Christ zu Jesus bekannte, verlor seine Arbeit oder wurde zwangsweise umgesiedelt. Die Kinder dieser Christen hatten nicht das Recht zu studieren. Gemeinden durften nur dann noch existieren, wenn sie sich bereit erklärten, mit der Regierung zu kooperieren. In den Schulen wurden die Kinder in der marxistischen Lehre unterwiesen und dazu gedrängt, ihren Glauben aufzugeben.

In erster Linie waren Pastoren und Priester der Verfolgung ausgesetzt. Da man ihre Tätigkeit als unproduktiv für die Gesellschaft einstufte, hatten sie keinen Anspruch auf Essensmarken und wurden gezwungen, oft viele Stunden auf den Feldern bei der Zuckerrohrernte zu verbringen.

Allgemein wurden Christen unterdrückt, wenn auch in abgeschwächter Form. Sie wurden gewöhnlich belästigt. Auch diese Maßnahmen verfehlten ihre Wirkung nicht. Das große Gemeindehaus in Havanna, in dem ich mehrere Versammlungen leitete, war vor der antireligiösen Kampagne das Zuhause einer wachsenden Gemeinde gewesen! Doch nun versammelten sich vor dem Gebäude Menschenmassen und brüllten über Lautsprecher antigöttliche Parolen. Manchmal erschienen sonntagmorgens plötzlich schwere Baumaschinen, die unter lautem Hämmern die Straße „ausbesserten". Die Gemeinde wurde von der Polizei unterwandert. Als ich sie 1965 besuchte, gab es nur noch zwei eingetragene Gemeindemitglieder.

Kaum in meinem Hotel angekommen, wurde ich von den örtlichen Behörden zum Verhör bestellt. Sie fragten, was ich hier wolle und weshalb ich Visastempel der ČSSR und der Sowjetunion in meinem Pass hätte.

Ich entschloss mich, nicht mit der Wahrheit hinterm Berg zu halten. „Ich bin gekommen, um das Evangelium zu verkünden", sagte ich frei heraus.

Aus irgendeinem mir unbekannten Grund konnte ich ihre Verdächtigungen nicht ausräumen. Einige Stunden lang überhäuften sie mich mit Fragen, ehe sie mich dazu aufforderten, die nächsten drei Tage lang täglich zum Verhör zu erscheinen. Schließlich gaben sie ihren Verdacht, ich sei ein Spion, auf und verzichteten auf weitere Verhöre. Dennoch wurde ich überwacht. Einige Polizisten in Zivil nahmen immer an den Treffen in der großen Kirche teil.

An den ersten beiden Abenden erschienen fünfunddreißig Menschen, und das war angesichts der Belästigungen, denen sie ausgesetzt waren, sehr viel. An den nächsten beiden Abenden kamen sechzig Menschen. Gegen Ende der Woche waren es mehr als einhundert, die meine Evangeliumsbotschaft hören wollten. In einer Versammlung predigte ich über Johannes 10 und betonte die Notwendigkeit, dass der Hirte einer Herde bei der Herde bleibt und nicht fortläuft. Ich bezog mich darauf, dass viele verfolgte Christen der Versuchung nicht widerstehen können, bei der erstbesten Gelegenheit ihr Land zu verlassen. Bedauerlicherweise gehen sie oft im Strom des Materialismus und der Wertevergessenheit unserer freien Welt unter und verlieren ihren Glauben. Dabei wird die ums Überleben kämpfende Gemeinde, die sie zurücklassen, immer schwächer. In Kuba bewilligte Fidel Castro jährlich einem kleinen Kontingent von Menschen die Ausreise, und auf der Warteliste standen Abertausende von Namen.

Im Anschluss an meine Predigt erhob sich ein Mann und berichtete, dass er Pastor in einer methodistischen Gemeinde sei und seine Ausreise in die USA beantragt habe. Doch nun habe er seine Meinung geändert und wolle bleiben. In Kuba warte Arbeit auf ihn, Gottes Arbeit. Ein anderes Ehepaar, dem ich später vorgestellt wurde, hatte bereits die Flugtickets für die Ausreise erhalten, als Gott zu ihnen sprach. Sie sagten sich daraufhin: „Unser Missionsfeld ist hier und nirgendwo anders."

Das war richtig. Ich nahm an, dass Kuba in den folgenden Jahren in noch größerem Umfang Missionsfeld sein würde. Deshalb konzentrierte ich mich darauf, die Menschen auf das vorzubereiten, was vor ihnen lag, und ihnen zu helfen, sich darauf einzurichten. Wie würden sie ihren Glauben bewahren können, wenn die Regierung den Druck verstärken und ihre Kompromissbereitschaft erzwingen würde? Wie würden sie Gottesdienste und Zusammenkünfte veranstalten, wenn man ihnen die Gemeindehäuser wegnahm? Wie würden sie notwendige Bibeln, Schriften und Ausbildung bekommen?

In jener Zeit besuchte ich Kuba mehrere Jahre hintereinander und blieb jedes Mal einen ganzen Monat lang. Mit jedem Jahr verschlechterte sich die Lage der Christen. Bei meinem zweiten Besuch stellte ich fest, dass die Bibelgesellschaft geschlossen und der Direktor ins Gefängnis geworfen worden war, sodass weder Bibeln noch andere christliche Literatur mehr gedruckt werden konnten. Auf diesem Gebiet war ich in der Lage zu helfen, und so organisierte ich eine Reihe von Kurierreisen, um Bibeln ins Land zu bringen. Kurze Zeit später wurde der Leiter der

Ausbildungsstätte der Baptisten verhaftet. Die Ausbildungsstätte selbst blieb geöffnet. Weshalb auch nicht? Eine geöffnete Lehreinrichtung ohne Leiter und ohne Studenten stellte schließlich keine Bedrohung dar.

In einem anderen Jahr verkündete die Regierung eine Kampagne gegen den Analphabetismus. Es ist immer gut, wenn Menschen Lesen und Schreiben lernen, selbst wenn die Kommunisten das für ihre Propagandazwecke missbrauchen. Denn je mehr Menschen des Lesens und Schreibens kundig sind, desto mehr können auch die Bibel lesen und verstehen. Bedauerlicherweise wurden mit diesem Feldzug zweierlei Absichten verfolgt: Zum einen wollte man die Zahl derer verringern, die weder lesen noch schreiben konnten – zum anderen wollte man in dieser Zeit lähmend auf die Gemeindeaktivitäten einwirken. Der Plan sah so aus: Alle Schulen und Gemeinden sollten einige Wochen lang geschlossen bleiben, damit die älteren Schüler im Teenageralter aufs Land hinausfahren und den Menschen dort das Lesen und Schreiben beibringen konnten.

Ich habe nie erfahren, ob die Zahl der Lese- und Schreibkundigen tatsächlich zunahm, doch was ich erfuhr, brach mir fast das Herz. Im Anschluss an diese Kampagne kehrten fast keine Jugendlichen mehr in die Gemeinden zurück. Viele Mädchen waren schwanger geworden, und weil sie sich schämten, heirateten sie schnell oder zogen in andere Teile des Landes. Einige wenige kehrten in die Gemeinden zurück. Als ich von jener verlorenen Generation von jungen Menschen erfuhr, verstärkte sich in mir der Wunsch, der Gemeinde Jesu in Kuba tatkräftig zu helfen.

Es blieb natürlich nicht aus, dass die Regierung meine Anwesenheit im Lande zusehends ablehnte. Während eines Besuches bat ich um ein Gespräch mit Fidel Castro persönlich, doch man sagte mir, er sei „draußen auf den Zuckerrohrplantagen und zu beschäftigt". So kam ich stattdessen mit seinem Kulturminister zusammen, der, wie sich herausstellte, die Verfolgung der Christen koordinierte. Als echter Eiferer für die Revolution war er natürlich nicht sehr darauf erpicht, sich mit mir zu unterhalten.

„Ich weiß alles über Ihre Reisen in unserem Land und was Sie hier getan haben", sagte er unverblümt. Er zeigte mir eine dicke Polizeiakte mit Berichten über alle Orte, die ich während meines letzten Aufenthaltes auf Kuba aufgesucht hatte, sowie eine Liste all derer, mit denen ich zusammengekommen war. „Ab jetzt ist Ihnen das Predigen in diesem Land untersagt."

Diesen Befehl hatte ich wiederholt auf meinen Reisen erhalten. Ich hatte mich jedoch stets geweigert, ihn zu akzeptieren. „Wenn ich nicht predigen darf", bohrte ich, „hätten Sie dann etwas dagegen, wenn ich den Menschen Fragen stelle?"

„Nun …", sagte er zögernd, „ich denke, das lässt sich einrichten."

Vorsichtig versuchte ich ihn einen Schritt weiter zu locken: „Was ist, wenn die Menschen mir Fragen stellen? Darf ich sie beantworten?"

Wieder zögerte er. „Das dürfte keine Schwierigkeiten machen", meinte er dann.

Mehr wollte ich gar nicht hören. Aufgrund dieser Richtlinien war es mir grundlegend gestattet zu sagen, was ich wollte.

In der Hoffnung, eine Brücke zu ihm zu bauen, fuhr ich fort: „Ist Ihnen eigentlich bewusst, dass es in Russland keine Revolution gegeben hätte, wenn die Kirchen dort wirklich christlich gewesen wären?"

„Natürlich", entgegnete er. „Es dürfte Sie nicht überraschen zu hören, wie sehr es mich freut, dass viele christliche Kirchen in der ganzen Welt gar nicht so christlich sind. Deswegen kann sich unsere Revolution auch in Zukunft so ausbreiten. Nichts wird sie aufhalten können. Wir verfolgen ein Ziel: Wir wollen die Welt erobern. Aber ihr Christen, ihr seid mehr mit verrückten Ideen beschäftigt."

Damit hatte er recht.

„Ich respektiere nur solche Christen, die versuchen, mich für ihre Sache zu gewinnen", sagte er spöttisch. „Aber glücklicherweise gibt es nur sehr wenige davon."

Während meines weiteren Aufenthaltes begann ich in den Gemeinden immer mit folgenden Worten: „Ich möchte einige Fragen an euch stellen. Was bedeutet es eigentlich, ein Nachfolger Christi in dieser heutigen Zeit zu sein? Wie viele von euch haben Jesus Christus als ihren persönlichen Heiland angenommen?" Die Gläubigen in der Versammlung begannen daraufhin, mit Begeisterung von ihrem Leben als Christen und ihrer Beziehung zu Jesus zu erzählen.

Dann fragte ich weiter: „Möchtet ihr mir einige Fragen stellen?" Und schon schossen die Hände in die Höhe und es kamen Fragen wie diese: „Wie kann ich wiedergeboren werden?" Oder: „Was sagt uns die Bibel darüber, wer Jesus wirklich war?" Nachdem ich mir einige Fragen angehört hatte, nahm ich mir so viel Zeit, wie ich wollte, um alle Fragen anhand der Bibel zu beantworten.

Die Polizei war natürlich in den Gottesdiensten anwesend, und als der Kulturminister im Anschluss ihre Berichte zu lesen bekam, war er natürlich außer sich. Ich wusste, dass ich auf Kuba kein gern gesehener Gast mehr war.

Ein Teil der Freude, die ich empfinde, wenn ich die Gemeinde Jesu in der Verfolgung aufsuche, besteht darin, dass ich nie weiß, wie Gott mich zu seiner Ehre gebrauchen wird. Es gibt zahllose Gelegenheiten, solchen Menschen die Gute Nachricht weiterzugeben, die Christus noch nicht kennen, und auch ausgiebig Gelegenheit, mit den verfolgten Christen zu beten. Wenn ich nach Hause fahre, habe ich eigentlich immer das Gefühl, dass diese Gläubigen *mir* gedient haben!

Während meiner Zeit auf Kuba hatte ich einen wunderbaren gläubigen Dolmetscher, einen gebürtigen Jamaikaner namens George. Seine Familie war nach Kuba gezogen, als er noch klein war, und so war er dort aufgewachsen. Vor etlichen Jahren reiste er nach Kanada und erzählte eine erstaunliche Geschichte, die sich während einer meiner Predigtreisen ereignet hatte, eine Geschichte, deren Ausgang nicht einmal mir bekannt war.

In einer Gemeinde in Havanna wollte ich gerade nach vorne gehen, um zu predigen, als mein Blick auf George fiel. Er kniete vor dem Altar und betete voller Inbrunst. Ich wusste nicht, worum es sich handelte, aber der gequälte Ausdruck auf seinem Gesicht sagte mir, dass es etwas Wichtiges sein musste. Ich trat leise von hinten an ihn heran und legte meine Hände auf seine Schultern. Dann betete ich still für ihn. Was mich anbetraf, war das alles. Dann fuhren wir mit dem Gottesdienst fort, und George leistete beim Dolmetschen wirklich Großartiges.

Hier nun der Teil der Geschichte, von dem ich erst später erfuhr. George hatte ein schweres gesundheitliches Problem in Verbindung mit den Verdauungsorganen. Wahrscheinlich handelte es sich um ein Geschwür. Die Schmerzen und Magenkrämpfe waren teilweise so unerträglich, dass er das Dolmetschen schier nicht bewältigen konnte. Dieses Problem hatte er jedoch mir gegenüber nie erwähnt.

An jenem besonderen Abend hatten die Magenschmerzen eher als sonst eingesetzt, und er befand sich in solchen Qualen, dass er nicht glaubte, den Gottesdienst durchhalten zu können, ohne das Bewusstsein zu verlieren. Deshalb kniete er vorne am Altar nieder und flehte den Herrn an, ihm die Schmerzen zu nehmen.

Das war genau der Augenblick, an dem ich mich geleitet gefühlt hatte, für ihn zu beten. Obwohl ich nicht wusste, worum ich beten sollte, nahm Gott fast augenblicklich Georges Schmerzen fort. Einige Tage später fiel George auf, dass sie nicht wiedergekehrt waren. Er hat seitdem nie mehr Probleme mit seinem Magen gehabt. George betrachtet diesen Augenblick als Wendepunkt in seinem geistlichen Leben und als Moment, in dem er neues Vertrauen in die Kraft Gottes bekam. Er wurde später Pastor in der Gemeinde in Havanna.

Mir gefällt diese Geschichte so, weil ich keine Ahnung von dem hatte, was sich dort zutrug. Darin besteht das Abenteuer, wenn man dorthin geht, wohin Gott führt, und ihm vertraut, dass er das tut, was er tun möchte. Georges Heilung hatte nichts mit Bruder Andrew zu tun. Es hätte irgendjemand anderes sein können. Sie hätten es genauso sein können.

Neben der Versorgung der kubanischen Gemeinde Jesu mit Bibeln und Schriften suchten wir nach Möglichkeiten, um das Überleben der Pastoren und ihrer Familien in einem vom wirtschaftlichen Zusammenbruch gekennzeichneten Land zu gewährleisten. Ich habe bereits erwähnt,

dass den Pastoren die üblichen Essens- und Bekleidungs-
marken nicht zustanden. Und die Familien von Pastoren,
die im Gefängnis saßen – und damals betraf das viele –,
waren auf Unterstützung angewiesen. Die Währung war
nahezu wertlos, sodass Geldspenden nicht viel nützten.
Der holländische Botschafter ermöglichte mir den Zugang
zum Botschaftsladen in der Stadt, in dem ich für Bettlaken,
Bekleidung, Benzin und einige Nahrungsmittel mit amerikanischen Dollar zahlen konnte. Aber das war immer
noch nicht ausreichend.

Dann traten die Pastoren mit einer Idee an uns heran. Im
Straßenverkauf war Gold eine sehr viel stärkere und stabi-
lere Währung als jede andere. Wenn wir ihnen Schmuck
und andere Wertgegenstände aus Gold bringen könnten,
dann wären sie in der Lage, einen viel höheren Preis zu er-
zielen, und könnten somit ihre Familien für einen viel län-
geren Zeitraum als sonst versorgen. Zum Beispiel konnte
eine goldene Uhr aus den USA im Wert von dreihundert
Dollar das Auskommen für ein halbes Jahr gewährleisten.
So kam es, dass bei meinem letzten Besuch mein Partner
und ich sowie einige andere Kuriere alle möglichen goldenen Uhren, Ringe, Armreife und Halsketten trugen. Wir
sahen alle wie Playboys aus.

Ich lud eine Gruppe von Pastoren zu einem Essen in
meinem Hotel ein. Sie nahmen die Einladung höflich an,
fragten aber, ob ich einige Plastiktüten dabei hätte, in denen sie etwas Essen für ihre Familien nach Hause mitnehmen konnten. Während wir aßen, steckten sie möglichst
unauffällig etwas von dem Hühnerfleisch, Reis und Brot
in ihre Tüten. Anschließend gingen wir alle ins Haus eines der Pastoren und erlebten mit eigenen Augen, wie
ihre Kinder das mitgebrachte Essen in sich hineinstopften.

Dann nahmen mein Mitarbeiter und ich den Schmuck ab und legten ihn auf den Tisch.

„Bitte, liebe Freunde, nehmt diese Gaben an als Geschenk von den Gläubigen in Holland", sagte ich. „Verwendet sie, um eure Familien und die Familien der anderen Pastoren, die im Gefängnis sitzen, zu unterstützen. Denkt daran, dass wir euch lieben und für euch beten." In großer Dankbarkeit teilten sie es ihren Bedürfnissen entsprechend auf.

Als meine Rückreise näherrückte, begleitete mich einer der Pastoren zum internationalen Flughafen José Martí, um sich dort von mir zu verabschieden. Er ging mit mir bis zur Zollabfertigung. Als ich ihm auf Wiedersehen gesagt hatte und gerade weitergehen wollte, kam mir der Gedanke, ich sollte ihn doch fragen, ob er noch irgendetwas benötigte. „Ja, schon", kam die schnelle Antwort. „Ich brauche ein Paar Schuhe."

Ich blickte auf seine Füße, dann auf meine. Wir hatten ungefähr die gleiche Größe. Im Flugzeug würde ich ja nicht unbedingt Schuhe brauchen und in Amsterdam könnte ich mir leicht ein neues Paar besorgen. Ich zog meine Schuhe also aus und überreichte sie ihm.

„Nimm sie, Bruder, sie gehören dir." Nie werde ich den Ausdruck der Dankbarkeit auf seinem Gesicht vergessen. Dann sagte ich schnell Auf Wiedersehen, ging auf Socken durch die Zollabfertigung und bestieg das Flugzeug.

Auf dem Rückflug nach Amsterdam gab es Schwierigkeiten. Unser Flug wurde bei einem Zwischenaufenthalt in Madrid für längere Zeit aufgehalten, und die Fluggesellschaft musste uns für eine Nacht in einem vornehmen Hotel unterbringen. Ich wurde natürlich in der Hotellobby etwas schräg angesehen, als ich sie auf Socken betrat! Aber jene Worte, die der Pastor mir beim Abschied in Kuba gesagt hatte, konnte ich einfach nicht vergessen: „Andrew, jetzt hast du alles gegeben. Das Einzige, was du jetzt noch geben könntest, ist dein Leben."

Im Anschluss an meinen letzten Besuch in Kuba machte ich anderen Menschen in Europa dazu Mut, doch auch dorthin zu reisen. Die Gemeinde in Kuba benötigte so viel Gebet, Unterstützung Bibeln und christliche Literatur wie möglich.

Unter denen, die Interesse daran zeigten, der Gemeinde in Kuba zu helfen, waren Ans und Line, zwei Holländerinnen Ende fünfzig, die zusammen in Frankreich wohnten. Diese beiden wunderbaren Frauen hatten schon mehrfach Kurierreisen in Europa unternommen, um Bibeln zu verteilen, und ihre Hingabe an Gott war mir eine echte Inspiration. Als ich ihnen Kuba vorschlug, waren sie sofort begeistert.

Für ihren ersten Besuch arbeitete ich einen nicht allzu engen Terminplan aus. Ich erklärte ihnen die augenblickliche Situation dort, gab ihnen einige spanische Bibeln und christliche Literatur sowie einige Namen und Adressen mit. Ich wusste, dass Gott ihnen zeigen würde, wohin sie sonst noch gehen sollten. Die wichtigste Kontaktadresse, die ich ihnen mitgab, war übrigens die einer großen Gemeinde in Havanna, passenderweise bekannt als „Gemeinde der Offenen Tür".

Kaum in ihrem Hotelzimmer in Havanna angelangt, beschlossen sie, sich im Gebet von Gott leiten zu lassen. Während des Gebets spürten sie, dass der Heilige Geist sie in Richtung Leninpark drängte, woraufhin sie ihren Stadtplan herausholten und sich auf den Weg machten.

Zur gleichen Zeit betete ein kubanischer Pastor mit Namen Eusevio Perez ebenfalls, was sie nicht wissen konnten. Er war erst vor Kurzem aus dem Gefängnis entlassen worden und war sehr mutlos. In seiner Niedergeschlagenheit dachte er sogar daran, seinen Dienst an den Nagel zu hängen. Pastoren waren schlecht angesehen und wurden oft von der Regierung verfolgt, nicht nur ihres Glaubens wegen, sondern auch, weil man sie für „Schmarotzer" der Gesellschaft hielt. Eusevio fühlte sich alleingelassen und ohne Kraft und fragte sich, ob seine Bemühungen nicht vergeblich seien.

An jenem besonderen Tag fühlte er sich vom Herrn geleitet, den Leninpark aufzusuchen, um von irgendjemandem Ermutigung zu erfahren. Also ging er nach draußen, holte sein Auto, einen 1950er Chevrolet, den er „Lazarus" nannte, weil er sehr oft wieder zum Leben erweckt werden musste, und machte sich auf den Weg zum Leninpark.

Während er gemächlich durch den Park spazierte, fielen ihm zwei europäisch aussehende Frauen auf, die auch herumgingen. Sie hielten offensichtlich nach jemandem Ausschau. Als sie wenige Minuten später Augenkontakt miteinander aufnahmen, wurde ihm klar, dass er derjenige war, nach dem sie gesucht hatten! Der Herr hatte sie zueinandergeführt.

Ans und Line kamen unmittelbar auf den Punkt. Sie folgten ihm zu seinem Auto, stiegen hinten ein und begannen sofort, sich ihrer Kleider zu entledigen! Man muss verstehen, dass man damals aus Sicherheitsgründen so viel wie möglich am eigenen Leibe mit sich herumtrug. Die Frauen hatten sich Lagen von Extrakleidern übergezogen, die an Frauen weitergegeben werden konnten, und hatten diese Lagen mit Bibeln ausstaffiert. So saßen die beiden im Vorrentenalter auf dem Rücksitz von „Lazarus" und zogen, zerrten und zupften sich alle Extrakleider und alle Bibeln vom Leibe, die sie an die Gläubigen weitergeben wollten.

Eusevio war von der Fürsorge Gottes überwältigt. Dann fuhr er sie in ihr Hotel zurück, wo sie ihm wichtiges zusätzliches Material geben konnten. Im Laufe ihrer Unterhaltung erwähnte er, dass er während seines Gefängnisaufenthaltes von einem Holländer namens Bruder Andrew gehört habe. Die Damen konnten ihm berichten, dass ich es war, der sie dazu ermutigt hätte, nach Kuba zu reisen.

Eusevios geistgeleitete Begegnung mit jenen beiden Damen belebten seinen schwach gewordenen Glauben, und so konnte er seinen Dienst mit neuer Kraft wieder aufnehmen. Jahre später wurde er von der Regierung abgeschoben, weil durch seine Arbeit zu viele Menschen zum Glauben an Jesus Christus kamen! Er wurde Leiter der spanisch sprechenden Gemeinde in Toronto/Kanada.

Diese beiden lieben Frauen, die nach Kuba gereist waren, verdeutlichen das Prinzip, das ich immer und immer wieder betone: Wenn Sie an die Kraft Gottes glauben, und wenn Sie die Gemeinde Jesu in der Verfolgung im Glauben aufsuchen, dann wird Gott Türen öffnen. Ob es der Eiserne Vorhang ist, der Bambus- oder Zuckerrohrvorhang, ob es Grenzen, Diktatoren, Terroristen sind – sie sind nicht die eigentlichen Widerstände, die es beim Dienst für die Brüder und Schwestern zu überwinden gilt. Die größten Hindernisse liegen in unseren eigenen Herzen. Es sind Furcht, Zweifel, Ichsucht, Materialismus, Selbstgefälligkeit, die fehlende Bereitschaft zu leiden sowie Entschuldigungen aller Art.

Ich kenne diese Ausflüchte zur Genüge. Ich habe über

die Jahre viele Gründe gehabt, meinen Reisedienst aufzugeben und ein „normales" Leben, welcher Art auch immer, wieder aufzunehmen. Aus einem dieser Gründe wäre ich diesem Dienst fast gänzlich aus dem Weg gegangen, und zwar aus gesundheitlichen Gründen.

Viele Jahre lang litt ich nämlich unter starken Rückenbeschwerden. Gleich im ersten Monat meines Aufenthaltes auf der WEC-Bibelschule im Jahr 1953 „klappte mein Rücken zusammen". Ich litt unter einem Bandscheibenvorfall. Bei mir handelte es sich nicht um eine, sondern mehrere Bandscheiben, die sich gelockert hatten, und meine Schmerzen waren unbeschreiblich. Oft konnte ich mir nicht einmal die Haare kämmen oder meine Jacke anziehen. Jemand musste mir beim Sockenanziehen behilflich sein. Manchmal kam ich an den Punkt, wo ich weder stehen noch gehen konnte. Ich hielt meist so lange durch, bis ich auf dem Fußboden oder auf dem Gehweg draußen zusammenbrach. Wenn niemand da war, um mir zu helfen, musste ich so lange warten, bis ich gefunden wurde. Dann trug man mich ins Bett, wo ich liegen blieb, bis der Schmerz nachließ und ich wieder zu Kräften kam. Manchmal musste ich Wochen im Bett verbringen.

Es gelang mir, die zwei Jahre Bibelschule durchzustehen und dabei noch die meisten meiner Aufgaben und evangelistischen Einsätze durchzuführen, wenngleich ich nie schmerzfrei war. Wenn sich dann aber mein Rücken zurückmeldete, war ich zu nichts mehr zu gebrauchen. Ich wusste nicht, was ich tun sollte. Die Ärzte weigerten sich, mich zu operieren. Ein chirurgischer Eingriff wäre damals zu riskant gewesen. Ich ließ mit mir beten, mich salben und mir die Hände auflegen. Schließlich hatte ich alles getan, was ein Christ in dieser Lage tun kann. Aber mein

Leib blieb ein Wrack. Es gab Zeiten, da fragte ich mich, ob Gott mich doch zu etwas anderem als dem Missionsdienst berufen habe, zu etwas, das meinen Rücken nicht so stark beanspruchte.

An einem besonders schmerzerfüllten Tag auf der Bibelschule stieß ich in 2. Könige 5 auf die Geschichte von Naaman. Naaman war weder Israelit, noch glaubte er an den Gott Israels, und doch heilte der Prophet Elisa ihn von der Lepra. Ich sagte: „Gott, wenn es für einen Heiden wie Naaman Heilung gibt, dann gibt es doch auch Heilung für mich, dein Kind." Ich meinte, Gott wolle mir durch diese Geschichte etwas sagen.

Ich betone das Wort *meinte*, weil man nicht immer sofort weiß, ob Gott durch einen besonderen Bibelabschnitt zu einem spricht oder nicht. Aber ich glaube dennoch, dass es besser ist zu gehorchen, wenn man meint, dass Gott gesprochen hat, als nicht zu gehorchen, wenn man weiß, dass Gott gesprochen hat.

Auf jeden Fall war mir, als wolle Gott mich von diesen schrecklichen Rückenschmerzen heilen. Und außerdem glaubte ich, Gott wolle es genauso tun wie in der Geschichte von Naaman, nämlich indem ich siebenmal untertauchte. Im biblischen Bericht befahl Elisas Bote Naaman, er solle siebenmal im Jordan untertauchen, um geheilt zu werden. Naaman war wütend. Der Jordan war schließlich ein schmutziges Gewässer. Er konnte sich einfach nicht vorstellen, dass er durch das Hineinspringen in diesen Fluss geheilt werden könnte, von welcher Krankheit auch immer. Und siebenmal darin zu baden war ja eine Demütigung sondergleichen. Aber schließlich schluckte er seinen Stolz herunter, tauchte im Wasser des Jordans unter, und siehe da, Gott heilte ihn.

So kam es, dass ich mich an einem Abend im Winter dazu entschloss, diesem Beispiel Naamans zu folgen. Als alle schliefen, rollte ich mich vorsichtig aus meinem Bett heraus, krabbelte auf allen vieren über den kalten Fußboden zum Badezimmer (ich konnte vor Schmerzen nicht aufrecht gehen) und schloss die Tür hinter mir zu. Im Badezimmer gab es eine riesengroße altmodische eiserne Badewanne, die groß genug gewesen wäre, eine ganze Familie zu fassen. Das sollte mein Jordan sein.

Ich tastete mich vorsichtig am Rand der Badewanne entlang bis zum Wasserhahn. (Da Naaman heftig gegen das Wasser protestiert hatte, musste es bei mir ja kaltes Wasser sein.) Als die Badewanne vollgelaufen war, gelang es mir, mich über den Rand ins eiskalte Wasser gleiten zu lassen. Der körperliche Schock ließ mir den Atem buchstäblich stocken. Dann kletterte ich umständlich aus der Wanne heraus und legte mich einen Augenblick lang auf den Boden. Mein Rücken schmerzte mehr denn je.

Es gelang mir ein zweites Mal, in die Wanne zu steigen. Immer noch keine Regung. Dann ein drittes und ein viertes Mal. Bei der Kälte und unter den starken Schmerzen verlor ich fast das Bewusstsein, aber mir war klar, dass ich es siebenmal machen müsste, da Naaman ja auch erst beim siebten Eintauchen in das Wasser eine Veränderung erlebt hatte. Fragen Sie mich nicht, wie ich es geschafft habe, aber irgendwie gelang es mir, mich siebenmal ins Wasser gleiten zu lassen und siebenmal aus der Wanne zu steigen. Ich bemerkte schon eine gewisse Veränderung meines Zustands, doch leider zum Schlechteren. Beim siebten Mal meinte ich fast, gestorben zu sein. Schließlich zog ich den Stöpsel aus der Wanne, trocknete mich, so gut ich konnte, ab und schleppte mich ins Schlafzimmer zurück. Die Schmerzen brachten mich schier um, aber ich war überglücklich, weil ich das getan hatte, von dem ich meinte, Gott fordere es von mir.

Am nächsten Morgen war ich alles andere als geheilt.

Weder am darauffolgenden Tag noch in der darauffolgenden Woche wurde ich geheilt und auch in den nächsten zwei Jahren nicht. Nach dem Ende meiner Zeit auf der Bibelschule gab mir der Direktor die Hand und sagte zum Abschied: „Andrew, du brauchst dich hier nicht um eine Stelle als Missionar zu bewerben, denn du bist für einen Reisedienst einfach gesundheitlich nicht ausreichend belastbar." Mit dieser knappen Einschätzung war ich abgeschrieben.

Ich muss der Ehrlichkeit halber zugeben, dass ich geneigt war, ihm zuzustimmen. Ich war ein physisches Wrack. Sicherlich wäre es eine leichte Sache gewesen, meinen Zustand als Hinweis von Gott zu betrachten, dass ich für einen Reisedienst nicht geeignet war. Warum sollte nicht jemand anders eine solche Tätigkeit übernehmen, jemand mit einem starken, gesunden Körper, der wahrscheinlich effektiver arbeiten konnte? Diese Gedanken kamen mir tatsächlich, so wie sie vielleicht jedem von uns in den Sinn gekommen wären.

Aber irgendetwas in mir, und ich weiß, dass es der Herr war, sagte mir: „Geh!" Sollte ich dieser Stimme folgen? Sollte ich ihm vertrauen, dass er die Hindernisse, gleich welcher Art, beseitigen würde? Als ich unten im Keller der Bibelschule die kommunistische Jugendzeitschrift aufhob und von dem Jugendtreffen in Warschau las, musste ich einfach Ja sagen. Ich musste ganz einfach gehen. Und das war der Anfang aller meiner ausgedehnten Reisen durch die kommunistische und die islamische Welt.

Mein Rückenleiden dauerte insgesamt achtzehn Jahre an. Aber der Herr heilte mich dann doch im Jahre 1971. Und zwar durch ein Flugzeugunglück.

Ich befand mich mit meinem Freund Don, einem Piloten, in einer Beechcraft Debonair, einer kleinen Maschine, die Platz für vier bis fünf Personen bot. Wir waren gerade vom Flughafen Salida in Colorado/USA gestartet, wo ich ein kleines Büro für meine Tätigkeit in Amerika eröffnet hatte, und befanden uns auf dem Weg zu einem Gottesdienst in Denver. Don war ein erfahrener Pilot und war regelmäßig geflogen, seit er erwachsen war, weshalb ich seinen Fähigkeiten voll und ganz vertraute.

An jenem Sonntagmorgen befanden wir uns gerade in einer Flughöhe von 200 bis 300 Metern, als aus unbekannten Gründen der Motor ausfiel. Mein Magen schlug Purzelbäume, während ich spürte, dass das Flugzeug wie ein Stein Richtung Boden stürzte.

„Was ist denn los?", schrie ich.

„Wir stürzen ab!", war alles, was Don noch sagen konnte.

Das Flugzeug krachte mit ohrenbetäubendem Lärm in einer Bauchlandung zu Boden. Ein unbeschreiblich intensiver Schmerz durchzog mein Rückgrat, aber ich blieb bei Bewusstsein. Don hatte eine Kopfverletzung, doch mit einem Ruck riss er sich von seinem Gurt los und schrie: „Andrew, mach, dass du rauskommst, und lauf, so schnell du kannst! Das Flugzeug kann jeden Moment explodieren!"

Es gelang mir, mich aus dem Flugzeug zu stürzen, doch kaum hatte ich einige Schritte unternommen, da brach ich unter Qualen zusammen und konnte mich keinen Millimeter mehr bewegen. Während ich dalag, stellte ich fest, dass ich genau auf einen großen Ameisenhügel gefallen war und Hunderte von schwarzen Ameisen auf mir herumkrabbelten. Wir befanden uns auf einem Feld, das an die Start- und Landebahn des Flughafens grenzte. Ein Stück weiter weg lag eine große Schlucht. Ich schickte ein Stoßgebet zu Gott und dankte ihm dafür, dass wir am Leben waren, doch der Schmerz in meinem Rücken war so stark, dass es mir egal war, ob ich sterben oder ob das Flugzeug in die Luft gehen würde, oder ob die Ameisen mich auffraßen.

Dann hörte ich die Sirene eines Krankenwagens und sah rotierendes rotes Licht. Die Leute im Kontrollturm hatten uns abstürzen sehen und sofort den Krankenwagen und die Feuerwehr alarmiert. Es dauerte nicht lange, da befanden wir uns im Krankenhaus. Dons Kopfwunde war unbedeutend, ich hatte jedoch zwei Rückenwirbel im unteren Rückenbereich gebrochen. Mir war klar, dass ich für eine ganze Weile außer Gefecht sein würde.

Es stellte sich heraus, dass einer der Krankenwagenfahrer Pastor einer Pfingstgemeinde war. Als er mich erkannte, rief er auf zwei Glaubenskonferenzen an, bei denen Kathryn Kuhlman und Jamie Buckingham anwesend waren. Sie unterbrachen ihre jeweiligen Veranstaltungen, um für mich zu beten. Das bedeutete mir viel.

Die Ärzte versorgten mich, steckten mich ins Bett und verabreichten mir einige Schmerzmittel, damit ich die Schmerzen besser ertragen konnte. Dann durfte ich meine Frau Corry in Holland anrufen.

Sobald ich ihre Stimme hörte, vergaß ich meine übliche holländische Gelassenheit und ließ meinen aufgestauten Gefühlen freien Lauf. Ich erzählte ihr unter Tränen von dem Unglück und von meinem gebrochenen Rückgrat. Ich hatte große Schmerzen und fühlte mich elend. Da ich sonst noch nie in solch einem seelischen Zustand gewesen war, erriet sie, dass ich in schlechter Verfassung war, und buchte sofort einen Flug nach Colorado.

Wenige Tage später saß sie an meinem Krankenbett, und obgleich ich noch sehr große Schmerzen hatte, fühlte ich mich sofort besser. Meistens saß sie an meinem Bett und las mir stundenlang aus der Bibel vor. Bei meinem intensiven Reiseprogramm und den vielen Verpflichtungen in jenem Jahr hatte ich nicht immer genügend Zeit gefunden, innere Nahrung zu mir zu nehmen und für meinen inwendigen Menschen Stärkung aus der Schrift zu suchen. Jetzt hatte ich Zeit, mit Corry und Gott und dem Wort Gottes allein zu sein. Was für eine wunderbare Zeit war das! Während ich ihr beim Lesen zuhörte, lobte ich Gott und vergoss Freudentränen, als mir seine Güte so deutlich vor Augen stand. Ich erlebte in meinem Herzen eine Erweckung.

Zunächst konnte ich nur liegen, gestützt von einer dicken Rolle unter meinem Rücken. Nach einigen Tagen bekam ich einen Gips, der meinen Rücken stramm hielt und die Schmerzen linderte. Natürlich hatte ich unter der Kälte des Gipses und ständigem Juckreiz zu leiden, aber das war gar nichts im Vergleich zu den vergangenen Schmerzen.

Als der Krankenhausgeistliche von meiner Anwesenheit erfuhr, betete er mit mir. Dann führte er andere Patienten zu mir ins Zimmer, damit ich mit ihnen betete. An dem Tag, an dem ich aufstehen konnte und in einem Rollstuhl sitzen durfte, übertrug er mir die Aufgabe eines ehrenamtlichen „Hilfsgeistlichen" und schob mich zu einigen seiner Patienten.

Mein Aufenthalt im Krankenhaus dauerte insgesamt dreizehn Tage. Am letzten Tag wurde eine weitere Röntgenaufnahme gemacht, und mein Arzt, ein bekannter Chirurg, sah sie sich genau an. Zu seiner Überraschung waren die gebrochenen Rückenwirbel so gut verheilt, dass die Fraktur kaum noch zu erkennen war. Daran erkannte ich als Allererstes, dass Gott dabei war, mich zu heilen.

„Na ja", sagte ich, „viele Leute haben für mich gebetet."

Ich wurde entlassen, und Corry und ich blieben einige Wochen in Dons Wohnwagen. Mein Gips fing unterhalb der Arme an und reichte bis zu den Hüften. Corry konnte mir als gelernte Krankenschwester beibringen, damit zu gehen. Dann lehnte ich mich draußen gegen einen großen Baumstamm und blickte nach Westen zu den Rocky Mountains in Richtung Meer. Es war unwahrscheinlich schön, und ich konnte mich nach langer Zeit wieder erholen.

Nach Holland zurückgekehrt, musste ich den Gips noch zwei Monate lang tragen. Als sie ihn dann endgültig entfernten und ich wieder zu Kräften gekommen war, begann ich Dinge zu tun, die ich nie zuvor hatte tun können. Ich lernte Golf spielen. Ich begann ein Lauftraining. Ich konnte den Garten umgraben, Tennis spielen, Fahrrad fahren. All das tue ich heute noch. Nach jenem Flugzeugunglück hat mir mein Rücken nie wieder Schwierigkeiten bereitet.

Gott löst Probleme auf sehr originelle Weise, nicht wahr? Seine Wege sind nicht unsere Wege. Wie konnte ich ahnen, dass Gott einen Flugzeugabsturz gebrauchen würde, um meinen Rücken zu heilen? Oder wie konnte jener Pastor auf Kuba wissen, dass ihn jemand im Leninpark treffen wollte? Wenn wir, anstatt uns Sorgen über die Widerstände zu machen, Gott mehr vertrauen würden, würde unser Leben als Christen sehr viel effektiver sein, vom Spaß gar nicht zu reden. Wir könnten dann, wenn Probleme auf-

tauchen, sie als Teil jenes Prozesses betrachten, mit dessen
Hilfe uns Gott das Leben im Glauben beibringen möchte.

Dritter Schritt

Beten!

Wenn wir das prophetische Wort Gottes wahrnehmen
und besondere Möglichkeiten erkunden, um darauf einzugehen, dann werden wir unweigerlich auf unsere Knie
gezwungen. Denn beim Planen erkennen wir schnell, dass
unser Verlangen, die Welt für Jesus Christus zu gewinnen,
eine viel größere Aufgabe ist, als irgendjemand auf sich
allein gestellt bewältigen könnte. Das kann nur mit Gottes
Hilfe geschehen. Deshalb müssen wir ihn darum bitten.

Ich kann nicht nachdrücklich genug auf die Bedeutung
von Gebetszeiten hinweisen. Jesus stand jeden Morgen
früh auf, um zu beten. In Lukas 6,12 lesen wir, dass er die
ganze Nacht hindurch betete und dass am nächsten Tag
eine große Menschenmenge zu ihm kam. „Sie wollten ihn
hören und sich von ihren Krankheiten heilen lassen … Jeder wollte Jesus berühren, denn es ging heilende Kraft von
ihm aus" (6,18-19). Erkennen Sie, wie Gebet den Kraftwir-
kungen vorausging?

Im Alten Testament betete Nehemia in ähnlicher Weise
einhundertundzwanzig Tage lang „Tag und Nacht", ehe er
den persischen König um Erlaubnis bat, die Mauern um
Jerusalem wieder aufbauen zu dürfen (Nehemia 1,1.6 und
2,1-5). Wie lange dauerte der eigentliche Wiederaufbau der
Mauer? Nur zweiundfünfzig Tage. Die eigentliche Arbeit
war das Beten.

Bedauerlicherweise nehmen wir uns heute erst gar nicht

diese Zeit für das Gebet. Wir leben im Alltag so, als seien wir stärker als Jesus. Das Ergebnis ist, dass sowohl unser Verhältnis zu Gott als auch unsere Arbeit für ihn darunter leidet. „Der eigentliche Zweck unseres Gebets besteht darin", schreibt Oswald Chambers in „Christian Disciplines", „eine enge Beziehung zum Vater zu entwickeln." Wir beten, um mit Gott in Beziehung und Verbindung zu stehen. Und dieses vertraute Verhältnis prägt den Inhalt unserer Gebete. Wenn wir ein inniges Verhältnis zu Gott haben, dann können wir mutig beten, so wie Abraham, Mose und Jesus.

Von den verschiedenen Möglichkeiten des Gebets gibt es zwei, die wir möglicherweise vernachlässigen: Das Gebet im Namen Jesu *für* etwas oder jemanden und das Gebet im Namen Jesu *gegen* etwas oder jemanden.

Wir beginnen mit dem Gebet *für* diejenigen in der ganzen Welt, die das Evangelium noch nicht gehört haben, dass Gott ihre Herzen vorbereiten möchte, um seine Botschaft durch uns oder andere vor Ort aufnehmen zu können. Dann beten wir für die Gemeinde Jesu in der Welt, besonders für solche Gemeinden, die um ihres Glaubens willen leiden. Wir beten auch um Leitung bei unserem Wirken für ihn in unserer eigenen Nachbarschaft.

Ein weiteres Gebet, das wir unbedingt aufgreifen sollten, nenne ich Beten im Namen Jesu *gegen* etwas Bestimmtes. Wir müssen den Mächten widerstehen, die dem Willen Gottes entgegentreten. Wenn wir der Gemeinde Jesu in der Verfolgung dienen wollen und den Wunsch haben, die Botschaft von Jesus in ein sogenanntes verschlossenes Land zu bringen, dann werden uns etliche Widerstände entgegentreten. Wir müssen Gott bitten, sie zu entfernen.

Allzu viele Christen vernachlässigen diese zweite Art des Gebets. Es reicht nicht, Gott zu bitten, er möge uns segnen und die Gemeinde segnen und die Missionare segnen. Wir müssen es lernen, uns im Gebet und im Namen Jesu gegen das Böse und gegen böse Menschen zu wenden! Das tun wir, indem wir Gottes Sieg über die gottlosen Mächte proklamieren und Gott bitten, dass er die Feinde der Kirche absetzt.

Böse Menschen stellen uns Hindernisse in den Weg der Nachfolge oder halten sich für anbetungswürdige Götter. Damit meine ich viele politische und religiöse Verantwortliche unserer Zeit.

In 2. Thessalonicher 3,2 sagt Paulus: „Bittet auch darum, dass Gott uns vor den Anschlägen böser und schlechter Menschen rettet. Denn nicht alle lassen sich zum Glauben rufen." Wie werden wir vor bösen Menschen gerettet? Wenn sie nicht umkehren und Christus nachfolgen, dann können wir einzig und allein darum beten, dass sie entfernt werden, nicht aber, möchte ich betonen, dass sie getötet werden.

Einer, der von der Notwendigkeit gesprochen hat, im Namen Jesu *gegen* böse Festungen zu beten, ist Ed Silvoso. Er hat eine Festung so definiert: „Eine Festung ist eine von Hoffnungslosigkeit geprägte Gedankenwelt, die bewirkt, dass wir das als unveränderbar akzeptieren, was wir als dem Willen Gottes entgegengesetzt erkennen." Da bedarf es einer mutigeren Art des Gebets, einer, die sich weigert, in naiver Art und Weise alle Umstände als Willen Gottes anzuerkennen. Viele Menschen und Mächte und Situationen in der Welt widersetzen sich tatkräftig seinem Willen, und wir müssen ihnen im Gebet ebenso kämpferisch Widerstand leisten. Wenn wir die Oberhand gewinnen und über dem Bösen stehen wollen, dann müssen wir auf die Knie gehen und unter Blut, Schweiß und Tränen beten.

Bei dieser Ordung, *für* bzw. *gegen* etwas zu beten, habe

ich noch etwas Weiteres entdeckt. Wenn ich so verfahre, muss ich nicht um übernatürliche Zeichen und dramatische Wunder bitten. Wer nur (oder vornehmlich) nach dem Übernatürlichen Ausschau hält, kann leicht dem Wunsch nach Nervenkitzel unterliegen oder in Irrlehren abgleiten. Wenn wir jedoch vertrauensvoll Gott darum bitten, er möge seinen Willen ausführen und die Widerstände beseitigen, dann wird uns die Erhörung unserer Gebete in den Bereich des Übernatürlichen führen. Da kann alles Mögliche passieren!

Heute gibt es auf der Welt schätzungsweise 2,3 Millionen Moscheen, die fünfmal am Tag zum Gebet aufrufen. Das heißt, die Muslime haben täglich 11,5 Millionen Gebetsveranstaltungen. Das ist für uns Christen eine echte Herausforderung. Nicht die Anzahl der Gebete ist von Bedeutung, sondern die Ernsthaftigkeit und Realität des Gebets, eines Gebets, das den Thron Gottes bestürmt im Blick auf die Gemeinde Jesu in der muslimischen Welt und überall dort, wo Christen leiden. Es geht auch darum, für sein eigenes Leben zu beten, dass man dorthin geht, wo man heute von Gott gebraucht wird, und das tut, was Salz oder Licht in die eigene kleine Welt hineinträgt.

Gebet

Herr, mein Leben will ich im Dienst für dich leben, und so bitte ich dich, dass sich dein Wille in meiner Situation offenbart; ich rufe deinen Sieg aus über jede finstere Macht, die sich deinem Willen widersetzt. Amen.

4. Aus den Angeln gehoben

Als das Schmuggeln von Bibeln nach Osteuropa und Russland größere Ausmaße annahm, richtete ich mein Augenmerk auf jenes weite Land jenseits der Sowjetunion: China, wo fünfundzwanzig Prozent der Weltbevölkerung leben. Wenn ein Land damals als verschlossen galt, dann China. Und doch war Christus für jeden einzelnen jener Abermillionen Menschen gestorben. Sollten sie denn keine Gelegenheit haben, von Jesus zu hören und die Bibel zu lesen? Und wie stand es um die Gemeinde Jesu in China? Hatten gläubige Menschen die Verfolgung unter Maos „Reformen" überhaupt überlebt?

In „Der Schmuggler Gottes" berichte ich von meinem ersten Besuch im Jahre 1965, als fast kein Mensch aus dem Westen ins Land reisen durfte. Dass ich überhaupt hineinkam, war ein absolutes Wunder, ganz zu schweigen von dem Stoß Bibeln, der sich in meinem Gepäck befand. Und doch konnte ich während meines gesamten Aufenthaltes keine überzeugten Christen ausmachen oder irgendjemanden dazu überreden, eine Bibel anzunehmen. Ich reiste entmutigt ab. Als dann im Jahre 1966 Mao mit seiner Kulturrevolution alle Formen von Religion unterband, betete ich umso mehr darum, dass Gott chinesische Gläubige aufrichten möge, um in jenem Land das zu stärken, was von seiner Gemeinde übrig bleiben würde.

Damals wusste ich so gut wie überhaupt nicht, wie die Gemeinde Jesu in China wirklich war. Auch wusste ich nicht, dass Gott meine Gebete auf ungewöhnliche Weise erhören würde. Zusammen mit Corrie ten Boom, die durch das Buch „Die Zuflucht" bekannt ist, reiste ich durch Südostasien. Als wir uns mit anderen Missionaren und mit den verantwortlichen Christen der Region unterhielten, tauchte wiederholt der Name eines Mannes auf, dessen starker Wunsch es war, der Gemeinde in China zu dienen. Später nannte er sich Bruder David, wie ich ihn von nun an nennen werde. Er war absolut kein Chinese, sondern Amerikaner, und hatte früher in der Marine gedient.

Wie konnte jemand wie er daran denken, die Chinesen zu erreichen, besonders damals, als die Amerikaner dort verhasst waren?

Je mehr ich von Bruder David erfuhr, desto lieber wollte ich ihn kennenlernen. Er leitete die Druckerei der „Far Eastern Broadcasting Company" (FEBC) in Manila, die täglich Evangeliumssendungen nach China ausstrahlt. Außerdem bemühte er sich darum, in den verschiedenen angrenzenden Ländern Menschen aufzuspüren, die bereit wären, Bibeln für China zu lagern. Zu Hause angekommen, schrieb ich ihm einen Brief und lud ihn zu mir ein.

Als wir uns schließlich im März 1970 in Holland trafen, überraschte mich Davids beeindruckende Körpergröße. Er hatte nicht nur bei der Marine gedient, sondern auch in den USA Football gespielt. Bei seinem Besuch erzählte er mir von seinem Glauben und seiner Vision, die chinesischen Gemeinden mit Bibeln zu beliefern. Er zeigte mir verschiedene Bibelstellen, die seinen Ruf nach China bestimmt hatten. So zum Beispiel Apostelgeschichte 26,16ff und Markus 13,10, wo es in der englischen King-James-Übersetzung heißt, das Evangelium müsse bei allen Völkern „veröffentlicht" werden. Obwohl beide Stellen das Land China nicht ausdrücklich erwähnen, fühlte sich Bruder David durch sie von Gott angesprochen.

Wie er mir erzählte, vertraute er damals darauf, dass

Gott zehn Millionen Bibeln für China schenken werde. Er wusste nicht, wie das geschehen sollte oder wie lange es dauern würde, aber er glaubte fest, dass Gott es tun konnte. Und ich glaubte es auch. Zehn Millionen war so viel wie ein Prozent der chinesischen Bevölkerung; diese „kleine" Menge dürfte für Gott doch eine Kleinigkeit sein. Es wäre wohl eine gewisse Zeit nötig, aber auf jeden Fall würde Gott es zu seiner Zeit tun.

Während ich Bruder Davids Bericht von seinen ersten Schritten und ersten Besuchen in den angrenzenden Ländern lauschte, war ich beeindruckt. Er lebte voll Hingabe an diese Vision, die ihm Gott geschenkt hatte. Er würde aber einen weiteren Schritt tun müssen.

„David", sagte ich ihm, „du musst selbst dorthin gehen."

Ungefähr ein Jahr später trafen wir uns am Flughafen von New York. Wegen seiner Verpflichtungen dem FEBC gegenüber hatte er noch keine Reise nach China unternommen. Während unserer Unterhaltung trat jedoch deutlich zutage, dass Gottes Drängen stärker als je zuvor war. Wir verbrachten den Tag in Gebet und intensivem Nachdenken über die Schritte, die es zu unternehmen galt. Am Ende unserer gemeinsamen Zeit hatten wir zwei Ziele erarbeitet. Zunächst einmal mussten wir solche Verantwortliche in Gemeinden und Organisationen zusammenbringen, deren Interesse China galt.

Als Zweites mussten wir eine kreative Möglichkeit finden, die Bibeln in die Hände der Chinesen gelangen zu lassen. Bei meinem vorherigen Besuch hatte ich versucht, Bibeln zu verteilen, aber man hatte sie sofort als solche erkannt und zurückgegeben. Einige Menschen hatten keinerlei Interesse bekundet, aber von anderen wusste ich, dass sie Angst hatten, mit einem Buch gesehen zu werden, das so offensichtlich wie eine Bibel aussah. Das einzige Lesematerial, das sie damals bei sich tragen durften, war das kleine rote Buch Maos, auch „Mao-Bibel" genannt, eine Zusammenfassung von Maos Aussprüchen.

Während wir beteten und uns unterhielten, kamen wir auf eine Idee. Weshalb sollten wir nicht eine besondere Ausgabe des Neuen Testaments drucken, die genau die gleiche Größe und Farbe hatte wie die kleine „Mao-Bibel"? In der Hand von Christen oder auch Nicht-Christen würde sie keinerlei Verdacht erregen.

Als Drucker war David sofort von dieser Idee begeistert. Er sagte zu, alle Merkmale und Maße dieses Buches des Vorsitzenden Mao zu kopieren, und versicherte, das in vereinfachter chinesischer Schrift herausgegebene Neue Testament werde sich kaum von der Mao-Bibel unterscheiden. So kam es, dass ich noch am gleichen Tag durch Bruder David fünfundzwanzigtausend Exemplare des roten Jesus-Buches, wie wir es nannten, bei der FEBC bestellte. Es war ein Glaubensschritt, denn zu diesem Zeitpunkt hatten wir in China noch keine Kontaktpersonen für die Abnahme der Bibeln.

Einige Monate nach der Bestellung des roten Jesus-Buches schloss sich Bruder David als Mitarbeiter dem Open Doors-Asienteam an. Obgleich er erst 1976 ein Visum für China erhielt, arbeitete er im Laufe der Siebzigerjahre unermüdlich daran, ein Netzwerk von Kontakten sowohl außerhalb als auch innerhalb Chinas aufzubauen. In den benachbarten Ländern suchten und fanden er und seine Mitarbeiter chinesische Christen, die Freunde oder Verwandte in China selbst hatten. Mithilfe der ortskundigen Dorfbevölkerung wurden dann wenig bekannte Grenzübergänge oder Gebirgspässe ausfindig gemacht, über die Bibeln transportiert werden konnten. Es dauerte nicht lange, bis alle fünfundzwanzigtausend roten Neuen Testamente durch Nomaden oder Händler oder Verwandte von Gläubigen in China ihr Ziel erreichten.

David ermutigte chinesische Christen in ganz Asien dazu, ihr Land zu besuchen und Kontakte zu Gläubigen zu knüpfen, seien sie nun Blutsverwandte oder Verwandte im Glauben an Jesus. Anhand ihrer Berichte konnte sich David ein klareres Bild von der Situation der chinesischen Gemeinden machen.

Im Laufe der Fünfziger- und Sechzigerjahre hatte sich die Gemeinde in China in zwei Gruppen geteilt. Auf der einen Seite gab es die vom Staat anerkannte, jedoch auch kontrollierte Kirche, und auf der anderen die aus Sicht des Staates illegalen Gemeinden der Hauskirchenbewegung. Die offiziellen Gemeinden gehörten der von der Regierung akzeptierten Patriotischen Drei-Selbst-Bewegung (Selbst-Regierung, Selbst-Unterhaltung, Selbst-Verbreitung) an, was praktisch bedeutete, dass sie allen Bestimmungen und Begrenzungen seitens der Regierung folgten.

Das Evangelisieren und die Verkündigung unter Kindern waren strikt verboten. Pastoren durften über bestimmte Themen nicht predigen, zum Beispiel über das Zehntengeben (die Wirtschaft des Landes könnte ja beeinträchtigt werden), über Heilungen, über das Einhalten des Sonntags als Ruhetag (die Chinesen arbeiten sieben Tage die Woche), und über die Wiederkunft Jesu (die Hingabe an das herrschende Regime könnte ja untergraben werden). Die Drei-Selbst-Statuten schließen auch die Registrierung des Pastors und aller Gemeindemitglieder ein, wodurch sie schnell aufzuspüren waren, sollten sie sich als nicht linientreu erweisen. Zweifellos gab und gibt es sehr viele echte Christen unter den Mitgliedern der Drei-Selbst-Gemeinden, doch der Glaube, den sie ausüben durften, brachte notgedrungen manchen Kompromiss mit sich.

In jener Zeit wurden die Gemeinden, die sich weigerten, Drei-Selbst-Gemeinden zu werden, meist von der Regierung geschlossen. Das betraf buchstäblich alle unabhängigen evangelischen Kirchen, von denen die meisten eine starke evangelikale Prägung hatten. Obgleich einige der Versammlungen aufgelöst wurden, trafen sich viele im Geheimen mal hier und mal da in Wohnhäusern. Manchmal war es eine einzige Familie, manchmal waren es mehrere Familien, die zusammen Gottesdienst feierten. In einigen Landesteilen kamen zu ungewöhnlicher Stunde größere Gruppen von dreißig, vierzig oder gar hundert und mehr Gläubigen im Haus von Christen zusammen, zum Beispiel nachmittags in der Woche oder mitten in der Nacht. Dann wurde leise gesungen, und anschließend lauschten die Versammelten der Verkündigung des Wortes Gottes durch den Pastor.

Solche Gottesdienste waren jedoch illegal, weshalb viele Gemeindeleiter verfolgt und inhaftiert wurden. Pastor Wang Ming-Tao und Watchman Nee, diese großen Glaubenshelden, mussten sogar noch Jahre nach Ablauf ihrer ursprünglichen Strafe im Gefängnis bleiben. Mama Kwang, eine furchtlose Frau Gottes, die viele Hausgemeindeversammlungen abhielt, war dreimal im Gefängnis. Andere kamen ins Arbeitslager. Als Mao 1966 seine Kulturrevolution auf den Weg brachte, durchzogen seine Rotgardisten das Land, um alle Formen von Religion zu vernichten. Die Hausgemeinden erlebten eine neue Verfolgungswelle, und sogar die Drei-Selbst-Gemeinden wurden vollständig geschlossen, sodass alle überlebenden Christen untertauchen mussten.

Welche Wirkung hatte diese brutale Unterdrückung auf die Gemeinde Jesu? Bruder David stellte zu seinem Erstaunen fest, dass in dieser Zeit die Zahl der Christen mit unglaublicher Geschwindigkeit anstieg. Mitte der Siebzigerjahre war die Zahl der Gläubigen schätzungsweise auf über zehn Millionen angewachsen. (Laut heutigen zurückhaltenden Schätzungen sind es sechzig bis achtzig Millionen.) Davids Vision von zehn Millionen Bibeln war damit also alles andere als größenwahnsinnig. Sie war eher noch nicht groß genug!

Als immer mehr Berichte von den Nöten der chinesischen Christen hereinkamen, wusste ich, dass es an der Zeit war, eine Konferenz anzuberaumen und Menschen einzuladen, denen China am Herzen lag, damit wir zusammen beten und unsere Mittel koordinieren konnten. David und ich telefonierten und schrieben Briefe an christliche Leiter und Missionsgruppen auf der ganzen Welt. Wir fragten an, ob sie bereit wären, gemeinsam die Aufgabe zu überdenken, die Botschaft von Christus ins heutige China hineinzutragen.

Die Einladung zur Konferenz fand begeisterten Widerhall, und viele sagten ihre Teilnahme zu. Einige Gruppen machten sich für antikommunistische Themenstellungen stark, doch ich wies darauf hin, dass wir eine Konferenz für Jesus, nicht gegen den Kommunismus abhalten wollten. „Jesus ist unser Zentralthema", sagte ich. Wir nannten die geplante Konferenz „Love China" („Liebt China"), weil unserer Ansicht nach ohne Liebe zu den Chinesen keine Hoffnung bestand, sie jemals für Christus zu gewinnen.

Nach mehr als fünf Jahren des Gebets und der Vorbereitung, bei denen Bruder David die meisten organisatorischen Details regelte, fand 1975 die fünftägige Love-China-Konferenz in Manila auf den Philippinen statt. Mehr als 430 Delegierte aus dreiundzwanzig Ländern kamen zusammen. Sie repräsentierten fünfzehn Denominationen und fünfundfünfzig Missionsgesellschaften. David Aikman, Korrespondent des „Time-Magazine", nannte die Zusammenkunft „die weltweit allererste groß angelegte Konferenz für Evangelikale, denen die christliche Verkündigung in China nach der Machtergreifung der Kommunisten im Jahre 1949 ein Anliegen ist".

Auf der Konferenz sprachen Experten, allesamt Christen, zu Themen im Zusammenhang mit unserer Aufgabe. Einige gingen auf die Geschichte der Gemeinde Jesu in China und den Zustand der dortigen Gemeinden ein. Andere wiederum zeigten die Unterschiede zwischen den Lehren von Marx, Lenin, Mao und Christus auf. Chinesische Christen, die kurz zuvor noch im Land gewesen waren, berichteten über die Gläubigen, die sie angetroffen hatten, und über ihr Leiden um Jesu willen.

Wir nahmen unseren eigenen Dienst unter die Lupe, um festzustellen, was wir taten bzw. nicht taten, um die chinesischen Christen zu unterstützen und die Ausbreitung des Evangeliums voranzutreiben. Und jeden Abend verbrachten wir Zeit im Gebet für jenes große Land, seine (damals) neunhundert Millionen Menschen und die sich intensiv einsetzenden, stetig wachsenden Gemeinschaften von Gläubigen.

Ziemlich zu Beginn der Konferenz sprach ich über die

Herausforderung an jeden Einzelnen, sich offensiv im Namen Jesu *gegen* die Mächte des Bösen in China zu stellen. „Ich muss heute Abend etwas sehr deutlich betonen", sagte ich. „Das Reich Gottes ist erst dann Realität und wird erst dann verstanden, geglaubt und gepredigt, wenn wir uns nicht an den Status quo politischer und nationaler Grenzen halten … Organisationen und Missionsgesellschaften, die ausdrücklich angeben, dass sie nur in Ländern arbeiten, in denen ihre Arbeit den Stempel der Legalität hat, verpassen ihre Chance. Wir befinden uns in der Endzeit. Bald wird unsere Arbeit nirgendwo auf der Welt legal sein …

Durch unseren Glauben an Jesus Christus und unser Gebet, durch Gehorsam dem Heiligen Geist gegenüber, durch Mut, Entschlossenheit und hohe Opferbereitschaft können wir in unserer Generation der Aufgabe gerecht werden, die darin besteht, China zu evangelisieren. Wir müssen uns jedoch unbedingt beeilen. Wir müssen irgendwo beginnen, aber beginnen müssen wir. Die Antwort liegt auf der Hand: Wir müssen ein Leben führen, das revolutionärer ist als das der Revolutionäre."

Dr. Samuel Moffat, damals Missionar in Korea, hatte ähnliche Gedanken. Er zitierte die Worte Jesu aus Matthäus 5,20: „Wenn eure Gerechtigkeit nicht besser ist als die der Schriftgelehrten und Pharisäer, so werdet ihr nicht in das Himmelreich kommen" (revidierte Lutherbibel). Dann sagte er uns: „Die chinesischen Kommunisten haben uns übertroffen in ihrer Disziplin, in ihrer Arbeitsmoral und in ihrer Hingabe. Wenn wir nicht bereit sind, unseren Dienst für den Herrn in solcher Hingabe zu leisten, dann wird unsere Arbeit dort keinerlei Frucht bringen."

Die Zeit im Gespräch und im Gebet mit den christlichen Leitern war äußerst inspirierend und daher unvergesslich.

Aber mit jedem Tag, der verstrich, wuchs meine Niedergeschlagenheit. Viele Delegierte schienen sich mit der Tatsache abgefunden zu haben, dass China ein verschlossenes Land war und nicht viel dagegen getan werden konnte. „Wir müssen die Tatsache akzeptieren, dass es der Wille Gottes ist", meinten einige. Um ihren mangelnden Einsatz zu rechtfertigen, sagten sie: „Wir müssen warten, bis es Gottes Zeit ist. Er verspätet sich nie."

Dieser Einstellung bin ich häufig begegnet. Aber nirgends in der Bibel werden wir dazu aufgefordert, automatisch alle Umstände in der Welt als Ausdruck für Gottes Willen zu akzeptieren. Stattdessen heißt es, wir sollen den Mächten der Finsternis widerstehen, einen Kampf im geistlichen Bereich aufnehmen. Schließlich erhob ich mich und bat darum, einige Bemerkungen machen zu dürfen.

„Ich stimme mit euch darin überein, dass Gottes Zeit immer die richtige ist und dass er sich nie verspätet", sagte ich. „Aber ihr haltet euch an einen überholten Fahrplan, und der Zug ist auf und davon!"

Niemand schien meine Botschaft zu begreifen. Doch gegen Ende der Konferenz erhob sich ein lieber Bruder namens William Willis, um etwas zu sagen. Dieser alte Mann Gottes aus Wales, der sich dort in der großen Erweckung von 1904 bekehrt hatte, beeindruckte uns zutiefst mit dem, was er zu sagen hatte. Noch nie in meinem Leben habe ich einen solchen Beter wie diesen Mann kennengelernt. Sein Thema war Fürbitte.

Bruder Willis predigte über mehrere Schlüsselpassagen. Eine davon steht in Hesekiel 22,30-31: „Ich suchte überall nach einem, der in die Bresche springen und die Mauer um mein Volk vor dem Einsturz bewahren würde, damit ich es nicht vernichten müsste; aber ich fand keinen. Da gab ich sie in meinem glühenden Zorn dem Untergang preis. Ihr eigenes Tun ließ ich auf sie zurückfallen. Ich, der Herr, habe es getan." Gott suche nach Menschen, die mehr tun würden als nur beten, erklärte er uns. Gott wolle Männer und Frauen, die für sein Volk in den Riss treten, „in die Bresche springen" würden.

Die andere Bibelstelle, 2. Mose 32,30-32, handelt von Mose und dem goldenen Kalb. Nachdem Mose die Israeliten wegen ihrer schrecklichen Sünde zur Rechenschaft gezogen hatte, trat er vor den Herrn und bat um Vergebung für das Volk. So groß war seine Liebe und seine Sorge um sie, dass er zum Herrn sagte: „Vergib doch ihre Schuld! Wenn nicht, dann *streiche meinen Namen aus dem Buch, in dem die Namen der Deinen eingetragen sind*." (Hervorhebung Br. A.)

Das, betonte Bruder Willis, sei wahre Fürbitte, und er fragte, ob wir bereit seien, so für die Menschen in China zu beten.

Noch ehe Bruder Willis seine Ansprache beenden konnte, lagen wir alle auf den Knien, beteten, weinten und flehten zu Gott für die Menschen in China und füreinander. Der Heilige Geist hatte unsere Mauern der Selbstverteidigung niedergerissen und unsere Einstellung zu China vollkommen verändert. Der Geist göttlichen Widerstands war zurückgekehrt, jener Geist des Gebets und der Fürbitte, der menschliche Grenzen und politische Systeme dort beiseitelässt, wo es um den Glauben an Jesus Christus geht.

Ich glaube, jener Abend war ein Wendepunkt nicht nur für unseren Dienst, sondern auch für ganz China.

Denn in dem einen Jahr nach der Konferenz erlebte China mehr Umwälzungen, als man sich je hätte vorstellen können. Zunächst starb Ministerpräsident Tschu En-lai. Daraus entstand politische Instabilität, verbunden mit dem Machtkampf um seine Nachfolge.

Außerdem wurde Nordchina durch ein starkes Erdbeben erschüttert, das eine Stadt mit mehr als einer Million Einwohnern zerstörte und in Beijing erheblichen Sachschaden anrichtete. Offizielle Angaben gab es nicht, aber Beobachter schätzten die Zahl der Toten auf über fünfhunderttausend.

Das war jedoch lediglich der Anfang. Im September 1976 starb der Vorsitzende Mao selbst. Kurze Zeit später wurde die berüchtigte „Viererbande", die die radikalsten und repressivsten Elemente der Regierung darstellte, verhaftet.

So viele Veränderungen in einem einzigen Jahr! Das Ergebnis war, dass Chinas Politik allen religiösen Aktivitäten gegenüber ein wenig milder wurde. Die Grenzen wurden etwas durchlässiger, und der Hunger der Menschen nach dem Evangelium wurde immer größer. Niemand von uns Teilnehmern der Love-China-Konferenz konnte sich das selbst zuschreiben; ich habe jedoch keinerlei Zweifel, dass Gott der konzentrierten Fürbitte aller Anwesenden Rechnung getragen hatte.

Noch vor Ende des Jahres 1976 reisten Bruder David und andere aus seinem Team nach China, um die Hausgemeinden mit einer kleinen Menge Bibeln zu versorgen. Mit seiner ersten Frage an die Gläubigen: „Wie geht es dem Leib Christi?", gewann er ihr sofortiges Vertrauen. Ich wurde so sehr an meine eigene Begegnung in früheren Jahren mit verfolgten Christen in verschiedenen Ländern erinnert, als ich die Worte Josefs aussprach: „Ich suche meine Brüder."

Anfang 1977 schloss ich mich David zu einer Reise nach China an, und wir kamen ohne irgendwelche Schwierigkeiten durch den Zoll. Die chinesischen Gemeinden erhielten mithilfe von Open Doors Bibellieferungen, Schulungen und Ermutigung. Diese Unterstützung dauert bis heute an. Ich konnte kaum glauben, wie viel sich seit meinem letzten Besuch elf Jahre zuvor verändert hatte. Die Türen waren nicht nur geöffnet, sie wurden sogar aus den Angeln gehoben!

VIERTER SCHRITT

Sich rufen lassen!

Worin besteht der Unterschied zwischen einem Helden und einem Feigling? Sie sind beide Durchschnittsmenschen, haben beide Angst und laufen beide. Während der Feigling jedoch vor Herausforderungen und Schwierigkeiten davonläuft und den Weg des geringsten Widerstandes und der größten Sicherheit wählt, läuft der Held in die richtige Richtung, besteht die Herausforderungen und meistert die Schwierigkeiten mit Gottes Hilfe. Er hat eine bestimmte Art der Vorbereitung durchlaufen, aus der er dann als Held hervorgeht.

Das gilt auch für diejenigen, die Gott durch sein geschriebenes Wort gerufen hat. Auch wir müssen uns auf den Dienst vorbereiten. Ehe ich jedoch auf die Vorbereitung eingehe, möchte ich klarstellen, was ich unter einem Ruf Gottes verstehe.

In einigen evangelikalen Kreisen werden Menschen, unmittelbar nachdem sie ihr Leben Christus anvertraut haben, mit einer Reihe Fragen konfrontiert, die etwa so lauten: „Hat Gott dich dazu berufen, eine besondere Rolle in seinem Plan für die Welt zu spielen? Hast du die Gabe der Evangelisation oder des Predigens oder des Lehrens? Zusammengefasst gesagt: Hat Gott dich in den vollzeitlichen Dienst gerufen?"

Die Fragen an sich sind nicht schlecht, doch nur allzu oft führen sie dazu, dass Christen in zwei Gruppen aufgeteilt werden: einmal in die Gruppe derjenigen, die berufen sind, und zum anderen der Restlichen von uns, die lediglich Christen und nichts weiter sind. Wer berufen ist, evangelisiert, predigt, leistet missionarische Arbeit, und wer es nicht ist, lebt sein Leben schlicht und einfach in der Vorfreude auf den Himmel.

Das ist leider das Gegenteil von dem, was es heißt, berufen zu sein. Es gibt keine Christen erster und zweiter Klasse. In den Augen Gottes sind wir alle etwas Besonderes. Gott ruft uns alle in einen vollzeitlichen Dienst als Christen, das heißt wir sind dazu berufen, vollzeitliche Christen zu sein. Wir sind vielleicht nicht Pfarrer einer Gemeinde und reisen auch nicht in die Mongolei, und doch sind wir in den Augen Gottes genauso Teil des großen Auftrages, wie es Pfarrer und Missionare sind.

Der eigentliche Ruf Gottes bezieht sich nicht auf einen bestimmten Platz oder Berufsstand, sondern auf unseren Gehorsam im Alltag. Und dieser Ruf gilt allen Christen, nicht nur einigen wenigen Auserwählten. Wenn wir dann seinem täglichen Ruf folgen, öffnet er die Türen und lässt uns dahin gehen, wo er uns haben will, und schließt Türen zu, wenn wir nicht dorthin sollen. Auf diese Weise können wir täglich in Treue zu ihm leben. Das Leben wird zu einem Abenteuer, wenn wir seinem Wort Gehorsam leisten und durch Türen hindurchgehen, die er uns geöffnet hat.

Wenn wir uns allerdings den Kopf darüber zermartern, ob wir nun einen besonderen Ruf erhalten haben oder nicht, dann vergeuden wir wertvolle Zeit und Energie und grenzen das Wirken Gottes in unserem Leben ein. Wenn mich Menschen fragen, ob sie nun in den vollzeitlichen Dienst im herkömmlichen Sinne gehen sollen oder nicht, dann ermutige ich sie eigentlich nie dazu. Ich fordere sie auf, Jesus mit ihrem ganzen Herzen und Leben zu folgen und den vollzeitlichen Dienst nur als letzte Möglichkeit in Betracht zu ziehen.

Wie bereiten wir uns darauf vor, seinem Ruf zu folgen? Ein Teil der Vorbereitung fällt in Gottes Tätigkeitsbereich, und der andere Teil in unseren. Gottes Vorbereitung nahm ihren Anfang, noch ehe wir uns entschlossen, seinem Ruf zu folgen, und lange bevor wir überhaupt wussten, wer Christus ist. Tatsache ist, dass Gott alle möglichen Ereignisse und Erfahrungen unseres Lebens benutzt, um uns auf die Art Dienst vorzubereiten, zu dem wir jetzt berufen sind. Ob unsere Vergangenheit eine glückliche oder eine traurige, eine Gott wohlgefällige oder eine schmutzige war – Gott baut auf diesen Erfahrungen auf, um aus uns effektive Diener in seinem Reich zu machen.

Es bedarf vielleicht einer lebenslangen Vorbereitung für einen einzigen Moment des Dienstes, in dem man die absolute Gewissheit hat, dass es genau diese Sache ist, auf die zu tun man hingelebt hat. Bei Johannes dem Täufer benutzte Gott das ganze Leben zur Vorbereitung auf den Augenblick, als er die einsame Gestalt Jesu aus der Wüste heraus auf sich zukommen sah. Er hörte auf zu taufen und zu lehren, zeigte mit dem Finger auf Jesus und sagte: „Siehe, das ist Gottes Lamm, das der Welt Sünde trägt!" (Johannes 1,29; revidierte Lutherbibel). Welch ein bombastischer Augenblick in der Geschichte der Menschheit, als Jesus der Welt zum ersten Mal als Lamm Gottes vorgestellt wurde!

Sehen wir uns jedoch einmal die Vorbereitung an, der Johannes unterzogen wurde. Betrachten wir einmal, wie er sich kleidete, wie er lebte, wie er behandelt wurde; die öde Wüste, die er bei Tag ertrug, und die Höhle, in der er wahrscheinlich nachts schlief; die Gaststätten, in denen er nur Heuschrecken und wilden Honig zu sich nahm; die Auseinandersetzungen mit den religiösen Führern, den Soldaten und Zöllnern; seine strenge moralische Botschaft, die anspruchsvoller und dennoch befreiender war als der jüdische Moralkodex. All diese Vorbereitungen führten Johannes zu jenem einen absoluten Höhepunkt.

Nehmen wir einmal Saulus, ehe er Paulus genannt wurde. Er war ein eifriger Pharisäer und seiner Aufgabe, die Christen zu verfolgen und der Todesstrafe zuzuführen, ganz und gar ergeben. Seine unerschöpfliche Kenntnis des Gesetzes und seine absolute Zielstrebigkeit waren im ganzen Land bekannt. Gott ließ zu, dass Saulus sein Wissen und seinen Eifer voll entfaltete, damit er eines Tages für das Werk Gottes vorbereitet war.

Als Jugendlichem wäre es mir nie in den Sinn gekommen, dass meine Erfahrungen eine Vorbereitung auf meine jetzige Arbeit sein würden. Ich war immer zu gemeinen Streichen aufgelegt und als Kind ein Unruhestifter. Unter der Besatzung durch die Nazis während des Zweiten Weltkriegs führte ich Botendienste für die holländische Widerstandsbewegung aus, übte mich in Stördiensten und tat auch sonst alles, was ich konnte, um die Soldaten zu ärgern. Als der Krieg andauerte, die Stromzufuhr eingeschränkt wurde und Lebensmittel knapp waren, lernte ich, von so gut wie nichts zu leben. Es ging so weit, dass meine Eltern uns lediglich eine Handvoll Tulpenzwiebeln zu essen geben konnten, die wir dann in dünne Scheiben schnitten und auf mehrere Tage verteilten.

Wenn ich heute zurückblicke, erkenne ich, wie Gott jede einzelne Begebenheit dazu benutzte, mich auf meinen Dienst vorzubereiten. Die schrecklichen Bedingungen, unter denen wir während des Krieges zu leiden hatten, helfen mir heute, mich mit den Nöten vieler Christen und ihren Familien in jenen Ländern zu identifizieren, in denen Unterdrückung herrscht. Und es sind auch noch andere Wege, auf denen mich Gott vorbereitete. Es ist wichtig, dass wir unsere eigenen Lebenserfahrungen nicht verachten. Im Rückblick erkennen wir nämlich, dass Gott sie alle für seinen Dienst verwendet.

Es gibt eine weitere Art der Vorbereitung, die allerdings in unseren Verantwortungsbereich fällt. In Apostelgeschichte 20,28 sagt Paulus: „Gebt acht auf euch selbst." Das heißt, dass wir für unseren eigenen geistlichen Zustand verantwortlich sind. Wir sind dafür verantwortlich, dass wir mit diesem Wort Gottes so leben, wie er es uns gegeben hat. In dieser Welt sind wir bevorzugte Menschen: Wir haben alle die Bibel in unserer Muttersprache. Wir haben alle genügend Verstand, um sie zu lesen und zu verstehen. Wir haben alle das Verlangen, mehr von Gott zu erfahren. Wir haben alle täglich Gelegenheit, ihn ungestört anzubeten und im Gebet für andere vor ihn zu treten.

Paulus fährt fort: „Gebt acht auf die ganze Herde." Wir können unmöglich auf die Herde Gottes achtgeben, wenn wir nicht in erster Linie auf uns selbst achtgeben. Wenn wir uns in den Dienst für die Gemeinde Jesu in der Verfolgung begeben, haben wir dann etwas, das wir ihnen geben können? Als die Menschen Jesus berührten, ging eine Kraft von ihm aus. Deshalb wurde er müde. Deshalb nahm er sich täglich am frühen Morgen Zeit, um sich zurückzuziehen und allein mit Gott zu sein, wo er neue Kraft tanken konnte.

Ich brauche wirklich auf diesem Gebiet die Gebete vieler Freunde. Bei den vielen Predigt- und Reisediensten und beim Verfassen von Büchern habe ich mir manchmal nicht genügend Zeit vor Gott und mit seinem Wort genommen. Als ich 1971 nach dem Flugzeugabsturz im Krankenhaus lag, saß Corry an meinem Bett und las mir täglich stundenlang aus der Bibel vor, wie ich schon erzählt habe. Mir wurde schnell klar, wie sehr ich diese Zeit benötigte, um meine Nahrung im Wort Gottes zu finden. Ich hatte in der Zeit davor zu viel getan, alles zu schnell erledigt und meine geistlichen Kraftreserven nicht aufgetankt.

Jesus Christus hat uns dazu beauftragt, seine Gemeinde zu speisen und seine Botschaft der ganzen Welt mitzuteilen. Bedauerlicherweise sehe ich wenige Christen, die diese Herausforderung ernst nehmen. Echtes Glied der Gemeinde Jesu zu sein, ist kein Hobby oder etwas, das man in seiner Freizeit erledigt. Diese Herausforderung bedeutet Leben! Gott arbeitet nicht mit Menschen, die sich freiwillig melden, sondern er ist es, der sie dazu beruft. Nicht ein einziger der zwölf Apostel hat sich freiwillig gemeldet. Jesus berief jeden Einzelnen, und sie ließen alles zurück.

Bloß weil Gott jeden ruft, heißt das noch lange nicht, dass wir diesen Ruf auf die leichte Schulter nehmen können. Es ist keine Leichtigkeit, Jesus Christus vollzeitlich zu dienen. Es ist vielmehr ein hartes Leben, wenn auch ein sehr befriedigendes. Es bedeutet, immer für andere Menschen zur Verfügung zu stehen. Dabei müssen wir alle Rechte an unsere eigene Person aufgeben. Es heißt, dass wir Gott gestatten, uns allmählich zu den Menschen zu machen, die wir sein sollen, sodass alles, was wir tun, aus dem hervorgeht, wer wir als Christen sind.

Sind wir dazu bereit, die größte Herausforderung dieser Welt anzunehmen, indem wir uns als Einzelmenschen und als Gemeinde vorbereiten? Die Vorbereitung muss in unserem Innern geschehen, indem wir dem Herrn und seiner Botschaft immer näher kommen und zu geistlicher Reife heranwachsen. Dann werden wir große Dinge tun können, wenn wir unseren bedürftigen Brüdern und Schwestern in der Welt die Hand reichen.

Ausbildung, Bildung im herkömmlichen Sinne mag einen Teil der Vorbereitung ausmachen, doch nicht für jeden, mich eingeschlossen. Ich hatte so gut wie keine höhere Schulbildung, und als ich die WEC-Bibelschule besuchte, wurde ich vom Direktor als recht mäßiger Schüler eingestuft. Ich sage nichts gegen Schulbildung. Ich möchte nur nicht, dass Menschen sie als Ausrede nehmen, um dem aus dem Wege zu gehen oder das zu verzögern, was Gott von ihnen erwartet.

Wir merken, dass es viele Dinge sind, die eine Vorbereitung ausmachen. Unser Ziel ist es, sich auf so viele Situationen wie möglich vorzubereiten, ohne die eigentliche Arbeit dabei zu vernachlässigen. Ich habe einen guten russischen Freund, der heute im Westen lebt. Bald nachdem der Eiserne Vorhang gefallen war und die Sowjetunion sich der Außenwelt öffnete, leitete er eine große Evangelisation in Moskau. In wenigen Tagen nahmen zwölftausend Menschen Jesus Christus als ihren Heiland an. Nach der Evangelisation sprach er mit mir.

„Andrew", sagte er unter Tränen, „all diese Menschen kamen nach vorn, und wir konnten ihnen keine Bibel mitgeben. Es war niemand da, der mit ihnen beten konnte, und niemand für die Nacharbeit. Ich fühle mich schuldig, weil wir nicht richtig vorbereitet waren."

Ich erkenne überall auf der Welt viele große Gelegenheiten, die Ernte einzubringen. Sind wir überhaupt darauf vorbereitet? Sind unsere Gemeinden darauf vorbereitet? Sind unsere Missionsgesellschaften darauf vorbereitet?

Gebet

Herr, mach mich zum richtigen Werkzeug
in deiner Hand. Lass mich in meiner Beziehung zu dir
heranreifen, damit ich wirklich vorbereitet bin,
wenn sich die Gelegenheit ergibt, die Ernte einzubringen.
Amen.

5. „Das passiert bei uns nicht!"

Es gibt zwei Kategorien von Menschen auf der Welt: Die einen sagen im Blick auf eine sich abzeichnende Verfolgung: „Das passiert bei uns nicht!", und die anderen sagen: „Ich dachte, das passiert bei uns nicht!"

Traurig bin ich, wenn ich denen begegne, die früher der ersten Kategorie angehörten, jetzt aber zur zweiten zählen. Rückblickend erkennen sie die Anzeichen einer herannahenden Verfolgung, aus irgendeinem Grund wollten sie sich jedoch nicht darauf vorbereiten. Vielleicht wurden sie in ihrem Glauben zu selbstgefällig oder ließen sich vom Materialismus verführen, oder sie weigerten sich ganz einfach zu glauben, dass sich die Zustände in ihrem Land bereits langsam änderten.

Einer meiner Missionarskollegen in Vietnam berichtete mir zum Beispiel, dass einige südvietnamesische Pastoren 1975 auf einer Konferenz über einen Zehnjahresplan für ihre Gemeinden diskutierten, in der Annahme, alles werde wie bisher weiterlaufen. Wenige Tage später war Danang in die Hände der Vietkong gefallen, und sie schienen nicht bemerkt zu haben, dass ihr „freies" Land um sie herum zerbröckelte! Anstatt die Christen auf das Leben in der Verfolgung vorzubereiten, hatten sie „Gemeindegründungsprogramme" zum Thema der Konferenz gewählt.

Damals fiel mir auf, dass die Revolution sich ein neues Gebiet aussuchte: Afrika. Die Sowjetunion und die Volksrepublik China waren nur allzu bereit, die dort herrschende wirtschaftliche Instabilität und die politischen Unruhen auszunutzen. Man machte sich auf die Suche nach intelligenten jungen Leuten, vermittelte ihnen eine kostenlose

Ausbildung, natürlich im Sinne marxistischer Indoktrination, und hoffte, in Afrika eine starke kommunistische Präsenz zu schaffen. Zusätzlich lieferten sie im Austausch gegen das Versprechen, sich linientreu zu verhalten, Geld und Waffen an verschiedene „Befreiungsbewegungen". Ihr Endziel war, den Kontinent mit seinen unerschöpflichen Reserven an Menschen und Rohstoffen unter ihre Kontrolle zu bringen.

Zu den ersten afrikanischen Ländern unter marxistischem Einfluss zählten Angola, Mosambik, Namibia und Uganda. Und siehe da, die gleichen Dinge, die ich in Osteuropa und in Kuba beobachtet hatte, ereigneten sich dort. Missionare wurden ins Gefängnis geworfen. Kirchen und Gemeinden wurden geschlossen bzw. die Gottesdienstzeiten eingeschränkt. Das Drucken von Bibeln wurde verboten. In Uganda verhafteten und ermordeten Idi Amins grausame Schergen Tausende von Christen, und die marxistische Regierung Äquatorialguineas ließ Tausende von Katholiken abschlachten und ihre Gemeindehäuser in Lagerhäuser verwandeln. Die Rassenunruhen unter dem südafrikanischen Apartheidsregime hatten fast ihren Höhepunkt erreicht, und als der Kommunismus in den Nachbarstaaten an Macht zunahm, fürchteten viele Menschen um die Sicherheit ihres eigenen Landes. Für die Gemeinde Jesu in Afrika war es wichtig, sich auf die allumfassende Revolution vorzubereiten, um in der Verfolgung standhalten zu können. Mir lag am Herzen, dass die evangelikalen Gemeinden in Südafrika eine Vorbildfunktion für den übrigen Kontinent übernahmen. Bei all ihren Fehlern waren sie doch die stabilste und reifste Gemeinschaft der Gläubigen in Afrika und verfügten über die meisten Möglichkeiten. Und so arbeitete ich in Südafrika mit meinen Kontaktpersonen in der „Hospital Christian Fellowship" zusammen, um im Land hin und her zu reisen und Versammlungen abzuhalten.

Ob in der vorwiegend weißen, geschäftigen Stadt Johannesburg oder in den großen schwarzen Slums, den Shanty Towns – ich bestand darauf, dass für die Veranstaltungen keine Rassentrennung galt. Ich nahm keine Einladung an, von der bestimmte Rassen oder Gesellschaftsschichten ausgeschlossen waren. In vielen Fällen war das wegen der politischen Spannungen mehr eine symbolische Geste, aber wenigstens hatte ich allen klargemacht, dass jedermann willkommen war.

Die Gläubigen in Südafrika waren von den Geschichten über das Schmuggeln von Bibeln für die verfolgten Christen hinter dem Eisernen Vorhang fasziniert. Eine Gruppe bat mich zum Gespräch und sagte, sie wolle mir helfen, Bibeln nach Russland hineinzubringen. Mir wurde klar, dass sie mein eigentliches Anliegen gar nicht erfasst hatten. „Habt ihr Bedienstete – schwarze Bedienstete?", fragte ich sie.

Ja, das hätten sie, lautete ihre Antwort.

„Habt ihr euren schwarzen Bediensteten Bibeln zu lesen gegeben und ihnen von eurem Glauben erzählt?"

Na ja, meinten sie, eigentlich nicht, und als Erklärung folgten einige Ausflüchte.

„Hört zu", sagte ich, möglicherweise etwas zu streng. „Ich möchte eure Hilfe im Blick auf Bibeln für Russland nicht annehmen, weil ich weiß, dass ihr den großen Mangel unmittelbar vor euren Augen nicht beachtet. Eure vornehmste Verantwortung als Christen in Südafrika sollte dem ganzen schwarzen Kontinent gelten."

Das Gleiche gilt für uns alle. Es ist sinnlos zu meinen,

wir könnten in irgendeinem entfernt gelegenen Landstrich dieser Erde etwas für Christus tun, wenn wir es nicht in unserer unmittelbaren Nachbarschaft, an unserem Arbeitsplatz oder in unserer Schule tun. Ich wollte meine südafrikanischen Brüder und Schwestern dazu bringen, in ihrem Land anzufangen und von dort aus weiter auszuholen.

Ich warnte sie auch, dass es keine leichte Sache werden würde, die Gemeinde inmitten zunehmender Auseinandersetzungen zwischen Apartheid, Kommunismus, diktatorischen Machtformen und Stammesfehden aufzubauen. Aber sie sollten den Kopf nicht länger in den Sand stecken und darauf hoffen, dass sich die Probleme Afrikas von alleine lösten. Es war an der Zeit aufzustehen, zu handeln und sich darauf vorzubereiten, den Preis des Leidens zu zahlen.

„Seid ihr weißen Südafrikaner dazu bereit, als Sklaven an schwarze Afrikaner verkauft zu werden, um das Evangelium zu verbreiten?", lautete meine herausfordernde Frage.

Wären sie bereit, eine vollständige Abschaffung des bösen Apartheidsregimes zu akzeptieren, wenn das der einzige Weg wäre, um ganz Afrika Christus zu bringen?

Ich gebe zu, dass ich nicht zimperlich mit ihnen umging, aber viele von ihnen waren zu großer Hingabe bereit. Besonders die jungen Menschen beeindruckten mich. Während eines meiner Besuche arbeitete ich mit den Leitern von „Jugend mit einer Mission" zusammen und sprach in ganz Südafrika in Gymnasien und an Universitäten. Die Studenten gingen sehr willig auf die Botschaft ein, ja sie waren sogar dazu bereit, ihr Leben für die Sache Christi einzusetzen. Aus dieser einen Dienstreise entstand ein Jugend-mit-einer-Mission-Ausbildungszentrum. Ich wurde lebhaft daran erinnert, dass gerade unsere jungen Leute wunderbare und wertvolle Ressourcen für das Reich Gottes darstellen, wie damals, so auch heute. Wir müssen im anhaltenden Gebet für sie einstehen und sie herausfordern, große Dinge für Gott zu tun.

Mitte der Siebzigerjahre gelang es uns, ein Open Doors-Büro in Südafrika einzurichten. Ein älterer Pfarrer der Reformierten Kirche Südafrikas, Koos Driescher, stellte sich uns als erster vollzeitlicher Mitarbeiter zur Verfügung.

Unsere nächste Aufgabe bestand darin, die anderen afrikanischen Länder anzupeilen und herauszufinden, was die Gemeinden dort benötigten. Meine Kollegen und ich begannen, ausgiebige Reisen nach Sambia, Rhodesien (dem heutigen Zimbabwe), Malawi und in andere südafrikanische Länder zu unternehmen, um leitende Christen aufzusuchen. Da wir erst kurz zuvor eine erfolgreiche Love-China-Konferenz abgehalten hatten, beschlossen wir, Möglichkeiten für eine Love-Afrika-Konferenz zu erörtern.

Auf unseren Reisen lernten wir viele wunderbare Freunde kennen und erlebten bewegende Zeiten der Gemeinschaft miteinander. Überall taten sich ähnliche Muster auf. Unter den Afrikanern herrschte ein großes Verlangen nach Christus. Wir dienten in großen, schnell wachsenden Gemeinden aller Denominationen und wurden überall herzlich aufgenommen. Uns fiel jedoch auf, dass viele Gemeinden nicht gut genug in der Bibel gegründet waren. Einige hatten ihren Glauben mit den vorherrschenden politischen Strömungen verwässert, andere wiederum hatten ihn mit Stammesaberglauben vermischt. Wir erkannten, dass der Bedarf an guter Verkündigung unter den Christen enorm groß war.

In den meisten afrikanischen Ländern zählte die Verfolgung bereits zu einem Teil des Gesamtpuzzles. Bei den einen nahm sie stetig zu, bei den anderen stand sie drohend am Horizont. Wir verbrachten wochenlang viele Stunden auf den Knien zusammen mit den Gläubigen im Gebet, dass Gott sie in den schwierigen Tagen, die vor ihnen lagen, stark erhalten würde.

In der Zwischenzeit unternahm ich weitere Reisen in die ständig zunehmenden Krisengebiete Afrikas, um den Christen dort Hilfe und Ermutigung anzubieten. Zur Zeit von Idi Amins Terrorregime besuchte ich mehrere Male Uganda. Der Diktator selbst war militanter Muslim vom Stamm der Kakwa. Zuvor hatte ich den anglikanischen Erzbischof des Landes, Janani Luwum, kennengelernt. Er war ein entschiedener Anhänger Jesu und befand sich in einer extrem schwierigen Position. Er war nicht nur Kirchenoberhaupt in Uganda, sondern auch Militärgeistlicher. Es dauerte nicht lange, da begann er um sein Leben zu bangen.

Erzbischof Luwum und ich wurden gute Freunde, und im Herbst des Jahres 1976 fragte ich ihn, wie ich ihm bei seiner äußerst wichtigen Arbeit helfen könne. Ganz besonders notwendig waren Bibeln für die ugandischen Soldaten. Militärgeistliche hatten den Soldaten von Christus erzählt, doch es fehlten Bibeln, die man ihnen hätte überreichen können. Ich sandte einen Aufruf an die Freunde von Open Doors, und innerhalb weniger Monate konnten wir fünfzigtausend Bibeln nach Uganda schicken, sodass fast jeder Soldat eine erhielt.

Im darauffolgenden Jahr verschlechterten sich die Bedingungen in dramatischer Weise. Amin setzte mit Gewalt alles in Bewegung, um dieses Land, das zu sechzig Prozent aus Christen bestand, zu einem islamischen Staat zu machen. Wer den Widerstand gegen Amin oder seine Regierungspolitik wagte, wurde gemeldet und oft genug auch hingerichtet. Tausende verloren ihr Leben durch Soldaten der Armee oder durch die brutale Geheimpolizei, die Menschen ohne Warnung verhaftete oder gar tötete.

Als immer mehr Christen verschwanden, erkannte der Erzbischof, dass er nicht mehr länger schweigen konnte. Er begann, in der Öffentlichkeit die Schreckensherrschaft anzuprangern und verwandte sich persönlich bei Idi Amin dafür, dass die Gräueltaten beendet würden. Als er Amin ein Protestschreiben mit der Unterschrift von achtzehn ugandischen Bischöfen übergab, ordnete der Diktator seine Verhaftung und Hinrichtung an. Laut Berichten weigerten sich die Soldaten jedoch, ihn zu töten, weshalb Amin seine eigene Pistole zur Hand nahm und den Erzbischof selbst umbrachte, indem er ihm in den Mund schoss.

Der Verlust dieses mutigen Bruders und Tausender weiterer Christen, die in den darauffolgenden Wochen hingerichtet wurden, erschütterte mich zutiefst, und ich war fest entschlossen, nach Uganda zurückzukehren und mich mit den Gläubigen zusammenzutun. Sie hatten bereits einen inoffiziellen Gedenkgottesdienst in der großen Namirembe-Kathedrale in Kampala abgehalten, doch am 30. Juni 1977 sollten dort im Zusammenhang mit dem hundertjährigen Bestehen der Kirche in Uganda weitere wichtige Feierlichkeiten stattfinden. Derartige Festgottesdienste und auch reguläre Sonntagsgottesdienste waren erlaubt, doch die Christen gingen ein großes persönliches Risiko ein, wenn sie daran teilnahmen.

Meine Kollegen Jan und Johan flogen mit mir nach

Kampala. Es war ein extrem gefährlicher Zeitpunkt für diese Reise, weil die Welle der Verfolgung durch Amin ihren Höhepunkt erreicht hatte. Die Situation hatte sich dadurch weiter verschärft, dass Israel kurz zuvor Bomben auf den Flughafen von Entebbe abgeworfen hatte, nachdem eines seiner Flugzeuge dorthin entführt worden war. Wir erwarteten daher starke Sicherheitsvorkehrungen.

Während wir über Entebbe kreisten, erkannte ich zu meinem Entsetzen auf dem Flughafen viele zerbombte MIG-Jets, die nach dem Übergriff der Israelis noch auf den Start- und Landebahnen herumlagen. Niemand hatte sich die Zeit genommen, die Wracks zu entfernen. Bombenkrater kennzeichneten den Rest der Landschaft. Unser Flugzeug landete, und wir rollten an zerbombten Hangars und durchlöcherten Flughafengebäuden vorbei. Wie versteinert verharrten wir auf unseren Sitzen.

Am Flugsteig angekommen, meinte ich, alle Leute würden sich erheben, ihre Taschen zusammensammeln und das Flugzeug verlassen. Doch es rührte sich niemand. Nach einem beklemmenden Schweigen rief der Flugbegleiter durch die Lautsprecheranlage: „Würden die drei Männer, die hier aussteigen möchten, bitte nach vorne kommen?"

Wir waren die Einzigen, die hier in Entebbe das Flugzeug verließen! Alle anderen Passagiere waren für andere Flughäfen gebucht. Was sie anbetraf, so konnte das Flugzeug nicht schnell genug weiterfliegen. Ihre Blicke sagten uns, dass sie uns für verrückt hielten, und ich musste ihnen einen Augenblick lang recht geben.

Der verhältnismäßig neue und modern ausgestattete Terminal lag bis auf stets wachsame Polizeibeamte fast leer da. Auf dem Weg zum Zoll hallten unsere Tritte und erzeugten eine unheimliche Atmosphäre. Wir hatten dieses Mal nur unsere persönlichen Bibeln mitgenommen, sodass ich mir keine Sorgen wegen einer eventuellen Durchsuchung machen musste. Die Beamten konfiszierten allerdings mein Exemplar des Time-Magazines.

Da die öffentlichen Verkehrsmittel in Kampala zum Stillstand gekommen waren, mussten wir kreativ sein, um zu unserem Hotel zu gelangen und unsere verschiedenen Kontaktpersonen zu finden. Autos, in denen Ausländer saßen, wurden routinemäßig verfolgt oder angehalten und dazu auch noch oft von der Polizei ausgeraubt. Meine Freunde in der „Hospital Christian Fellowship" hatten es jedoch so arrangiert, dass wir in dem einzigen Fahrzeug durch die Stadt gefahren wurden, das nie angehalten oder durchsucht wurde – einem Krankenwagen. Das erwies sich mehrmals als äußerst geschickt, nämlich dort, wo wir durch Straßensperren oder Kontrollpunkte gelangen mussten.

Am Sonntag nahmen wir in der wunderschönen roten Kathedrale auf Namirembe Hill, dem „Hügel des Friedens", am Gottesdienst zur Hundertjahrfeier teil. Jan, Johan und ich waren fast die einzigen Weißen, die in dem überfüllten Kirchengebäude zu sehen waren. Trotz der allgemeinen Sorge, die in der Luft lag, war der Gottesdienst andächtig und voller Inbrunst. Silvanus Wani, der neue Erzbischof, leitete die Liturgie und sprach, ohne den Namen Janani Luwum zu nennen, von dem „Märtyrer, der für die Nation starb". Es war auch nicht notwendig, denn jeder Anwesende, einschließlich jener Hunderte, die draußen vor dem Kirchengebäude über Lautsprecher zuhörten, wusste genau, wen er meinte.

Ich hatte zuvor mit mehreren Mitarbeitern von Idi Amin

gesprochen, in der Hoffnung, ein privates Zusammentreffen mit ihm arrangieren zu können. Wir hatten sogar einen Zeitpunkt festgelegt, aber später am Tag wurde der Termin plötzlich abgesagt. Die offizielle Begründung war: Dem Diktator war es plötzlich in den Sinn gekommen, sich einen zusätzlichen Titel zuzulegen: „Eroberer des Britischen Empires". Aus diesem Grunde hatte er seine Leute in aller Eile losgeschickt, damit sie eine üppige Feier für ihn vorbereiteten.

In den folgenden Tagen schnüffelten Jan, Johan und ich in Kampala herum, trafen mit führenden christlichen Persönlichkeiten zusammen und schlossen uns ihnen bei ihren geheimen Gottesdiensten an. Sehr bewegt haben mich die Tiefe ihrer Hingabe, ihr Mut und ihre Unerschrockenheit angesichts des großen Leidens. Viele von ihnen hatten Freunde und Familienangehörige, die aus keinem anderen Grund in die Gefängnisse verschleppt und umgebracht worden waren, als dass sie ihren christlichen Glauben bezeugten.

Idi Amins Geheimpolizei, die so geheim auch wiederum nicht war, zeichnete verantwortlich für die meisten spontan angesetzten Verhaftungen. Als Mitglieder des Staatlichen Untersuchungsbüros bekannt, waren diese Männer an ihren dunklen Brillen, Hemden mit buntem Blumenmuster, Schlaghosen und Schuhen mit Plateausohlen zu erkennen. Sie fuhren gewöhnlich mit weißen Range Rovern durch die Stadt.

Mir fielen sie rund um das „Kampala International Hotel" auf, in dem wir untergebracht waren. Dieses Hotel war zwar das sicherste in der Stadt, doch es war alles andere als wirklich sicher. Die Telefone funktionierten häufig nicht, und oft wurde der Strom abgestellt. Selbst die Lebensmittelversorgung war dürftig. Oft konnten wir keine Tasse Kaffee bekommen, und wenn es uns dann doch hin und wieder gelang, gab es weder Milch noch Zucker. Und das war ein internationales Hotel.

Die Nächte waren auch nicht ungestört. Nach einem anstrengenden Tag mit unseren ugandischen Brüdern und Schwestern kamen wir einmal erschöpft in unser Hotel zurück. Wir schlossen die Türen unserer Einzelzimmer ab, und ich fiel sofort in einen tiefen Schlaf. Jan und Johan gingen auch ins Bett.

Mitten in der Nacht wurde Johan von lautem Schreien wach. Auf der nächsten Etage über uns fand irgendein Kampf statt. Er lief ans Fenster und blickte hinaus. Draußen sah er mehrere parkende weiße Range Rover. Dann hörte er weitere Schreie, Leute rannten im Flur auf und ab. Amins Polizei war dabei, in die Zimmer der Gäste zu stürmen und sie zu verhaften!

Zu Tode erschrocken packte Johan seine Sachen zusammen und rannte in Jans Zimmer, wo beide den Rest der Nacht mit Herzklopfen und unter Gebet um unsere Sicherheit verharrten. Die Kerle hielten es nicht für nötig, mich zu warnen, aber das war auch gut so, denn ich schlief ungestört die ganze Nacht hindurch. Dieser Vorfall zeigte uns ganz deutlich, wie es für die Christen sein musste, die unter solchen Umständen leben mussten. Sie konnten jeden Augenblick bei Tag oder Nacht von diesen Henkersknechten ergriffen werden.

Als Jan und Johan mir am nächsten Morgen von dem Vorfall berichteten, war mir klar, dass wir uns in Gefahr befanden. Es konnte nur eine Frage der Zeit sein, ehe uns die Polizei unter ihre Fittiche nahm. Wir schlüpften aus dem Hotel und begaben uns zu einer Gruppe von Christen, denen ich einen Dienst zugesagt hatte. Im Anschluss an die Versammlung bestätigte einer der Christen meinen Verdacht.

„Ja, wir haben gehört, dass die Polizei genau weiß, was ihr hier tut", sagte er. „Es ist sehr gefährlich für euch, noch länger hierzubleiben. Ich an eurer Stelle würde mit dem nächsten Flugzeug zurückfliegen. Geht gar nicht erst wieder in euer Hotel."

Glücklicherweise hatten wir unser Gepäck gleich mitgenommen. Wir verabschiedeten uns in Eile und stiegen wieder in den Krankenwagen, um direkt zum Flughafen zu fahren. Am Eingang des Flughafens Entebbe ließen uns die Polizeibeamten gleich durch.

Wir waren lange vor Abflug des nächsten Flugzeugs im Flughafen eingetroffen, und da wir Stand-by-Tickets nach Nairobi benötigten, stellten wir uns in die Warteschlange am Schalter und warteten auf den Angestellten. Als die Schlange der Wartenden hinter uns immer länger und länger wurde, begann ich zu befürchten, dass der Flug ausgebucht sei und man uns zurücklassen werde. Denn schließlich waren außer uns noch viele Menschen darauf erpicht, das Schreckensland zu verlassen.

Auch quälte mich der Gedanke, dass die Polizei uns hier unmittelbar am Flughafen einholen könnte, wenn der Abflug sich verzögerte. Als eine Art Sicherheitsmaßnahme hatte ich ein großes Porträt von Idi Amin gekauft; ich hielt es so unter dem Arm, dass es leicht zu sehen war. Beim Anblick dieses Bildes, meinte ich, werde mich die Polizei vielleicht nicht verhaften. Wir drei beteten leise um ein Eingreifen Gottes und erinnerten uns gegenseitig daran, dass Freunde von Open Doors überall auf der Welt für uns beteten.

Endlich erschien die Angestellte am Ticketschalter. Wir hielten den Atem an, als sie eine Ankündigung machte.

„Meine Damen und Herren", begann sie, „wir haben leider ein Problem. Unsere Computer arbeiten zurzeit nicht, und somit haben wir keine Passagierliste für diesen Flug. Ich werde folglich so vorgehen, dass diejenigen das Flugzeug besteigen dürfen, die zuerst hier waren, angefangen vom Beginn der Schlange."

Der Flug war völlig ausgebucht, doch wir waren unter den allerersten Passagieren, die an Bord gehen konnten.

Endlich in Holland angekommen, erhielten wir von Gläubigen in Uganda die Nachricht, dass die Geheimpolizei tatsächlich im „Kampala International Hotel" auf uns gewartet hatte. So knapp bin ich bis jetzt noch nie während meines ganzen Dienstes entkommen.

Nachdem die Armee von Tansania Idi Amin einige Jahre später ins Exil geschickt hatte, flog Jan erneut nach Uganda, um zu erfahren, wie Open Doors den Gemeinden helfen konnte, wieder auf die Füße zu kommen. Einmal suchte er in Nakasero das Hauptquartier des ehemals berüchtigten Staatlichen Untersuchungsbüros auf. Es lag in Trümmern. Buchstäblich Tausende von Hinrichtungen waren dort ausgeführt worden, und der Fußboden in den Untersuchungsräumen wies überall Spuren von Blutlachen auf.

In einem Büro sah Jan einige Stöße aus Ordnern und Notizbüchern auf dem Boden liegen. Er nahm einige in die Hand und blätterte sie durch. Es stellte sich heraus, dass sie lange Listen von Namen enthielten, Namen von Menschen, die die Polizei zum Verhör, zur Folterung und zu Schlimmerem bestimmt hatte. Jan sah einige Notizbücher durch und wollte kaum glauben, dass ein Mann solch ein

Todeskommando hatte führen können. Laut Schätzungen soll Idi Amin in seiner Amtszeit zwischen fünfhundert- und achthunderttausend Menschen umgebracht haben.

Doch dann fiel Jans Auge auf etwas. Als er eine bestimmte Seite genauer untersuchte, wurden seine Augen immer größer, und ein Schauer lief ihm über den Rücken. Dort auf der Liste derer, die zur Hinrichtung vorgesehen waren, stand sein eigener Name zusammen mit meinem.

Inzwischen war der Soldat aus Tansania, der Jan begleitet hatte, ungeduldig geworden und bat ihn, alles stehen und liegen zu lassen.

Jan sah ihn an und fragte: „Würden Sie Ihren Namen gern hier finden?"

„Bloß nicht", stieß der Soldat erschrocken hervor.

„Ich auch nicht", sagte Jan und riss die Seite aus dem Notizbuch heraus. Ich habe sie noch heute in meinen Unterlagen.

Ich bin immer wieder erstaunt, wie Gott die Wege ebnet, wenn man sich aufmacht, seinem Volk in der ganzen Welt zu begegnen. Er scheint immer die richtigen Leute auszusuchen und die richtigen Situationen herbeizuführen. Ich erlebe seine Führung oft erst, wenn ich zu meinem Bestimmungsort aufgebrochen bin. Natürlich plane ich meine Reiseroute, aber ich achte auch auf die Leitung des Heiligen Geistes, halte die Augen offen für die Menschen, auf die ich stoße, und bleibe für Veränderungen meiner Pläne offen, damit ich eine von Gott herbeigeführte Gelegenheit nicht verpasse. Ein Beispiel dafür war folgende Begebenheit:

Man hatte mich nach Angola eingeladen, mit der Bitte, ich solle in einigen Gemeinden sprechen. Angola befand sich zu der Zeit gerade in einem Bürgerkrieg. Die damalige kommunistische Regierung, besser bekannt als die „Volksbefreiungsbewegung Angolas" (MPLA), kontrollierte von der Stadt Luanda aus den nördlichen Teil des Landes. Die MPLA wurde von der damaligen Sowjetunion und Kuba finanziert und unterstützt. Die beiden Guerillagruppen, die „Nationale Front zur Befreiung Angolas" (FNLA) und die „Nationale Union für die völlige Unabhängigkeit Angolas" (UNITA) beherrschten den Süden des Landes. Die FNLA erhielt Unterstützung durch die CIA und China, die UNITA hingegen von Südafrika.

Wie immer war es nicht meine Absicht, eine politische Gruppe zu unterstützen, sondern die Gemeinden zu stärken und all jene mit der Botschaft der Bibel vertraut zu machen, die nach der geistlichen Wahrheit hungerten. Meine Hoffnung richtete sich auch auf die Mitglieder der Kriegsparteien, denen ich – wenn möglich – die christliche Botschaft nahebringen wollte, denn nur so konnten sie eine friedliche Lösung des Konfliktes anstreben.

Von Holland aus musste ich zunächst nach Paris fliegen, um dort einen Flug nach Angola zu bekommen. Mein Sitznachbar im Flugzeug war, wie sich herausstellte, ein Angestellter der holländischen Bierbrauerei Heineken. Er kannte die Situation in Angola, weil Heineken dort eine Fabrik unterhielt. Wir sprachen über die schrecklichen Bedingungen und beklagten, dass so viele Menschen kämpften und starben bzw. das Land verließen.

„Wissen Sie", sagte er, „wir von Heineken haben das Land zu keinem Zeitpunkt verlassen."

Hm, dachte ich, es ist interessant, dass bei einer Machtübernahme durch die Kommunisten oder andere Militärregime oftmals alle Hals über Kopf das Land verlassen, die großen Firmen aber bleiben. Wenn Firmen bleiben, warum tun es dann nicht auch die Christen und Missionsgesellschaften? Oder sind wir einfach nicht bereit, das Risiko zu tragen?

Am Flughafenschalter stand ich neben einem Schwarzen, der mich genau musterte.

„Sir, ich glaube, ich kenne Sie von irgendwoher", meinte er schließlich.

„Ich weiß wirklich nicht woher", antwortete ich ihm. „Von wo sind Sie?"

Es stellte sich heraus, dass er ein Beamter in der Übergangsregierung von Namibia war. Wir kannten einander nicht, aber wir wollten mit demselben Flugzeug an denselben Ort fliegen. Während des Fluges ging ich zu ihm hinüber und setzte unsere Unterhaltung fort. Wir sprachen viel über Idi Amin, die Situation in Südafrika und die Veränderungen auf dem gesamten Kontinent. Gegen Ende unserer Unterhaltung lud er mich in den Regierungssitz der SWAPO in Luanda ein. Einen Sitz für das Militär hätten sie auch, erklärte er mir, und ich wusste, dass beides im Zusammenhang mit dem Guerillakrieg stand, in den sie damals in Namibia immer noch verwickelt waren.

Als unser Flugzeug in Luanda landete, sahen wir Hunderte von heimatlos gewordenen Menschen, die im Freien schliefen. Viele von ihnen waren im Besitz von Flugtickets, doch ihre Flüge fanden nicht statt. Die Stadt hatte keinerlei öffentliche Verkehrsmittel, denn Ersatzteile für die Reparatur der Busse gab es nicht mehr. Die Regale in den Lebensmittelläden und anderen Geschäften waren leer geräumt, weil die Nahrungsmittelherstellung und die Erzeugung anderer Güter in Angola eingestellt worden war. Wie in Uganda war das Internationale Hotel die einzig anständige Unterkunftsmöglichkeit, und zwar deshalb, weil Angehörige der internationalen Presse anwesend waren. Nur dort konnte ich mir eine Tasse Kaffee kaufen.

Im Norden von Angola erlebte ich großartige Gottesdienste. Dort sah die Situation so aus, dass die Christen entweder von der MPLA belästigt oder gar nicht beachtet wurden. Eine Theateraufführung in einer Gemeinde zeigte mir deutlich, wie unsicher einerseits ihre Situation, andererseits aber, wie groß ihr Vertrauen auf Gott war. Mehrere Erwachsene und Kinder stellten die Ereignisse aus dem Buch Daniel dar. Dafür hatten sie in einer Ecke des Gemeindegebäudes einen „Feuerofen" errichtet. Ein tobender Nebukadnezar hatte drei treue Glaubenshelden in den brennenden Ofen werfen lassen, weil sie sich weigerten, vor dem von Menschen gemachten Gott niederzuknien. Als die drei Schauspieler in den Ofen geworfen wurden, strömte richtiger Rauch aus der Öffnung und breitete sich im Saal aus. Dann traten unter rauschendem Beifall und lauten Halleluja-Rufen der Versammlung vier Schauspieler im Siegesrausch aus dem Ofen hervor. Welch wunderbare Einführung für die Botschaft, die ich ihnen zu sagen hatte!

Einige Zeit später suchte ich die Regierungszentrale in Luanda auf, um den namibischen Beamten zu sprechen, den ich im Flugzeug kennengelernt hatte. (Die SWAPO führte ihren Kampf gegen die südafrikanische Regierung vor allem von Angola aus.) Er stellte mich einigen anderen Staatsministern der SWAPO-Bewegung vor, und wir verbrachten einen ganzen Nachmittag mit angenehmer, anregender Unterhaltung. Ich machte ihnen ganz klar, dass ich im Namen Jesu Christi zu ihnen gekommen war. Diese Männer waren Marxisten, Befreiungskämpfer, und hatten zweifellos entweder viele Menschen selbst getötet oder durch andere töten lassen. Und doch schienen sie an der einfachen Wahrheit des Evangeliums interessiert zu sein.

„Hören Sie", sagte ich an einem Punkt. „Es gibt etwas, was mir an Ihren Büros nicht gefällt."

„Was kann das sein?", fragten sie.

„Ich sehe auf jedem Schreibtisch eine Lenin-Büste", lautete meine Antwort.

„Was sollen wir Ihrer Meinung nach tun?", entgegneten sie.

„Ich möchte, dass Sie Ihrem Volk die Wahl lassen. Lenin ist nicht der Einzige, der eine Botschaft für die Welt hat. Es gibt eine Alternative, und diese lautet Jesus Christus. Geben Sie Ihrem Volk die Gelegenheit, die Wahl zwischen beiden zu treffen. Keine Nation kann glücklich sein, wenn die Menschen gezwungen sind, unter einem bestimmten System zu leben, das sie sich nicht ausgesucht haben, sei dieses System nun politischer oder religiöser Natur. Bitte gestatten Sie mir, neben die Büste Lenins eine Bibel auf Ihren Schreibtisch zu legen. Wenn die Menschen dann in Ihre Zentrale kommen, erkennen sie, dass Sie fair sind. Jeder kann dann zwischen Lenin und Jesus wählen."

Zu meiner Überraschung gefiel ihnen diese Idee. Ich nahm also einige Bibeln in ihrer Sprache aus meiner Tasche und legte eine neben die Büste von Lenin.

Diese ganze Geschichte mit den Guerillaführern war deshalb zustande gekommen, weil ein Schwarzafrikaner, den ich nie zuvor gesehen hatte, auf dem Flughafen mit mir ins Gespräch kam. Wer hätte solch eine Begegnung in die Wege leiten können, wenn nicht der Herr selbst? Das Erkennen solch eines Augenblicks reichte nicht aus; ich musste auch darauf eingehen und bereit sein, meine Pläne zu ändern.

Bei meinem nächsten Besuch in Angola bereiste ich den Süden, in dem die Guerilla sehr aktiv war. Es wäre zu gefährlich gewesen, vom Norden des Landes aus dorthin zu fliegen. Ich musste in Südafrika starten und dann in Caprivi landen, das im Süden an Angola grenzt. Das südafrikanische Militär unterstützte die UNITA-Rebellen im Süden von Angola. Die Südafrikaner waren daher mir und Jan Pit nur zu gern behilflich, die Grenze zu überschreiten, um einige dieser Rebellen kennenzulernen.

Wir wurden heimlich im Helikopter eingeflogen, wobei wir in Baumhöhe flogen, um der Radarbeobachtung zu entgehen. Wir besaßen keine Reisepapiere, lediglich einige Bibeln. Wir landeten im Nichts und trafen auf Hunderte von Guerillakämpfern, von denen viele sich als Christen bezeichneten. Mitten im Busch hielten wir einige große Versammlungen ab und wurden wie Würdenträger behandelt.

Ich hatte die Gelegenheit, mehrere längere Gespräche mit dem Leiter der UNITA-Bewegung, Jonas Savimbi, zu führen. Er kommt aus presbyterianischem Hintergrund und wollte unbedingt mit uns beten und sogar Evangeliumslieder mit uns singen. Ich bat ihn inständig, mit dem Morden aufzuhören und nach einer friedlichen Lösung für die Probleme seines Landes Ausschau zu halten. Ich bedaure, berichten zu müssen, dass mein Rat auf taube Ohren stieß; er führte die gleichen kriegerischen Auseinandersetzungen fort.

Wir trafen dort mit vielen anderen Christen zusammen, sowohl Katholiken als auch Protestanten. Bei einem Abendmahlsgottesdienst, den wir in einem sehr primitiven Kirchengebäude abhielten, versuchten so viele Menschen hineinzugelangen, dass die Soldaten die hereindrängende

Menschenmenge mit vorgehaltenen Gewehren zurückhalten mussten. Nach jenem Besuch damals reisten unsere Teams von Open Doors wieder dorthin, um den Christen Bibeln und Kinderevangelisationsmaterial zu bringen sowie Schulungsseminare anzubieten, damit Analphabeten die Botschaft der Bibel verstehen und sie lesen konnten.

Auf meinen Reisen durch ganz Afrika hatte ich sowohl ermutigende als auch sehr traurige Erlebnisse, manchmal zur gleichen Zeit. Viele Gruppen, denen ich mit dem Wort Gottes diente, lebten in absoluter Armut und verdienten jährlich nur wenige Hundert Dollar, und doch strahlte die Freude Christi aus ihnen. Bei einer christlichen Freizeit in Ruanda, einem der ärmsten afrikanischen Länder, waren die jungen Menschen so bewegt von der Geschichte, die ich ihnen von dem verhafteten russischen Pastor Georgi Vins erzählte, dass sie ein Opfer für seine Familie einsammelten. Das rührte mich zutiefst.

Ein anderes Mal sprach ich in einem trostlosen Gefängnis vor Hunderten von Männern über Christus. Sie waren in einem winzigen Raum mit einem schmutzigen Fußboden und einem einzigen Toilettenloch in einer Ecke zusammengekommen. Viele von diesen Gefangenen hatten kein Verbrechen begangen, sondern waren wegen ihrer politischen Ansichten inhaftiert worden. Ich war von ihrer erstaunlichen Offenheit Jesus gegenüber überwältigt.

In Tansania erfuhr ich, dass unter den Tausenden chinesischer Arbeiter, die man hergeholt hatte, um die Tanzara-Eisenbahn zu bauen, Bibeln gefragt waren. Ich erinnerte mich an die chinesischen Neuen Testamente, die ich einige Zeit vorher zusammen mit Bruder David erarbeitet hatte und die wie kleine rote Mao-Bibeln aussahen. Das war genau das Richtige für die aus ihrer Heimat herausgerissenen Chinesen! Wir druckten, so schnell wir konnten, eine neue Auflage und lieferten 50.000 Exemplare an diese Arbeiter.

In jedem Land, das ich bereiste, suchte ich als Erstes die führenden Christen auf und erkundigte mich nach dem, was am meisten in den Gemeinden benötigt wurde. Ich fragte sie auch, ob sie bereit seien, mit anderen leitenden afrikanischen Christen und (evangelikalen) Missionsorganisationen zusammenzukommen, um für ihren Kontinent zu beten und sich Gedanken darüber zu machen, wie man zusammenarbeiten und die Gemeinde Jesu unterstützen könnte.

Die Konferenz fand dann endgültig 1978 in Malawi statt. Wir nannten sie die „Love-Afrika-Konferenz", nach dem Motto der Love-China-Konferenz. Es kamen 250 Delegierte aus siebenunddreißig afrikanischen Ländern südlich der Sahara. (Da alle Länder nördlich der Sahara vorrangig islamisch geprägt waren, entschieden wir uns, sie für eine „Love-Muslim-Konferenz" in der nahen Zukunft vorzumerken.) Eine Anzahl Missionsgruppierungen, die in Afrika arbeiteten, schickten auch Vertreter.

„Love-Afrika" verlief insgesamt sehr gut, und wir erlebten eine gute Zeit des Gebets und der Gemeinschaft. Die Zusammenkunft war jedoch nicht ohne Kontroversen. An einer Stelle berichtete ein schwarzer Bischof von seinen Erfahrungen mit der Diskriminierung unter dem Apartheidregime. Anschließend erhob sich ein weißer südafrikanischer Theologe und versuchte die Politik der Rassentrennung in seinem Land zu rechtfertigen. Im Nu drohte das Thema Apartheid wegen der überschwappenden Gefühle die gesamte Konferenz zu sprengen. Einige Gruppen forderten sich gegenseitig auf, eine formelle Entschuldigung auszusprechen, andere wiederum wollten mich dazu bewegen, eine offizielle Stellungnahme zu diesem Thema abzugeben. Obgleich ich keineswegs mit der südafrikanischen Politik der Apartheid übereinstimmte, war es nicht meine Aufgabe, offiziell Stellung für oder gegen sie zu beziehen. Ich wollte mich vielmehr auf die tieferen geistlichen Belange konzentrieren.

Es machte mich traurig, dass es diesen beiden Gruppen während der Konferenz nicht gelang, sich zu versöhnen. Doch ehe die Konferenz beendet war, entstand ein viel größeres Gefühl der Einheit untereinander. Das vereinigende Thema war „Verfolgung". Die Gemeinde Jesu in fast allen afrikanischen Ländern kannte sie bereits aus eigener Erfahrung oder sah Verfolgung auf sich zukommen. Wenn das Volk Gottes nicht tief in der Schrift gegründet wäre und sich gegenseitig im Gebet unterstützte, dann würden die Christen nicht standhalten können, hieß es.

Insbesondere ein Sprecher betonte diesen Aspekt. Gerhard Hamm, in der Sowjetunion ein bekannter Evangelist, sprach davon, was es bedeutet, für seinen Glauben zu leiden und wie Christus ihm die Kraft gegeben hatte auszuhalten. Bruder Hamm wusste aus Erfahrung, wovon er sprach. Sein Vater war in der Haft in Sibirien gestorben, weil er das Evangelium gepredigt hatte, und Gerhard selbst hatte um seines Glaubens willen viele Jahre in Gefangenschaft verbracht. Open Doors hatte von seiner Verhaftung erfahren, woraufhin wir seine Familie unterstützten. Als er schließlich entlassen wurde und im Westen ankam, boten wir ihm eine Vollzeitstelle als Prediger an.

Gerhard Hamm erzählte uns von der Verfolgung, denen die Christen unter einem kommunistischen Regime ausgesetzt sind. Der Kommunismus hatte damals gerade Afrika erreicht. Einigen erschien diese Ideologie als positive, gesunde Alternative zur Apartheid, zu Stammesstrukturen und Militärdiktaturen. Gerhard öffnete uns die Augen für die harte Realität hinter der glänzenden Fassade.

Mehrere Punkte seiner Rede hinterließen einen nachhaltigen Eindruck. Zum einen war er ein gefühlsbetonter, dynamischer Redner; der Schmerz, den er und seine Familie zu erleiden hatten, war unbeschreiblich. Während ich sein gebrochenes Deutsch ins Englische übertrug und dann zuhörte, wie es ins Französische übersetzt wurde, sah ich Tränen in den Augen der Zuhörer. Zum anderen war er ein Weißer. Schwarzafrikaner hören selten, dass ein Weißer ins Gefängnis kommt. Immer sind es Schwarze, die dorthin kommen, sei es durch die Hand eines Weißen oder die eines Schwarzen. Nun hörten sie einem weißen Mann zu, der genau wie sie von Misshandlung und Quälereien zu erzählen hatte, und das beeindruckte sie tief.

Für einige der Teilnehmer war die Botschaft von Bruder Hamm in schmerzlicher Weise prophetisch. Kurz nach der Konferenz wurde die äthiopische Regierung von den Kommunisten verdrängt, und ein Jahr später saßen die äthiopischen Konferenzvertreter im Gefängnis.

Nach der Love-Afrika-Konferenz arbeiteten die Teams von Open Doors mit den Gemeinden in Angola, Mosambik, Ruanda, Somalia, Südafrika (Soweto), Tansania, Uganda und Sambia aktiv zusammen. Dabei war die Verteilung von Bibeln ein Teil unseres Dienstes, doch unsere vornehmliche Aufgabe war es, Schulungen für die afrikanischen Pastoren und christlichen Leiter anzubieten.

In Mosambik zum Beispiel bildeten wir jedes Jahr Hunderte von Pastoren in einer besonderen Schule aus, auf der die meisten Lehrer schwarzafrikanische Geistliche waren. Da viele der Pastoren, die dieses Schulungszentrum besuchten, vorher nie die Gelegenheit gehabt hatten, eine Bibelschule oder ein Bibelseminar zu besuchen, konzentrierten wir uns darauf, ihnen solides Bibelwissen zu vermitteln, ihnen zu zeigen, wie man die Bibel studieren kann, und sie dahingehend anzuleiten, dass sie ihr geistliches Leben mit Anbetung und Fürbitte pflegen. Der Name dieses Projektes lautete „Projekt Timotheus" nach dem Training des Apostels Paulus für seinen jungen Schüler.

Heute konzentriert sich Open Doors in seinem Dienst vor allem auf die islamischen Länder Afrikas und solche, in denen der Islam auf dem Vormarsch ist. Schulungen von Pastoren und Mitarbeitern der Gemeinden sowie die Vorbereitung auf und Unterstützung in Verfolgung durch unsere Verfolgungs- und Aufklärungsseminare über den Islam bilden einen Schwerpunkt unserer Arbeit. Durch unsere „Hilfe zur Selbsthilfe"-Projekte unterstützen wir arme christliche Familien, die ausgegrenzt werden, zum Beispiel christliche Witwen und ihre Kinder in Nigeria. Bei den immer wieder erfolgten Angriffen von Muslimen auf Christen haben sie vor allem im Norden des Landes ihre Männer und Väter verloren. Muslimische Extremisten wollen die Scharia, das islamische Gesetz, in ganz Nigeria verbreitet sehen. In zwölf Bundesstaaten im überwiegend muslimischen Norden Nigerias wurde sie schon eingeführt. Die Islamisten versuchen nun, auch den mehrheitlich christlichen Süden dem Islam zu unterwerfen.

FÜNFTER SCHRITT

Mutig sein!

Open Doors kennt man wohl am besten wegen unserer Bemühungen, uns über verschlossene Grenzen hinweg ins Land hineinzuwagen, Bibeln zu schmuggeln, geheime Schulungsseminare abzuhalten und den Gemeinden in der Verfolgung zu helfen. Das ergibt sich aber immer erst aus den Schritten, die wir vorher tun: Gebet, Informationen einholen, die eigentliche Botschaft von Christus in das Land hineintragen bzw. hineinsenden.

Diese Botschaft kann in vielen Formen weitergetragen werden, sei es mithilfe von Bibeln, christlicher Literatur, Radiosendungen oder persönlichen Besuchen. Das geschieht im kleinen Rahmen, indem Reisende im eigenen Gepäck einzelne Bibeln mitnehmen, oder im großen Stil durch das Versenden von fünfzigtausend Bibeln an die Soldaten der ugandischen Armee!

Ein besonderer Fall war 1981 die Lieferung von einer Million Bibeln an China „Projekt Perle" genannt. Wir möchten uns nicht nur in verschlossene Länder hineinwagen, sondern alle teuflisch inspirierten, von Menschen aufgebauten Hindernisse zunichtemachen, wodurch den Menschen die Botschaft Christi vorenthalten wird. Dabei spielt es keine Rolle, ob diese Hindernisse nun sozialer, politischer, kultureller oder gemeindlicher Art sind oder aufgrund von Sprach- bzw. Rassenschranken bestehen. Solche Hindernisse und sonstige Schranken können uns auch an unseren Schulen, Universitäten oder Arbeitsplätzen begegnen.

Generell gilt, dass wir auf legalem oder auch illegalem Weg ins Land vordringen, je nach der Gesetzeslage des entsprechenden Landes. In erster Linie versuchen wir, legale Mittel zu finden, um die christliche Botschaft ins Land hineinzubringen. Gibt es diese jedoch nicht, oder sind sie mit solchen Beschränkungen verbunden, dass die Gemeinde den Glauben an Jesus nicht frei leben kann, dann müssen wir dem höheren Gesetz Gottes gehorchen und mit den uns zur Verfügung stehenden Mitteln vordringen, womit auch das Schmuggeln gemeint ist. Ich warne jedoch ausdrücklich davor, unter dem Vorwand „Gott mehr gehorchen zu müssen als den Menschen" Kompromisse im Hinblick auf die übrige Heilige Schrift einzugehen. So fordert uns die Bibel grundsätzlich dazu auf, uns an die Gesetze des Staates zu halten, zu guten Werken bereit und den Menschen gegenüber friedfertig zu sein (Titus 3,1-2). Im 1. Petrusbrief heißt es zudem: „Ehrt jedermann, habt die Brüder lieb, fürchtet Gott, ehrt den König!" (1. Petrus 2,17; revidierte Lutherbibel)

Im Laufe der Zeit habe ich viel Kritik wegen meiner Haltung dem Schmuggeln gegenüber einstecken müssen. Viele meiner Kritiker sehen allerdings kein Problem darin, christliche Radiosendungen in verschlossene Länder auszustrahlen, obgleich das genauso illegal ist. Manchmal frage ich mich, ob diese Menschen nicht deshalb Position gegen das Schmuggeln beziehen, weil beim Schmuggeln mehr Risiken für uns bestehen als bei einer Radioübertragung. (Ich darf hinzufügen, dass die Menschen in diesen Ländern für das Hören von christlichen Sendungen genauso verhaftet werden können wie für das Annehmen von Bibeln.) Der wichtigste Punkt für mich ist nicht, ob geschmuggelt wird oder nicht, sondern ob wir überhaupt hingehen.

Hingehen – das ist es, worauf es beim Evangelisieren und beim Hineingehen in ein Land hauptsächlich ankommt.

Hingehen ist die Devise der Evangelisation und des Sich-hineinwagens. In 1. Thessalonicher 1,5 schreibt der Apostel Paulus: „Unsere Predigt des Evangeliums kam zu euch nicht allein im Wort, sondern auch in der Kraft und in dem Heiligen Geist und in großer Gewissheit" (revidierte Lutherbibel). Beachten Sie, dass es heißt: „zu euch". Damit erfüllt man den Befehl Jesu: „Geht nun zu allen Völkern der Welt." Wer zu Hause bleibt, benötigt meiner Ansicht nach einen stärkeren Ruf als der, der hinausgeht.

Wir sind es, die die Initiative ergreifen müssen. Wir können nicht darauf warten, dass die Unerretteten zu uns kommen, denn dann werden sie nicht als Freunde kommen, sondern als Terroristen. Der biblische Befehl lautet, hinzugehen und das Evangelium zu verkünden. Wenn wir das tun – sei es über verschlossene Grenzen hinweg oder auf der Straßenseite gegenüber –, werden wir immer auch Anstoß erregen. Denn die Mächte, die in einem verschlossenen Land oder System oder in einer verschlossenen Umgebung herrschen, werden uns nie freiwillig mit der Botschaft von Jesus Christus aufnehmen. Ganz gleich, wie viele Menschen die Botschaft brauchen, ganz gleich, wie sehr Gott uns dort haben möchte – es wird niemals geschehen, wenn wir nicht dazu bereit sind, den Preis zu zahlen. Deshalb sagt Paulus, dass das Evangelium in Kraft, im Heiligen Geist und in großer Gewissheit kommt. Das Hineinwagen geschieht niemals ohne Konfrontation, und Gott gibt uns die Kraft, die wir benötigen, um darin stark zu bleiben.

Vor einigen Jahren besuchte ich in den USA eine Gruppe von Indianern. Diese Apachen gaben mir den Namen, der in ihrer Sprache bedeutet: „der die Grenzen überschreitet". Dieser Begriff drückt nicht nur ein Prinzip aus, das wir uns bei Open Doors zu eigen gemacht haben, sondern sollte auch die Berufung jedes Christen kennzeichnen. Wenn wir wirklich die Gute Nachricht von Christus weitergeben wollen, müssen wir uns in alle Welt hinauswagen – in unsere Nachbarschaft, unsere Büros, unsere Schulen genauso wie in andere Regionen dieser Welt, und zwar nicht nur dorthin, wo man uns willkommen heißt oder wo das Risiko gering ist, sondern überallhin, besonders dorthin, wo noch keine anderen Christen je gewesen sind.

Gebet

Herr, hilf mir, heute etwas für dich zu tun,
was ich noch nie zuvor getan habe.
Amen.

6. Gabriella und Michael

Unsere Mitarbeiter vom Open Doors-Team Asien und ich waren unter den Ersten, die nach dem unglaublichen geistlichen Durchbruch in China in die Volksrepublik reisten. Auf der Love-China-Konferenz hatten wir sehr viele Berichte und Statistiken über die Christen in China gehört. Trotzdem war es einfach überwältigend, die Bewegung der Hausgemeinden aus erster Hand kennenzulernen. Wir trafen nicht eine kleine, mutlose, am Boden zerstörte Gruppe von Christen an, sondern vielmehr ein immens großes Netzwerk von Millionen von Gläubigen, die stark, leidenschaftlich, mutig waren und … auch verfolgt wurden.

Eine von ihnen war eine einfache Dienerin Gottes, die wir liebevoll „Mama Kwang" nannten. Früh von Gott in den Dienst als Evangelistin berufen, reiste sie durch ganz Südchina, um zu predigen, zu lehren und Hausgemeinden ins Leben zu rufen. Lange Jahre, bevor ich die Freude hatte, sie kennenzulernen, hörten wir Berichte davon, dass sich Hunderte, ja Tausende durch ihren Dienst zu Christus bekehrt hatten und wunderbare Heilungen geschehen waren.

Wegen ihres mutigen Glaubenszeugnisses war Mama Kwang dreimal verhaftet und ins Gefängnis geworfen worden. Doch sie teilte ihren Glauben immer wieder mit den anderen Gefangenen und Wärtern, und so konnte sie viele von ihnen zu Christus führen. Jedes Mal, nachdem sie aus dem Gefängnis entlassen worden war, machte sie gleich am nächsten Tag mit dem Predigen und Lehren weiter. Ihr Mann, ein Mathematikprofessor, saß in ähnlicher

Weise mehrere Jahre lang in Arbeitslagern. Als sie beide nach ihrer letzten Gefängnisstrafe entlassen wurden und nach Hause zurückkehrten, nahm Frau Kwang sofort ihren Dienst wieder auf, dieses Mal jedoch meist im Untergrund, um den Behörden nicht in die Hände zu fallen.

Unter ihrer Leitung wuchsen die Hausgemeinden im Süden Chinas mit erstaunlicher Geschwindigkeit. In den Städten, wo die Überwachung durch die Polizei um einiges schärfer war, kamen Gruppen von drei bis hundert Menschen heimlich zum Gebet, zum Lobpreis und zur biblischen Unterweisung zusammen. In den abgelegenen ländlichen Gebieten war es nicht ungewöhnlich, wenn sich an einem Ort tausend oder mehr Gläubige trafen. Weil so viele neue Christen hinzukamen, erkannte Frau Kwang schnell, dass sie unbedingt mehr Bibeln brauchten. Durch einen der chinesischen Mitarbeiter von Open Doors Asien gab sie die dringende Bitte weiter, tausend Bibeln zu bekommen.

Bis zu diesem Zeitpunkt hatten unsere Teams von Open Doors noch nie mehr als vierzig oder fünfzig Bibeln pro Team auf einmal ins Land gebracht. Eine Lieferung in dieser Größenordnung würde eine größere Herausforderung und auch ein größeres Risiko darstellen. Unter viel Gebet und nach erheblichen Vorbereitungen gelang es Bruder David, seiner Frau und vier chinesischen Christen, neunhundert Bibeln in ihrem Gepäck ins Land zu bringen.

Die restlichen hundert gelangten auf einer weiteren Reise dorthin. Da es viel zu gefährlich gewesen wäre, auf ihrer Kurierreise persönlich mit Mama Kwang zusammenzutreffen, erfuhren sie später, wie überglücklich Frau Kwang wegen dieser Zahl von Bibeln war.

Alle Bibeln, die in geringen oder auch größeren Mengen

nach China gelangten, waren von chinesischen Gemeinden erbeten. Wir gingen nicht dorthin, um ihnen unser Programm aufzudrängen, sondern um zu erfahren, wie wir sie in ihrem Dienst unterstützen könnten. Überall dort, wo unsere Asienmitarbeiter mit den chinesischen Christen zusammentrafen, versuchten sie herauszufinden, welche Art Bibeln benötigt wurden, komplette Bibeln oder Teile davon, Ausgaben für Erwachsene oder für Kinder, in welchen Dialekten und so weiter. Wir lieferten die Bibeln in beiden Formen chinesischer Schriftzeichen, einmal in der älteren, traditionelleren Schrift, die noch heute in Hongkong und Taiwan geschrieben wird, und einmal in der neuen, vereinfachten Schriftform, die der Vorsitzende Mao eingeführt hatte.

Im Laufe ihres Lehr- und Predigtdienstes merkte Frau Kwang, wie der Herr ihr klarmachen wollte, dass sie und ihre Familie eines Tages das Land verlassen würden, um die übrige Welt über die Nöte und Bedürfnisse der chinesischen Gemeinde zu informieren. Niemand, der eine Gefängnisstrafe abgesessen hatte, erhielt von der Regierung eine Genehmigung, das Land zu verlassen. Doch das hinderte Mama und Papa Kwang nicht daran, die notwendigen Visaanträge auszufüllen und Gott zu vertrauen. Jahrelang erhielten sie keine Antwort.

Im Frühjahr des Jahres 1979 hatte Frau Kwang beim Beten den Eindruck, dass Gott ihr sagen wollte, sie und ihre Familie würden einen Monat später das Land verlassen.

Weil sie der Stimme Gottes Glauben schenkte, begann sie sofort damit, andere Leiter auszubilden, damit sie den Dienst fortsetzen konnten. Keiner aus der Familie unternahm den Versuch, bei den Behörden Erkundigungen und Informationen über den Stand des Verfahrens einzuholen.

Sie wussten, dass Gott gesprochen hatte, und machten dementsprechend ihre Pläne, um trotz der Zweifel einiger Christen seinem Willen entsprechend zu handeln. Am letzten Tag des Monats betete Frau Kwang mit allen Leitern, die sie in die Arbeit eingewiesen hatte, und trug ihnen auf, das Werk fortzuführen.

Und siehe da, am nächsten Tag erschien ein Beamter an ihrer Haustür. „Kommen Sie mit", sagte er. „Sie sollen alle aufs Polizeirevier kommen. Ihre Ausreisepapiere liegen vor."

Alle waren überrascht, als die Kwangs einen Tag später in Hongkong eintrafen. Bruder David, der drei Tage zuvor in Hongkong gewesen war, um bei der Bibelgesellschaft eine Lieferung von dreißigtausend Neuen Testamenten zu bestellen, bestieg in Manila das erstbeste Flugzeug und kam ihnen zur Begrüßung entgegen. Er hatte sie noch nie vorher persönlich gesehen, doch sie hatten häufig Kontakt zueinander gehabt und täglich füreinander gebetet. Da David ein Foto der Familie Kwang bei sich hatte, erkannte er sie sofort.

Es kam zu einer sehr herzlichen und tränenreichen Begrüßung. Dann erzählte Frau Kwang mithilfe eines Dolmetschers die Geschichte ihrer Ausreise aus China und berichtete von den Gläubigen im Land.

Bruder David merkte gleich, dass sie jetzt, wo sie frei war, noch nicht daran dachte, ihren Dienst für China zu beenden. Sie wollte die chinesischen Gemeinden weiterhin aufbauen, und so setzte sich David mit ihr zusammen, um eine Strategie zu entwickeln. Ganz ohne Frage wurden noch mehr Bibeln benötigt.

„Wie viele Bibeln gibt es zurzeit unter den Gläubigen?", fragte er sie.

Er traute seinen Ohren nicht, als er durch den Dolmetscher ihre Antwort vernahm: „Bruder David, sie sagt, es werden dreißigtausend Bibeln für die gesamte Leitung benötigt, und zwar sofort." Das war genau die Zahl, die er wenige Tage zuvor bestellt hatte.

So begannen wir mit der Planung für „Projekt Regenbogen", unserem bis dahin größten Versuch, Bibeln nach China zu bringen. Wie sollte das vonstatten gehen? Unser Asienteam hatte eine gute Idee: Die internationale Handelsmesse in Kanton in Südostchina sollte im Oktober stattfinden. Jedes Frühjahr und jeden Herbst erhielten anlässlich dieses bedeutenden zweiwöchigen Ereignisses Tausende von ausländischen Geschäftsleuten Einladungen nach Kanton. Sie durften zwar nur in Gruppen ins Land einreisen, wurden jedoch während ihres Besuches zuvorkommender behandelt als gewöhnliche Touristen.

Unsere Strategie bestand darin, christliche Geschäftsleute zu fragen, ob sie nicht bereit wären, eine Einladung zu beantragen und dann andere Christen zusätzlich in ihre Gruppe mit einzubeziehen. Auf diesem Wege könnte eine umfangreiche Lieferung möglich gemacht werden.

Paul Estabrooks, der soeben von einer Bibelschule in Manila zu unserem Open Doors-Asienteam hinzugestoßen war, koordinierte die Reisenden und die Reisevorbereitungen. Anderen wurde die Verantwortung für die Verteilung der Bibeln in China, für die Einsatzbesprechungen der Gruppen sowie andere Aktivitäten an der Basis übertragen.

Das Projekt sah vor, dass dreißig Kuriere, Mitarbeiter und Freunde von Open Doors in der ganzen Welt, China während der Messe besuchten. Jeder sollte zwei große leere Koffer und eine Umhängetasche mit seiner persönlichen Kleidung mitbringen. In Hongkong sollten dann die leeren Koffer jeweils mit fünfhundert Miniausgaben des Neuen Testaments gefüllt werden, sodass jede Person tausend Bibeln bei sich trug. Dreißig Kuriere mit je tausend Bibeln, das wären insgesamt dreißigtausend Bibeln für die chinesischen Christen.

Um keinen Verdacht zu erregen, sollten die Kuriere während der zweiwöchigen Messe an verschiedenen Tagen und zu verschiedenen Zeiten zu Gruppen von je drei oder vier nach China einreisen. Der riskanteste Teil der Aufgabe würde der Zoll sein, der hin und wieder das Gepäck kontrollierte. Diese Stelle war unser wunder Punkt, denn die Koffer würden ja nichts anderes als Bibeln enthalten. Wenn ein Beamter auch nur einen Koffer öffnen ließ, dann würde der Inhalt natürlich sofort auffallen.

Ein weiterer schwieriger Faktor war das Gewicht der Koffer. Während der Einsatzbesprechungen wurden die Kuriere darauf hingewiesen, dass es wichtig sei, ihre Koffer federleicht erscheinen zu lassen, wenn sie durch den Zoll gingen. Für einige war das leichter gesagt als getan, denn unter den Reisenden befanden sich einige ältere Männer, einige Frauen und ein junger Mann mit einem gebrochenen Fuß. (Die, die dieses schwere Gepäck zu tragen hatten, nannten später die Operation nicht „Projekt Regenbogen", sondern „Projekt Leistenbruch"!)

Endlich begann die Handelsmesse, und mit ihr auch unsere Lieferung. Alles schien glattzulaufen: Mehrere Tausend Neue Testamente gelangten planmäßig und ohne Zwischenfälle nach China. Doch dann entdeckten die Zollbeamten bei zwei Kurieren den Inhalt der Koffer. Sie durften das Land zwar betreten, mussten jedoch die Bibeln

am Zoll zurücklassen und bei ihrer Ausreise wieder mitnehmen.

Die Projektleiter waren besorgt. Ihre große Frage lautete: Was machen wir nun? Sind sie uns auf die Spur gekommen? Sind die Gläubigen, die auf die Bibeln warten, in
Gefahr? Sollen wir die Operation beenden? Wir vom Team
beschlossen, vierundzwanzig Stunden zu warten und zu
beten. In Holland berief ich sofort nach Erhalt der Nachricht eine Mitarbeitersitzung ein, und wir verbrachten beträchtliche Zeit im Gebet und Flehen.

Anschließend waren wir uns alle einig, dass uns der
Herr zum Weitermachen aufforderte. Die restlichen Kuriere setzten ihre Reise fort. Als die Männer, deren Koffer-
inhalt entdeckt worden war, aus China ausreisten, durften
sie die Bibeln wieder mit nach Hongkong nehmen. Dort
wurden die Bibeln in andere Koffer verpackt und von jemand anderem wieder mitgenommen.

Einer der Kuriere hatte besonders große Schwierigkeiten beim Tragen der Koffer, und als er schließlich beim
Zoll angelangt war, erschienen sie ihm tonnenschwer. Als
er dann bis zu den Beamten vorrückte, packte er die Koffer
am Griff und betete im Stillen: „Im Namen Jesu, erhebt
euch!" Die Koffer schienen sich wie von allein vom Boden
zu heben. Er rauschte geradezu durch die Zollkontrollen.
Doch kaum war er um die nächste Ecke verschwunden,
krachten sie bleischwer auf den Zement.

Als alles vorüber war, befanden sich dreißigtausend
Neue Testamente sicher in der Hand der dankbaren gläubigen Chinesen. All das geschah innerhalb weniger Tage.
Wir priesen Gott für seine Treue und seinen Schutz. Nichts
war ihm zu schwer, keine Aufgabe war ihm zu groß!

Inzwischen lief unsere reguläre Open Doors-Arbeit weiter, einschließlich der gelegentlichen Kurierfahrten nach China, allerdings mit kleineren Bibelmengen. Anfang der Achtzigerjahre lud unser Mitarbeiter Paul Estabrooks dreizehn Open Doors-Mitarbeiter von allen Basisstationen rund um die Welt zu einem Treffen in Manila ein. Anschließend wurde von Hongkong aus eine regelmäßig stattfindende Kurierfahrt nach China organisiert. (Inzwischen haben wir bessere Möglichkeiten gefunden, die Christen in China mit Bibeln zu versorgen, als Touristen mit Koffern voller Bibeln über die Grenze zu schicken.)

Da der Individualtourismus nach China damals noch nicht erlaubt war, schloss sich Pauls Gruppe einer anderen größeren Touristengruppe an. Es waren insgesamt ungefähr sechzig Menschen, die einreisen wollten. Alle Open Doors-Mitarbeiter kamen ohne Schwierigkeiten durch den Zoll und warteten im bereitstehenden Bus auf die anderen.

Plötzlich kam einer der offiziellen Reiseleiter auf den Bus zugerannt und rief der Gruppe entgegen: „Zu viele Bibeln, zu viele Bibeln!"

„Was ist passiert?", fragten sich unsere Mitarbeiter. „Wir sind doch durchgekommen."

„Der Zoll verlangt, dass alle Reisenden zur Kontrolle antreten", sagte unser Reiseleiter. „Es sind zu viele Bibeln da."

So ließen sie ihre Umhängetaschen im Bus und kehrten an die Zollkontrolle zurück. Es stellte sich heraus, dass zwei japanische Touristen (die unseren Leuten unbekannt waren), Bibeln und Liederbücher im Gepäck hatten. Da sie jedoch ihre Taschen so vollgestopft hatten, dass einige Bücher an den Seiten herausschauten, hatten sie die Aufmerksamkeit der Zollbeamten auf sich gezogen. Nach dieser Entdeckung meinten die Zollbeamten, dass vielleicht noch weitere in der Gruppe Bibeln bei sich hätten. Sie forderten die sechzig Teilnehmer der Reisegruppe auf, alle Taschen und Koffer zu öffnen, die noch nicht in den Bus geladen worden waren. Fast alle Open Doors-Bibeln wurden gefunden.

Zunächst herrschte bei allen Bestürzung. Die japanischen Touristen waren ärgerlich auf die Zollbeamten, die Open Doors-Leute waren verärgert darüber, dass sie durch die Nachlässigkeit anderer aufgeflogen waren, und alle anderen, die keine Bibeln bei sich hatten, waren darüber verärgert, dass die Christen ihre Reise durcheinandergebracht hatten.

Dann fragten die Zollbeamten der Reihe nach jeden Einzelnen: „Gehören Sie zu denen, die Bibeln mitgebracht haben?"

Als die Mitarbeiter mit Ja antworteten, lautete die unvermeidliche Frage: „Weshalb?"

„Weil ich erfahren habe, dass die Christen in diesem Land dringend Bibeln benötigen. Deshalb habe ich versucht, ihnen einige mitzubringen."

Daraus entstanden hier und da Gespräche, wodurch es unseren Leuten möglich war, sich mit den anderen Touristen über den Glauben zu unterhalten. Selbst der offizielle chinesische Reiseführer zeigte Interesse und sprach lange mit einem der Christen über die Bedeutung des Glaubens.

Gegen Ende der Reise kam die gesamte Reisegruppe zu einem chinesischen Festessen mit achtzehn Gängen zusammen. Gewöhnlich gab es bei so einem Festessen keinen Redner und auch kein Programm, doch dieses Mal fragte der Reiseführer, ob nicht Freiwillige ein Lied aus ihrem

Land vortragen würden. Einige nahmen die Gelegenheit wahr und sangen ein Lied aus ihrer Heimat. Dann erhob sich einer der Christen: „Sie wissen das wahrscheinlich nicht, ich bin Pastor und möchte Ihnen ein Lied singen, das jeder von Ihnen leicht lernen kann. Der Text heißt ganz einfach: Halleluja."

Er begann zu singen. Die anderen Christen stimmten mit ein, und so entstand dann schließlich ein vierstimmiger Gesang, der den Speisesaal erfüllte. Darauf folgten weitere Lieder.

Einmal meldete sich der Reiseleiter zu Wort, nicht, um das Singen zu beenden, sondern um zu fragen, ob eine bestimmte Melodie bekannt sei. Als er sie vorsummte, erkannten alle die Melodie und sangen auch dieses Lied.

Zum Schluss kündigte eines der Teammitglieder von Open Doors, ein Waliser, ein altes Kirchenlied aus Wales an, das von der wichtigsten Person in seinem Leben erzählte. Die kraftvollen Worte handelten vom Blut Jesu Christi und seinem Tod am Kreuz für die Sünden der Welt. Als er zum Schluss gekommen war, herrschte im ganzen Speisesaal große Stille. Etwa eine Minute lang rührte sich niemand und niemand sprach ein Wort. Es war, als seien alle Anwesenden, ob Christen oder Nicht-Christen, Reiseleiter oder Küchenpersonal, das an der offenen Tür gelauscht hatte, tief berührt von den Ereignissen des Abends.

Am letzten Tag fragte einer der Reiseleiter: „Würden Sie mir eine der chinesischen Bibeln schenken, die Sie mitgebracht haben? Ich möchte sie lesen." Unseren Leuten war es gelungen, reichlich Bibeln in ihren Umhängetaschen mitzunehmen (die anderen hatten sie am Flughafen lassen müssen) und waren überglücklich, dass sie dem Reiseleiter diesen Wunsch erfüllen konnten. Inzwischen hatte ein anderer Gläubiger demselben Reiseleiter seine englische Studienbibel angeboten. Als es an der Zeit war, sich zu verabschieden, fragte er den Reiseleiter, ob er die Bibel noch wolle.

„Oh ja, sehr gern", lautete die Antwort. „Bitte geben Sie sie mir nicht gerade jetzt. Ich werde beobachtet. Wenn wir um die Ecke gegangen sind, dann können Sie mir die Bibel geben."

Einige Augenblicke später war der Reiseleiter im Besitz sowohl einer chinesischen als auch einer englischen Bibel. Die Mitarbeiter des Open Doors-Teams erkannten: Was sie fast als eine missglückte Kurierfahrt betrachtet hatten, war zu einer wunderbaren Gelegenheit geworden, Christus mit vielen Menschen zu teilen, die sonst nie von ihm gehört hätten.

Ich liebe diese Geschichte, weil sie deutlich zeigt, wie Christen nicht nur die Initiative ergreifen und „Feindesland" einnehmen können, sondern auch, wie sie die Initiative behalten können, selbst wenn Dinge anders laufen als geplant.

Nur wenige Monate später begannen wir mit unseren Planungen für eine außergewöhnliche Operation, gegen die „Projekt Regenbogen" nur eine Miniaturausgabe sein sollte. Die benötigten dreißigtausend Bibeln, von denen die Kwangs bei ihrer Ankunft in Hongkong gesprochen hatten, stellten nach ihrer Meinung lediglich die Spitze des Eisbergs dar. „Damit wäre der dringendste Bedarf gedeckt", hatten sie uns gesagt. „Aber im Ganzen gesehen benötigen wir eine Million Bibeln."

Eine Million? Diese Summe schien jenseits aller Vorstellungskraft. Besonders wenn man sich vorstellte, dass die

Kwangs nur eine einzige Familie in einem einzigen Teil Chinas waren. Sie baten nur um genügend Bibeln, um die Not derer zu lindern, von denen sie persönlich wussten!

Als ich vom ungeheuren Ausmaß ihres Wunsches hörte, sagte ich augenblicklich Ja. Ich muss zugeben, dass ich mir nicht vorstellen konnte, wie viel eine Million Bibeln war. Auch wusste ich nicht, wie wir mit so einer Menge umgehen sollten. Ich glaube, die chinesischen Gläubigen wussten selbst nicht, worum sie uns damit baten. Aber ähnlich einem jungen Paar, das am Hochzeitstag „Ja, mit Gottes Hilfe" sagt, und dann später erkennt, worauf es sich eingelassen hat, nahmen wir die Herausforderung an und vertrauten Gott, dass er uns die Wege und Mittel zeigen würde.

Nach dem Erfolg unseres Regenbogen-Projekts wussten wir, dass es an der Zeit war, für die Verteilung von einer Million Bibeln zu beten. Wir nannten diese neue Operation „Projekt Perle", weil die Heilige Schrift einer kostbaren Perle gleicht, die Jesus in Matthäus 13,45-46 in dem Gleichnis vom Kaufmann erwähnt. Und genau wie der Kaufmann waren die chinesischen Christen bereit, alles zu riskieren, um die „Perle" des Wortes Gottes zu erlangen.

Die Kwangs hatten außerdem angedeutet, dass die Gläubigen die ganze Ladung auf einmal erhalten wollten. Die Sicherheit unseres Verteilerteams lag ihnen dabei am meisten am Herzen. Sie meinten, eine Reise mit einer Million Bibeln wäre weniger riskant als zehn Reisen mit jeweils einhunderttausend. Und sie hatten auch eine Idee, wie man die „Perlen" ins Land bringen konnte: An der chinesischen Südküste in der Nähe der Stadt Shantou gab es ein Dorf, dessen Bewohner in der Mehrheit Christen waren. Wenn wir die Bibeln am Strand in der Nähe jenes Ortes abliefer-

ten, dann könnte eine Riesenschar von Gläubigen sie auf-
sammeln, lagern und schnell verteilen.

Die Idee vom Strand kam also von Kwangs. Unsere
Aufgabe war es, die Bibeln dorthin zu bringen. Das Open
Doors-Asienteam und ich verbrachten viele Stunden im
Gebet, und wir stellten sehr viele Nachforschungen an. Im
Laufe unserer Vorbereitungen führte Gott zwei bemer-
kenswerte Männer zu uns. Der erste war Dr. Jim Schmook,
ein ehemaliger Offizier der US-Marine mit einem Doktor
in Betriebswirtschaftsmanagement. Er war im Vorstand
von Open Doors International tätig und interessierte sich
besonders für dieses Projekt.

Jim suchte einige seiner Freunde in Washington auf, die
sich mit der Entwicklung von Strategien beschäftigten,
und gab ihnen einen Auftrag: „Wenn ihr eine Ladung von
232 Tonnen heimlich in ein bestimmtes Land verfrachten
müsstet, wie würdet ihr da vorgehen?" Er verriet ihnen weder den Namen des Landes noch die Fracht. Seine Freunde
erklärten sich bereit, alle Möglichkeiten zu erkunden und
ihm inoffiziell eine Strategie vorzuschlagen.

Einige Monate später überreichten sie ihm die Ergeb-
nisse, zu denen sie gekommen waren: Die Fracht sei zu
schwer, um auf dem Luftweg transportiert zu werden. Die
einzige Möglichkeit sei der Seeweg.

Schön und gut. Man hatte uns durch die Gläubigen den
Vorschlag bereits gemacht, an einen bestimmten Strand zu
liefern, und so schien uns der Seeweg Sinn zu machen.

Die Männer hatten nun für uns einen ausgeklügelten
Plan entwickelt, der vorsah, dass ein Lastkahn Frachtfässer
unter Wasser hinter sich herzog. Mithilfe eines Flaschen-
zugsystems sollten dann die Fässer aus dem Wasser an
den Strand gezogen werden. Obwohl wir den Plan für zu

kompliziert hielten, war er dennoch gut durchdacht und vermittelte uns viele brauchbare Ideen. Zum einen wurde uns klar, dass Schlepper, die einen Lastkahn hinter sich herzogen, überall in Asien im Einsatz waren. Vielleicht gab es ja noch einen einfacheren Weg, um die Schlepper-Lastkahn-Kombination für die Lieferung zu verwenden.

Die zweite Schlüsselfigur für das „Projekt Perle", die Gott in jener Zeit zu uns führte, war William (Bill) Tinsley. Als einer der ersten „Jesus People" aus San Francisco war Bill Anfang der Siebzigerjahre auf die Philippinen gezogen, um dort eine Jesus-People-Bewegung unter Studenten zu beginnen. Als sich die Gruppe fest etabliert hatte, zog sich Bill aus der Leitung zurück und begann sein eigenes Bootsunternehmen auf der philippinischen Insel Mindoro.

Bruder David und Paul Estabrooks, der Projektleiter für das „Projekt Perle", lernten ihn dort kennen. Seine Persönlichkeit und seine Referenzen beeindruckten sie sehr. Er war nicht nur mit Leib und Seele wiedergeborener Christ, sondern mit seinen fünfzig Jahren auch ein erfahrener Kapitän, der sich auf den Weltmeeren auskannte. Er hatte keine höhere Schulbildung genossen, verfügte jedoch über ein unglaublich gutes analytisches Denkvermögen und über einen starken kreativen Instinkt. Als Kapitän für das „Projekt Perle" wäre er genau der richtige Mann. Wir beteten alle darüber, und es dauerte nicht lange, da kam der Kapitän, wie wir ihn dann auch nannten, an Bord.

In enger Zusammenarbeit mit Jim und dem Asien-Projekt-Team stürzte sich Bill in die Aufgabe, einen funktionierenden Plan für das Ausladen an Land auszuarbeiten. Eine Million Bibeln auf einem Lastkahn zu transportieren, stellte keineswegs ein großes Problem dar. Die eigentliche Schwierigkeit ergab sich aus der Frage, wie die Fracht vom

Lastkahn an den Strand zu bringen waren. Wie konnte das auf dem einfachsten und schnellsten Weg geschehen?

Auf die geniale Idee, auf die sie schließlich stießen, wäre keiner von uns gekommen. Der Kapitän entwarf einen komplett neuen Lastkahn mit einer besonderen Eigenschaft, nämlich der Fähigkeit, sich bis zu einem bestimmten Punkt selbst zu versenken. Er konnte geflutet werden und so weit „untergehen", bis sich das Hauptfrachtdeck unterhalb der Wasseroberfläche befand. Die in wasserdichtes Plastik verpackte Bücherfracht würde dann schwimmen. Die Seitentüren des Lastkahns würden dann elektrisch heruntergelassen, woraufhin die jeweils eine Tonne wiegenden 232 Pakete von einigen wenigen kleinen Schlauchbooten an Land gezogen werden konnten.

Dann ergab sich noch die Frage des Schleppers. Auf ihm mussten zwanzig Männer untergebracht werden; doch dafür ist kein Schlepper ausgerüstet. Die meisten sind für vier oder fünf Personen gedacht. Nach langer Suche in ganz Ostasien stießen die Männer in Singapur auf einen Schlepper in der richtigen Größe. Er besaß jedoch keine entsprechende Innenausstattung. Also ließen wir ihn für zwanzig Plätze umbauen. Kostenpunkt? Schlappe 480 000 Dollar, und das war ein wirklich guter Preis. Wir kratzten 120 000 Dollar von unseren verschiedenen Open Doors-Büros zusammen, doch der übrige Betrag musste innerhalb von dreißig Tagen bezahlt werden. Zu unserem Erstaunen wurde der gesamte Restbetrag durch die Großzügigkeit einer einzigen Gemeinde, der Calvary Chapel in Costa Mesa in Kalifornien, bezahlt. Pastor Chuck Smith persönlich organisierte in letzter Sekunde die „Restzahlung" von 380 000 Dollar.

Wir beschlossen, den Schlepper „Michael" und den

Lastkahn „Gabriella" zu nennen, nach den beiden in der Bibel erwähnten Erzengeln Michael und Gabriel. Das hatte eine doppelte Bedeutung, denn Gabriella und Michael waren genau die Namen, die wir Mama und Papa Kwang bei ihrer Ankunft in Hongkong gegeben hatten.

Während des Umbaus auf dem Lastkahn feilte das Team weiter an den endlosen Einzelheiten der Pläne. Das meiste geschah in Manila und Hongkong, doch viele Male kamen wir auch in meinem Büro in Holland zusammen, um die Vorbereitungen zu besprechen. Wir breiteten Landkarten und Fotos, die unsere christlichen Kontaktpersonen gemacht hatten, auf dem Boden aus und betrachteten immer wieder jeden Quadratmeter Sand, jeden kleinen Baum am Strand bei Shantou. Dabei wogen wir jede noch so geringe Möglichkeit ab, an den Strand zu gelangen. Wir diskutierten, beteten und änderten die Pläne nach und nach.

Für den Druck der kleinen roten Bibeln hatten wir Angebote in der ganzen Welt eingeholt; der Verlag Thomas Nelson in den USA konnte uns die Bibeln für einen Stückpreis von 1,25 Dollar anbieten. Das war billiger als alle Angebote aus Taiwan, Korea oder sonstwo. Mit den enorm hohen Zusatzkosten hauptsächlich im Zusammenhang mit den Sicherheitsvorkehrungen ergab sich ein Endpreis von sieben Dollar pro Bibel.

Wir mussten sehr viel Extrageld aufwenden, um die Geheimhaltung zu wahren und alles unter unserer Regie und Kontrolle laufen zu lassen. Wir hätten zum Beispiel den Kahn und den Schlepper für weniger Geld *mieten* können, doch ein gemieteter Kahn darf nicht vom eigenen Personal gefahren werden. Und außerdem hätten wir die Boote nicht so ausstatten dürfen, wie wir sie für diese besondere Aufgabe brauchten.

Ich bereiste Europa und Amerika, um von dem Projekt zu erzählen und Geld dafür zu sammeln. Ich erzählte von unserem Ziel, eine Million Bibeln nach China zu bringen, ohne jedoch dabei zu erwähnen, auf welchem Wege das geschehen sollte.

Pat Robertson vom Radiosender „Christian Broadcasting Network" ließ uns großzügigerweise kostenlos ein Video in seinem Studio anfertigen und stellte uns auch seine Zeit nicht in Rechnung. Pat und ich berichteten auf dem Video in einem Gespräch miteinander von der großen Not der Christen in China und erwähnten unser Ziel, eine Million Bibeln nach China zu bringen. Pat kam, wie vorher abgemacht, auf die Kosten zu sprechen und fragte mich: „Andrew, weshalb kosten die Bibeln so viel, sieben Dollar pro Stück?"

„Pat", sagte ich, „nimm mal diese chinesische Bibel zur Hand. Ich möchte, dass du nach China fährst, um sie persönlich einem chinesischen Pastor zu überreichen. Dann kommst du zurück und berichtest mir, wie viel es dich gekostet hat."

„Das würde mich sicherlich Tausende von Dollar kosten", erwiderte Pat.

„Ich sage dir etwas", entgegnete ich dann. „Ich erledige das für nur sieben Dollar."

Wir hatten uns geeinigt, dass äußerste Geheimhaltung notwendig war, wenn wir Erfolg haben wollten. Noch wichtiger war jedoch, jede einzelne Person, jede Aufgabe, jedes Detail von „Projekt Perle" dem Herrn im Gebet hinzulegen.

Um für das „Projekt Perle" weitere Vorbereitungen treffen zu können, unternahm ich mehrere Reisen nach Hongkong und China. In Hongkong traf ich mit den Kwangs und unserem dortigen Team zusammen, um mit ihnen vor Ort zu beten und zu planen. In China besuchte ich Hausgemeinden und traf mich heimlich mit einigen der dortigen Leiter. Bei einem meiner Besuche zusammen mit Terry, einem Kollegen, schmuggelten wir eine Kamera und einen Koffer voll unbelichtetem Filmmaterial mit. Es gelang uns, etliche Treffen von Hausgemeinden zu filmen und Interviews mit den Gemeindeleitern aufzunehmen.

Und wieder beeindruckte mich zutiefst, mit welcher Tapferkeit und Unerschrockenheit die jungen Leute ihren Glauben unter schier unmöglichen Bedingungen verkündeten. Eine Gruppe junger Christen lebte im ersten Stock eines Hauses, in dem Regierungsangestellte den zweiten Stock bewohnten. Das einzige Badezimmer des Hauses befand sich im ersten Stock, sodass die Beamten durch die Wohnung der Christen hindurch zum Badezimmer gehen mussten. Und doch waren diese mutigen jungen Menschen vollzeitlich damit beschäftigt, Bibeln zu verteilen, und feierten in jenem Apartment heimlich Gottesdienste! Sie nahmen mich mit in ihr Schlafzimmer und zeigten mir, wie sie die Bibeln unter ihren Betten stapelten. Ich war erstaunt.

Da ich wusste, dass jeder, der im kommunistischen China keiner Arbeit nachging, ins Gefängnis wanderte, fragte ich sie, wieso sie keine regelmäßige Arbeit hatten.

„Weil wir auf unserer Arbeitsstelle von Jesus Christus sprechen", lautete ihre Antwort.

„Weshalb werdet ihr dann nicht ins Gefängnis geworfen?"

„Weil wir im Gefängnis auch von Jesus erzählen."

Als ich ihre große Entschlossenheit sah, das Evangelium – koste es buchstäblich, was es wolle – weiterzutragen, war ich überzeugter denn je, dass das „Projekt Perle" ein Erfolg werden würde.

Viele andere mutige Christen in China waren damit beschäftigt, die Basisarbeit für das „Projekt Perle" zu erledigen. Einige halfen, das Lager- und Verteilernetz aufzubauen, andere beobachteten die Routine der polizeilichen Überwachung im Gebiet um Shantou; wieder andere warben um Helfer für die Landung am Strand und trugen die Namen in Listen ein.

Ein chinesisches Teammitglied mit Namen Josef (Joseph im Buch „Codename Perle") reiste wiederholt über Hongkong nach China, um den Kontakt zu den Gläubigen aufrechtzuerhalten.

Während wir außerhalb Chinas zu Planungen zusammenkamen, wollte unser erster Stratege, Jim, von den Gläubigen in China mehr spezifische Information erhalten. Er wollte sichergehen, dass ihnen die immense Aufgabe bewusst war und sie wirklich bereit waren, die Risiken auf sich zu nehmen. Also ging Jim nach China und traf sich dort mit den fünf Leitern der Hausgemeinden, die sich als Hauptorganisatoren des Projekts innerhalb Chinas einsetzten. Im Gespräch mit ihnen sagte er: „Ich habe hier eine Liste von Fragen, die meine Kollegen euch vorlegen möchten."

„Gut, fang an", sagten sie.

„Als Erstes: Ist euch bewusst, wie viel Platz für eine Million Bibeln benötigt wird?" Er erklärte ihnen, dass für die Lagerung zwanzig Räume gebraucht würden, die dann von Wand zu Wand, vom Boden bis zur Decke vollgepackt werden müssten.

„Josef", antworteten sie, „wir wissen genau, wie viel das ist. Wir haben einen Plan. Wir haben bereits einige Lager-

152

plätze ausfindig gemacht. Bringt die Bibeln ganz einfach zu uns."

„Schon gut", meinte er dann. „Meine zweite Frage lautet: Ist euch bewusst, was mit euch passiert, wenn ihr mit auch nur einem Bruchteil dieser Bibelmenge entdeckt werdet?"

„Josef, wir sind alle fünf immer und immer wieder für den Herrn eingesperrt worden. Wenn du all die Jahre zusammenzählen würdest, die wir fünf insgesamt für Jesus im Gefängnis zugebracht haben, dann wären es zweiundsiebzig Jahre. Wir sind bereit zu sterben, wenn das bedeutet, dass eine Million Brüder und Schwestern ein Exemplar des Wortes Gottes bekommen können."

Da standen Josef die Tränen in den Augen. Er blieb eine Weile still sitzen, dann faltete er seine lange Liste mit Fragen zusammen und steckte sie ein.

Als er nach Hongkong zurückkehrte, erklärte er unserem Asienteam: „Ich konnte ihnen ganz einfach keine Fragen mehr stellen."

Einige dieser Leiter von Hausgemeinden wurden tatsächlich nach Beendigung des „Projekts Perle" verfolgt. Sie hatten jedoch von Anfang an in Erwägung gezogen, dass sie vielleicht sogar sterben müssten, wenn sie die Sache durchzögen. Für sie war das Ganze eine Sache auf Leben und Tod. Eine Reihe von ihnen wurde tatsächlich verhaftet und verbrachte einige Monate oder Jahre in Gefangenschaft.

Nach einem Jahr intensiven Planens legten wir das Datum für die Anlieferung am Strand auf die Nacht vor Ostersonntag fest, das war der 19. April 1981. Bei den Personalfragen, Vorbereitungen und Finanzen griff Gott so oft in mächtiger Weise ein, dass ich nicht alles berichten kann. Doch in Paul Estabrooks Buch „Codename Perle: China – der größte Bibelschmuggel aller Zeiten. Ein Augenzeugenbericht" wird die Geschichte vom „Projekt Perle" detailliert und spannend erzählt. Als der April langsam näher rückte, waren wir absolut überzeugt davon, dass das „Projekt Perle" ein Erfolg werden würde.

7. Einundzwanzig Tassen Tee und achtzehn Schüsseln Reis

In meinem Bett in Holland schreckte ich plötzlich nachts auf. Es war gegen Mitternacht vor Palmsonntag 1981, eine Woche vor Anlieferung der Bibeln am Strand bei Shantou. Ich hatte eben einen Traum gehabt. Darin befand ich mich in einem Lastwagen, der in den Alpen einen lang gezogenen Hügel abwärtsfuhr. Während ich meinen Fuß auf die Bremse setzte, um die Geschwindigkeit des Fahrzeugs ein wenig zu drosseln, verlor die Bremse ihren Druck, und das Pedal klappte bis zum Anschlag herunter. Ich raste mit immer größer werdender Geschwindigkeit den Hügel hinunter und hatte keine Möglichkeit, den Lkw anzuhalten. Gegen Ende der Abwärtsfahrt gelang es mir gerade noch, einen Zusammenstoß zu vermeiden, indem ich auf einen dafür vorgesehenen Kieshaufen fuhr, wodurch der Laster irgendwie zum Stehen kam. Mit klopfendem Herzen wachte ich auf und setzte mich im Bett aufrecht hin.

Der Traum beunruhigte mich zutiefst. Was konnte er nur bedeuten? Bedeutete er überhaupt etwas? Ich war zu aufgeregt, um wieder einschlafen zu können. Also blieb ich liegen und ließ das Geträumte immer und immer wieder vor meinem inneren Auge ablaufen, wobei ich Gott anflehte, mir klarzumachen, was es zu bedeuten hatte.

Ich hatte das starke Gefühl, dass der Traum im Zusammenhang mit dem „Projekt Perle" stand. Der Kapitän und seine Mannschaft von zwanzig Männern sollten in wenigen Tagen von Hongkong auslaufen. Mein Team in Holland hatte gebetet und gefastet und stand in ständigem Telefonkontakt mit den Projektleitern. Seit Wochen, ja Monaten begleitete mich das Projekt ununterbrochen in meinen Gedanken und Gebeten.

An diesem Morgen gelangte ich zu der Überzeugung, dass Gott uns warnen wollte. Nicht, dass das Projekt ganz abgeblasen werden sollte, sondern nur, dass wir noch warten sollten. Irgendetwas mit der Zeitplanung stimmte nicht. Wenn wir nicht auf die Warnung eingingen, würde irgendein Unglück passieren.

Ich rief Johan und das Leitungsteam an und bat sie, sofort zu mir ins Büro zu kommen. Dort besprach ich den Traum mit ihnen, wir diskutierten darüber und beteten lange zusammen. Sie stimmten mit mir darin überein, dass die Sache schwerwiegend genug sei, um das Projekt vorübergehend zu stoppen. Als Nächsten rief ich Sealy Yates in den USA an, den Vorstandsvorsitzenden von Open Doors, der daraufhin ein Treffen zwischen ihm, dem Vorstand und Bruder David in Kalifornien vorschlug. Dann rief ich Bruder David in Hongkong an. Er, der Kapitän und die Mannschaft waren gerade dabei, die Bibeln in den Lastkahn zu laden. Zwei Tage später sollten sie losfahren. Endlich!

„David", sagte ich, „ich hatte in der vergangenen Nacht einen Traum, und ich glaube, der Herr will uns warnen, damit wir das Projekt verschieben."

„Was? Das darf doch nicht wahr sein!"

„Doch, leider ja. Sowohl das Team als auch Sealy und ich haben darüber gesprochen und gebetet. Wir sind uns darin einig, dass wir alles eine Zeit lang unterbrechen müssen. Bill und die Mannschaft müssen beim Schiff bleiben und warten. Wir werden jetzt noch keine weiteren Entscheidungen treffen. Komm bitte in die USA. Wir setzen uns dann zusammen, beten und fasten und reden miteinander."

Bruder David und sein Team waren maßlos enttäuscht. Wenn Gott wirklich den Auftrag hinausgeschoben haben wollte, hätte er dann nicht anderen auch ein Zeichen gegeben? Das hätte er tun können, aber nicht unbedingt tun müssen, meinte ich. (Captain Bill erzählte viel später, dass er auch so einen Traum gehabt hatte, der besagte, dass sie durch die Aktion ins Gefängnis kommen würden.)

Es war mir bewusst, wie viel harte Arbeit, hartes Training, Gebet und Opfer die zwanzig Mitglieder der Crew auf sich genommen hatten. Wir hatten sie sorgfältig unter allen Mitarbeitern der Open Doors-Büros in der Welt ausgesucht. Jeder Einzelne war befragt worden, weshalb er meinte, Gott habe gerade ihn für diesen Auftrag ausgewählt. Auch hatte ich die Leiter dazu gedrängt sicherzugehen, dass jeder Einzelne von ihnen von seiner Frau volle Unterstützung erhielt, da die Mitglieder der Mannschaft mehrere Monate von ihren Familien getrennt sein würden.

Weil das Projekt illegal war, handelte es sich um eine Sache auf Leben und Tod für diejenigen, die unmittelbar damit zu tun hatten. Jedes Crewmitglied war aufgefordert worden, einen Brief zu unterschreiben, der im Falle von Gefängnisstrafe oder Tod Open Doors von jeglicher Verantwortung entband. Um die Sicherheit der Männer und auch den Erfolg der Lieferung nicht zu gefährden, mussten wir darauf bestehen, dass jeder Teilnehmer absolutes Stillschweigen wahrte. Sie versprachen, niemanden außer ihre Frauen über die Dinge zu informieren, die das Projekt betrafen. Ihre Frauen erhielten nur die allernötigsten Informationen. Sobald die Mitglieder der Mannschaft von zu Hause fort waren, gab es keine Chance mehr zurückzukehren, ehe die Operation beendet war. Sie befanden sich fast wie in Quarantäne.

In Kapitän Bills Bucht auf der philippinischen Insel Mindoro hatten sie trainiert und Trockenübungen gemacht. Der Kapitän und Jim waren die Einzigen, die sich in der Schifffahrt auskannten, und sie hatten alle Hände voll zu tun gehabt, die Landratten in Form zu bringen. So manche lustige Geschichte wurde berichtet. Einer der Männer kannte sich in der nautischen Sprache nicht aus. Als bei einer Übung alle Mann an Deck gehen sollten und der Kapitän den entsprechenden Befehl auf Englisch gab: „Alle Hände an Deck!", da rannten zwar alle nach oben, aber einer von ihnen suchte dann fieberhaft nach einem Gegenstand, auf den er die Hände legen und beten konnte. Andere wiederum kannten den Unterschied zwischen „Backbord" und „Steuerbord" nicht. Einige litten ständig unter Seekrankheit. Als sie jedoch in Hongkong eingetroffen waren, um die Bibeln einzuladen, waren alle freudig dabei gewesen – gespannt auf das Abenteuer und restlos überzeugt, dass Gott die Sache gelingen lassen würde.

Doch dann hatte ich den Traum und damit kam die Unterbrechung des Projekts. Das war für uns alle eine riesige Enttäuschung. Es lag mir wirklich fern, eine unnötige Unterbrechung anzuberaumen, doch ich konnte Gottes Warnung einfach nicht missachten. Wir hatten ja schließlich seinem Drängen nachgegeben, als es darum ging, im Glauben vorwärtszugehen. Warum sollten wir dann nicht darauf hören, wenn er uns sagte, wir sollten eine Weile abwarten?

Die restlichen Ostertage verbrachte ich mit dem Vorstand in Kalifornien. Nach vielen Stunden des Gebets und der Prüfung aller Details des Projekts kamen wir zu dieser schwierigen Entscheidung, nicht weiterzumachen. Das hieß nicht den Auftrag aufzugeben, sondern einfach zu warten, bis wir spürten, dass uns Gott zum Handeln aufforderte.

Inzwischen hielt die arme Mannschaft am Ostersonntag im Hafen von Hongkong einen Abendmahlsgottesdienst an Bord ab und versuchte trotz der Enttäuschung über die Verzögerung, die Auferstehung Christi gebührend zu feiern. Nach all der harten Arbeit und dem vielen Gebet konnten sie ihre Aufgabe nun nicht erledigen. Da saßen sie jetzt startbereit an Bord eines Frachtkahns mit einer Million Bibeln und liefen nicht aus. Schlimmer noch: Sie wussten nicht einmal, ob überhaupt noch etwas aus der Sache werden würde. Es war ein rabenschwarzer Tag.

Wenn wir es jedoch schon als schlimm empfanden, wie niederschmetternd musste es dann erst für die Christen in China sein! Bei uns waren es zwanzig bis dreißig Menschen, die betroffen waren, bei ihnen Tausende. Die Nachricht von der Verschiebung erreichte die Leiter der chinesischen Christen auf schnellstem Wege, doch sie konnten nicht alle Helfer rechtzeitig verständigen. Viele von ihnen erschienen in der Nacht vor dem Ostersonntag am Strand, wo sie dann feststellen mussten, dass wir sie im Stich gelassen hatten. Auch sie waren sehr enttäuscht.

Das Warten war der schwierigste Teil, für sie wie für uns. Wir mühten uns ab, die Leitung des Herrn zu ergründen. Auch mussten wir verschiedene Differenzen im Blick auf den Führungsstil der letzten Tage beseitigen und unsere Optionen für das Projekt neu überdenken. Der Vorgang dauerte Wochen und brachte sowohl günstige als auch unangenehme Konsequenzen mit sich. Einige aus der Crew mussten zu ihren Familien zurückkehren bzw. anderen Verpflichtungen nachkommen, sodass wir neue Leute finden mussten. Der schwerwiegendste Verlust betraf Jim, unseren

Hauptstrategen, den Schiffsexperten und die rechte Hand des Kapitäns. Sein Stellvertreter Paul Estabrooks sprang in die Lücke und übernahm Jims Aufgaben. Auch andere Ersatzpersonen mussten schnell ausgebildet werden.

Den Kapitän stellte das Warten auf eine besonders harte Probe, wenn er auch bei unserer Entscheidung hinter dem Vorstand und mir stand.

Ebenso wie die anderen wollte er, dass es endlich losging, doch bei allem Vorwärtsdrängen trug er menschlich gesprochen die endgültige Verantwortung dafür, dass „Michael" und „Gabriella" die Hin- und Rückreise nach Shantou sicher überstanden. Ich weiß, dass ihm die Verzögerung große Not machte.

Ich kann den Zeitpunkt nicht genau bestimmen, an dem Gott uns das Startzeichen für einen weiteren Versuch gab. Nach anhaltendem Gebet und vielen langen Tagen der Prüfung aller Einzelheiten der Operation spürten wir endlich, dass das Projekt starten konnte. Das zeitliche Abstimmen war meine Hauptsorge. Das Leitungsteam steckte die Köpfe zusammen und setzte ein neues Datum mit Uhrzeit fest.

Wir hatten bereits Mai, und Juni war der letzte geeignete Monat, ehe die Zeit der Taifune einsetzte. Und so mussten wir uns auf Juni festlegen. Die Gezeiten und die erforderliche Dunkelheit waren zwei weitere wichtige Faktoren. Mit der Flut könnte man so dicht wie möglich an den Strand herankommen, und außerdem würde die dann vorhandene Dunkelheit die beste Tarnung bieten. Die Gezeitentabellen wiesen auf, dass die Flut am 18. Juni um 21.00 Uhr ihren höchsten Stand erreichen würde, und damit stand der neue Stichtag fest.

Zunächst musste das Empfangs- und Verteilernetz der

chinesischen Gläubigen informiert werden. Sie mussten auch unbedingt die Zusicherung erhalten, dass die Lieferung tatsächlich stattfinden würde. Während der Gesamtwartezeit hielt das Asienteam Kontakt mit ihnen durch „Springer", deren Aufgabe es war, mit den allerneusten Informationen von beiden Seiten nach China ein- und dann wieder auszureisen. Mama Kwang übernahm es zusätzlich, bestimmte Leiter über Telefon durch verschlüsselte Nachrichten zu informieren.

Als der endgültige Tag fürs Auslaufen kam, rief sie noch einmal bei den Gläubigen an. „Wir können im guten Glauben den Patienten befördern, wenn das Krankenhaus für seine Aufnahme bereitsteht", sagte sie auf Chinesisch.

„Wir können die Aufnahme vornehmen!", lautete die begeisterte Antwort. „Wir möchten unsere Freunde um eines bitten: Wenn der Patient nach der Spritze stirbt, dann soll keiner dem anderen die Schuld dafür zuschieben."

„Mit anderen Worten", sagte der Dolmetscher, „wir sollen uns darauf vorbereiten, dass um Jesu willen Leiden kommen können. Beide Seiten müssen ihr Leben Gott in die Hand legen."

David rief seine Frau an, um ihr mitzuteilen, dass alles planmäßig verlief. Daraufhin rief sie mich in Holland an, von wo aus ich allen Open Doors-Büros in der ganzen Welt die dringende Nachricht übermitteln ließ: Chinesisches Kurierteam in Gefahr. Bitte betet zweiundsiebzig Stunden lang. Jedes Büro informierte seinerseits seine Mitarbeiter, unsere Missionsfreunde und Gebetsketten, sodass innerhalb kurzer Zeit Tausende von Menschen in der ganzen Welt intensiv für „Projekt Perle" beteten, natürlich ohne irgendwelche Kenntnisse über die Transportweise und den Zielort zu haben.

Der Schlepper „Michael" lichtete den Anker, und schon bald stach die Mannschaft in See, den Lastkahn „Gabriella" und seine kostbare Fracht hinter sich herschleppend. Über Funk gaben sie vom Boot aus an das Hongkonger Büro eine Nachricht durch, die Mama Kwang dann per Telefon an die Leiter der Christen in China weitergab. Sie lautete: „Wir feiern eine Dinnerparty. Weil wir so viele Leute erwarten, haben wir einundzwanzig Tassen Tee und achtzehn Schüsseln Reis vorbereitet." Die Zahlen „einundzwanzig" und „achtzehn" bezeichneten die Stunde und den Tag der Ausführung: 21.00 Uhr am 18. des Monats.

Am nächsten Tag erfolgte dann die Antwort der Gläubigen: „Herzlich willkommen zur Party!"

Der größte Teil der dreitägigen Fahrt an der chinesischen Küste entlang verlief ohne Zwischenfälle. Die Mannschaft verbrachte viel Zeit im Gebet. Als sie sich am 18. Juni dem Hafen von Shantou näherten, trafen sie auf hervorragendes Wetter, eine ruhige See – und auf chinesische Patrouillenboote. Ein größerer Marinestützpunkt befand sich zwar in der Nähe, doch die Crew hatte nicht erwartet, so dicht an die Marine heranzukommen. Während des Tages fuhr ein großes Truppenschiff im Abstand von ungefähr 170 Metern an der „Michael" vorbei. In der Ferne patrouillierten Kanonenboote in den Gewässern.

Als es zu dämmern begann, löste sich eines der Kanonenboote von den übrigen und kam direkt auf unsere Expedition zu. Der Kapitän alarmierte sofort die Mannschaft. Alle beteten still und versuchten, einen lässigen Eindruck zu machen.

Das fünfzehn Meter lange Boot kam immer näher, bis unsere Crew ohne Schwierigkeiten die Kanone am Achterdeck erkennen konnte. Mit einem Abstand von inzwischen knapp 23 Metern blieb das Boot auf Parallelkurs zur „Michael".

„Ach Herr, ach Herr", sagte einer von der Mannschaft leise vor sich hin, wobei er das Steuerrad mit den Händen fest umklammerte, um nicht vom Kurs abzuweichen.

Alle hielten den Atem an. Auf der Brücke blickte der Kapitän geradeaus und murmelte leise: „Tust du mir nichts, tu ich dir auch nichts."

Und genau das geschah. Weder der Matrose an der Kanone noch der Kapitän des Patrouillenbootes drehte den Kopf auch nur einen Millimeter in Richtung der „Michael". Es war, als ob sie überhaupt nicht gesichtet worden wären. Wenige Augenblicke später war das Boot verschwunden.

Unsere Mannschaft pries Gott für seinen Schutz. Sie befanden sich inzwischen nur eine Stunde von „Mike" (dem Codewort für den betreffenden Strand) entfernt. Bei vollständig hereingebrochener Dunkelheit schalteten sie ihre Betriebslichter aus und manövrierten den Lastkahn an mehreren Truppenschiffen vorbei, die auf ihrer Strecke vor Anker lagen. Im Bewusstsein der ständigen Gegenwart Gottes glitten sie langsam Richtung Land. Die Bedingungen hätten nicht besser sein können. Es herrschte tiefe Dunkelheit und das Meer war spiegelglatt.

Endlich sichteten sie „Mike". Das Ufer lag mit seinem hundert Meter langen strauchlosen Strand anscheinend vollständig verlassen da, am oberen Ende begrenzt von einem kleinen Hain. Doch der Schein trog, wie unsere Mannschaft wusste.

Genau um 21.00 Uhr ließ David als letzte Bestätigung in Richtung Ufer dreimal eine helle Handlampe aufblinken. Selbst zu diesem Zeitpunkt noch hätten die Leiter der chinesischen Christen die Sache abblasen können, wenn es notwendig geworden wäre. Die „Michael" und die „Gabriella" hätten sich dann lautlos zurückgezogen. Unter den Bäumen kam ohne Verzögerung die Antwort durch dreimal gleichlanges Blinken heraus.

Der Kapitän manövrierte den Schlepper so, dass sich die „Gabriella" mit den Bibeln von der breiten Seite her so dicht wie möglich dem Ufer näherte. Er stoppte die Maschinen und ging vor Anker. Dann setzten die Männer auf dem Lastkahn den Vorgang des Flutens in Gang, um das mit den riesigen Paletten von Bibeln beladene Deck zu versenken. Einige andere machten sich daran, die drei Schlauchboote ins Wasser zu lassen. David und zwei weitere Mitarbeiter sprangen in eines der Boote und fuhren an den Strand, wo die Chinesen bereits warteten. Voller Freude umarmten sie einander. Nach einigen Minuten des Gebets machten sie den anderen Wartenden Zeichen, dass mit dem Transfer begonnen werden konnte.

Alle traten in Aktion. Die Mannschaft auf dem Lastkahn pumpte noch mehr Wasser in eine der Bootsseiten, damit die Fracht aus der Schräglage heraus besser zu Wasser gelassen werden konnte; dann wurden die Seitentüren, die die Ladung sicherten, heruntergelassen. Sämtliche 232 Blöcke mit Bibeln waren miteinander verbunden, damit sie in einer einzigen langen Kette an Land gezogen werden konnten. An der einen Kahnseite, die sich nun unterhalb der Wasseroberfläche befand, wurden die großen Bibelblöcke mit Muskelkraft zu Wasser gelassen, von wo aus die drei Schlauchboote sie an den Strand zu ziehen begannen.

Inzwischen hatte eine dramatische Veränderung des vorher so menschenleeren Strandes stattgefunden. Mehr als zweitausend chinesische Christen waren aus dem Schatten hervorgetreten und bewegten sich über den Sand in Richtung Wasser. Dort angekommen, wateten sie bis zum Hals hinein, um dann in Brigademanier eine Schlange zu bilden, die bis zu den Bäumen des kleinen Hains zurückreichte. Sobald die Blöcke mit den Bibeln bei ihnen angelangt waren, zogen sie sie mit aller Gewalt an Land, schnitten mit Gartenscheren die wasserdichte Verpackung auf und reichten dann die Kartons nacheinander hoch bis zum Ende der Schlange. Jeder Block war eine Tonne schwer und enthielt achtundvierzig Kartons mit jeweils neunzig Bibeln. (Die Kartons hatten eine internationale Standardgröße, sodass die Chinesen mit Leichtigkeit zwei auf einmal tragen konnten, wenn sie den üblichen Bambusstab über die Schultern legten. Sie hatten auch für Lassoseile gesorgt, mit denen zwei Kartons auf einmal auf dem Gepäckträger eines Fahrrads festgeschnürt werden konnten.)

Plötzlich tauchten mehrere Dorfbewohner auf, die zufällig zu dieser Zeit fischen wollten. Ohne mit der Wimper zu zucken, baten die chinesischen Christen sie einfach darum mitzuhelfen, was sie auch gern taten.

Als die Kartons den Waldrand erreichten, wurden sie in dort bereitstehende Autos, Lastwagen und auf Fahrräder geladen, die sofort in der Nacht verschwanden. Wir hatten vorab ungefähr 75 000 Dollar an die Gläubigen geschickt, damit sie Fahrzeuge mieten und die Bibeln ohne Schwierigkeiten verteilen konnten.

Erstaunlicherweise waren alle 232 Tonnen Bibeln, insgesamt 11.136 Kartons, in weniger als zwei Stunden am Strand abgeladen. Das waren fast zwei Tonnen Bibelfracht pro Minute, wobei nur menschliche Kraft, einige Schlauchboote und die Ehrfurcht erregende Kraft Gottes im Einsatz waren. Um 23 Uhr zog sich das erschöpfte Team überglücklich lautlos Richtung Schiffe zurück.

Als sie internationale Gewässer erreichten, jubelten sie aus voller Kehle.

Am Strand jedoch hatte die Arbeit erst begonnen. Viele Bibelkartons waren bereits wie von Zauberhand fortgetragen worden. Die Aufgabe, die ihnen noch bevorstand, war, alle restlichen Kartons zu den Bäumen und Büschen hinaufzutragen, wo sie nicht auffielen. Um 1.00 Uhr morgens befand sich nichts mehr am Strand, sondern lag versteckt um die Bucht herum. Weitere Fahrzeuge trafen ein und begannen, so viele Kartons wie möglich aufzuladen. Es schien alles gut zu laufen. Gegen 3.00 Uhr morgens waren zwei Drittel der eine Million Bibeln sicher auf dem Weg zu den Christen, die sich in ganz Südchina bereit erklärt hatten, sie zu lagern und zu verteilen.

Dann lief etwas schief.

Erst Monate später erfuhren wir Stück für Stück, was sich zugetragen hatte. Die Fischer aus dem Ort, die den Gläubigen am Abend geholfen hatten, hatten anscheinend einigen Leuten im nahen Shantou von der Aktion am Strand berichtet. Da seien eine Anzahl Russen, die Fracht am Strand abgeladen hätten. (Die gesamte Mannschaft von „Projekt Perle" hatte sich einen Bart wachsen lassen, weshalb sie wohl in den Augen der Fischer wie Russen aussahen.)

Die Nachricht musste sich herumgesprochen haben, denn gegen 3.00 Uhr nachts erschien überraschend eine Militärpatrouille am Strand und stieß auf Hunderte von Christen, die noch immer damit beschäftigt waren, Bibeln einzuladen. Die Patrouille kreiste die Menschen ein und beschlagnahmte die angeblich restlichen Kartons. (Die meisten Verhafteten wurden kurze Zeit später freigelassen.) Die Soldaten zerrten die Bibelkartons aus dem Wald an den Strand und versuchten, die Bibeln zu verbrennen, was ihnen jedoch nicht gelang, weil sich Bücher schlecht ohne Feuerung verbrennen lassen. Voller Wut sollen sie die Bücher dann ins Wasser geworfen haben.

Die Gläubigen erzählten uns später, dass das Wasser am nächsten Morgen wie „congee" (Reispudding) aussah, da alle Bibeln mit den weißen Seiten nach oben auf dem Wasser schwammen. Einige andere Fischer aus dem Ort kamen und holten sie wieder aus dem Wasser heraus. Noch Tage danach konnte man auf den Hausdächern Bibeln sehen, die zum Trocknen auslagen. Schließlich gelangten sie auf dem Wiederverkaufsweg in die Hände der Christen zurück.

Anfänglich befürchteten unsere Kontaktpersonen, dass eventuell ein Drittel der Gesamtladung als Ergebnis des Überfalls verloren gegangen sein könnte. Mich beunruhigte der Gedanke; vielleicht waren also mehr als dreihunderttausend Bibeln nicht in die Hände der Christen gelangt.

Weitere Verwirrung entstand durch Berichte von Christen, die von dem unglaublichen Ereignis gehört hatten. Unterwegs in das Gebiet sahen sie auf den Hausdächern Bibeln zum Trocknen liegen. Daraus schlossen sie, dass das Unterfangen gescheitert sei. Von einigen Christen im geistlichen Dienst, die unsere Methoden nicht verstanden oder nicht billigten, wurden ähnlich lautende Geschichten verbreitet. Einige Gerüchte erreichten mich sogar in Holland, und da ich nicht vor Ort war und somit die Fakten nicht prüfen konnte, war ich sehr beunruhigt.

„Was ist los?", fragte ich David am Telefon. „Mir ist ein Bericht zu Ohren gekommen, demzufolge die Operation schiefgelaufen sein soll. Was ist denn los?"

„Genaues kann ich dir nicht sagen", lautete Davids ehrliche Antwort. „Wir warten immer noch auf die letzten Berichte von den Gläubigen. Eines weiß ich aber mit Bestimmtheit, nämlich dass falsche Informationen weitergegeben werden."

Um die Sache wieder ins Lot zu bringen, entschloss sich Bruder David schließlich, seinen Freund David Aikman, einen Auslandskorrespondenten von „Time-Magazine", zu informieren. Aikman brachte David in Verbindung mit dem Time-Korrespondenten in Hongkong, woraufhin in der Ausgabe vom 19. Oktober 1981 ein ganzseitiger Bericht über das „Projekt Perle" erschien. Diesem Bericht lagen die zum damaligen Zeitpunkt gesicherten Informationen zugrunde. Der Artikel trug die Überschrift: „Riskantes Rendezvous bei Shantou" und zeigte ein Foto, das wir beim Beladen des Lastkahns mit Bibeln gemacht hatten.

Mir war etwas unwohl beim Lesen des Berichts in dem Magazin, weil diese Art Publicity nicht mein Stil ist. Die Namen der am „Projekt Perle" Beteiligten waren nicht genannt, aber mein Name als Präsident von Open Doors tauchte auf. Der Bericht erschien später auch in einer chinesischen Zeitung. Die Folge war, dass ich natürlich viele Jahre lang nicht mehr nach China einreisen konnte.

Das waren die geringsten Konsequenzen des Artikels. Für weit mehr Kontroversen sorgten die Reaktionen einiger westlicher Missionsgesellschaften, die befürchteten, dass die chinesische Regierung aufgrund solcher Publicity die Grenzen für westliche Christen und christliche Hilfsorganisationen vollständig schließen könnte. Einige Gruppen standen gerade mitten in offiziellen Verhandlungen mit der chinesischen Regierung. Andere wiederum äußerten Einwände gegen die Illegalität unseres Vorgehens oder beschuldigten uns, mit unserem Erfolg vor den Chinesen und dem Rest der Welt zu prahlen. Das war zu keinem

Zeitpunkt unsere Absicht. Der einzige Grund, weshalb wir unsere Zustimmung zu dem Time-Artikel gegeben hatten, lag darin, dass so viele falsche Informationen im Umlauf waren und wir deshalb die Wahrheit öffentlich machen wollten.

Erst Jahre nach Erscheinen des Artikels im Time-Magazine bekamen wir ein vollständiges Bild von dem, was mit all den Bibeln passiert war. Als Erstes erfuhren wir, dass die Militärpatrouille, die am Strand aufgetaucht war, lediglich einen Teil der noch verbliebenen Bibeln gefunden hatte, also nicht alle. Die chinesischen Christen hatten sich anschließend heimlich um die weiteren Kartons gekümmert, die zwischen den Bäumen verteilt lagen.

Außerdem waren viele Nichtchristen an den Strand gekommen, als sie von der Aktion hörten. Auch sie fanden einige der Kartons und nahmen sie mit nach Hause, da sie einen gewissen Wert darstellten. Da sie nicht als Christen bekannt waren, wurden ihre Häuser und Wohnungen nie von den Behörden durchsucht. Als die Luft rein war, wurden die Christen von einigen Nichtchristen angesprochen: „Möchtet ihr eine Bibel kaufen?" Wir schickten ihnen daraufhin genügend Geld, damit sie die meisten Bibeln für etwa zehn Cent das Stück zurückkaufen konnten. Das, so sagten wir uns, war doch eine wirklich billige Art gewesen, die Bibeln zu lagern!

Es dauerte insgesamt fünf Jahre, ehe wir auf die Spur aller Bibeln kamen, aber wir konnten feststellen, dass 98 Prozent der Lieferung damals im Jahre 1981 ihre Bestimmung tatsächlich erreicht hatte. Die anderen zwei Prozent lieferten wir im gleichen Jahr noch per Kurier nach. Wir errechneten, dass nicht mehr als zehntausend Exemplare, also ein Prozent, von der Patrouille zerstört worden war.

In der Zeit, in der die Soldaten damit beschäftigt waren, sich mit den Kartons am Strand abzuplagen, konnten sie schon nicht die vielen Hundert Menschen und Fahrzeuge in Shantou und Umgebung verfolgen, die mit Bibeln bepackt unterwegs waren. So konnten diese ohne Schwierigkeiten entkommen. Bibeln aus der Lieferung fanden ihren Weg zu den Hausgemeinden in ganz China, einige davon in Orte, die fast fünftausend Kilometer entfernt lagen. Seitdem konnte man in allen Provinzen des Landes, ja sogar in Drei-Selbst-Gemeinden, Bibeln aus dem „Projekt Perle" finden.

Trotz der Kontroverse über den Time-Artikel ereignete sich ein Jahr nach seinem Erscheinen etwas Erstaunliches: Die offizielle chinesische Drei-Selbst-Kirchenbewegung verkündete, dass sie in China eine Million Bibeln drucken lassen werde. Als ich das hörte, musste ich lächeln. Ich wusste in meinem Herzen – und ich bin auch heute noch davon überzeugt –, dass sie so etwas niemals getan hätten, wenn wir nicht als Erste die Million Bibeln hineingeschmuggelt hätten. Das kann ich zwar nicht beweisen. Aber ich glaube, dass es wahr ist.

Damit hatten wir ein zweites Ziel unseres Projektes erreicht: Wir wollten die Regierung unter Druck setzen, damit im Land selbst mehr Bibeln gedruckt würden. Unmöglich hätten wir mehrmals solche Mengen von Bibeln liefern können, und so konnten wir nur hoffen, dass das „Projekt Perle" eine positive offizielle Reaktion hervorrufen würde.

Das Schmuggeln von Bibeln stellt für jede Regierung eine Peinlichkeit dar. Die Notwendigkeit des Schmuggelns zeigt, dass der Glaube von der betreffenden Regierung unterdrückt wird, und wirft in den Augen der Welt ein negatives Licht auf sie. Wenn so etwas also an die Öffentlichkeit gelangt, wie in diesem Fall, dann fühlen sich die Behörden meist genötigt, darauf zu reagieren, wenn auch nur, um die Außenstehenden zu besänftigen. Wir werden unsere Schmuggelaktionen natürlich fortsetzen, bis wir den eindeutigen Beweis dafür vorliegen haben, dass alle Gläubigen tatsächlich ohne Schwierigkeiten Bibeln bekommen können.

In den größeren Städten Chinas ist es heute oft relativ leicht, an eine Bibel zu kommen, weil die Drei-Selbst-Kirchen die von der großen offiziellen Amity-Druckerei gedruckten Bibeln zu erschwinglichen Preisen verkaufen dürfen. Doch für die nicht registrierten Gemeinden auf dem Land ist es nach wie vor ein riesiges Problem, an genügend Bibeln zu kommen.

Jedes Jahr versorgt Open Doors daher viele Christen in den ländlichen Hauskirchen kostenlos mit Bibeln. Seit „Projekt Perle" liefern wir kontinuierlich Bibeln nach China. 2006 konnte Open Doors in China über fünf Millionen christliche Schriften verteilen, darunter Bibeln, Studienbibeln, Kinderbibeln, Schriften für die persönliche Stärkung im Glauben und andere christliche Bücher. Wegen verstärkter Einschränkungen im Zuge der Olympiade in China konnten wir allerdings 2008 mit gut 2,3 Millionen nur etwa halb so viele Bibeln und christliche Literatur nach China liefern wie 2007.

Ich habe hier die Auswirkungen von „Projekt Perle" in erster Linie aus der Sicht von Open Doors geschildert. Wie steht es jedoch um diejenigen, die das Projekt innerhalb der chinesischen Grenzen organisierten? Die Zeit für die Anlieferung betrug lediglich zwei Stunden, die eigentliche

Verteilung benötigte mehrere Jahre. In den Anfängen unserer Vorbereitungen hatten die Leiter der Hausgemeinden uns gesagt, dass sie sogar bereit wären, zu leiden oder gar zu sterben, damit ihre Brüder und Schwestern das Wort Gottes bekommen könnten.

Ich bin dankbar, dass niemand sterben musste, aber viele von ihnen mussten um dieser Sache willen leiden. Ich war zutiefst betrübt zu hören, dass, nachdem die Bibeln von Shantou weiterverteilt worden waren, die Organisatoren an die Behörden verraten wurden, und zwar merkwürdigerweise durch einen Christen, dem sie vertraut hatten. Sie wurden geschlagen, verhört und ins Gefängnis geworfen. Wieder alarmierte ich unser weltweites Gebetsnetzwerk, um für sie Fürbitte zu leisten, und wir schickten Kuriere ins Land mit Geld für den Unterhalt ihrer Familien. Letztendlich wurden dann alle aus dem Gefängnis entlassen.

Die Polizei suchte intensiv nach Personen, die ihnen bei der Verteilung der Bibeln geholfen hatten. Einer von ihnen war Pastor „John", ein siebzig Jahre alter Leiter einer Hausgemeinde in Shantou. Später erzählte er dem Reporter von „News Network International", Ronald Boyd-McMillan, von unvorstellbaren Leiden und von Gottes wunderbarem Eingreifen. Ich beziehe mich in der folgenden Geschichte auf Ronalds Bericht von Johns Erlebnissen.

Am Tag nach der Lieferung der Bibeln durch „Projekt Perle" erhielt Pastor John zehntausend Exemplare. „Ich musste Gott stundenlang dafür preisen, dass ich die Bibeln bekommen hatte", sagte er. „Ich drückte die Bibeln an mich und dankte ihm für seine Güte, weil er uns so viele auf einmal schenkte."

Johns Aufgabe bestand darin, die etwa hundert Kartons zu lagern und sie nach und nach an andere Verteiler und andere Personen im Umkreis weiterzureichen. Doch bald merkte er, dass das eine geraume Zeit lang nicht möglich sein würde. Ein Mitglied seiner Hausgemeinde hatte ihn auf der Straße angehalten und ihm geraten, vorsichtig zu sein.

„Hast du schon gehört?", fragte ihn sein Bruder in Christus. „Die ganze Stadt spricht von dem, was sich gestern Nacht zugetragen hat. Die Behörden sind aufgebracht und entschlossen, alle Bibeln zu finden und jeden zu verhaften, der eine in die Hand nimmt."

John hatte keine Angst vor der Polizei. Man hatte ihn schon vorher verhaftet und ins Gefängnis geworfen. Aber er machte sich Sorgen um seine Herde, die vielen Hundert Menschen in seinen Hausgemeinden. Weil der Umfang der Lieferung so enorm groß war und die Bibeln von „Projekt Perle" so leicht zu identifizieren waren, konnten die Gläubigen leicht entdeckt und ins Gefängnis geworfen werden.

Nachdem John wegen dieses Dilemmas gebetet und einen befreundeten Bauern gefragt hatte, beschloss er, die gesamte Ladung Bibeln einzupacken und unter der Scheune dieses Freundes einzugraben. Wenn dann erst der Sturm abgeebbt war, konnte er sie ja wieder ausgraben und an andere Christen weitergeben.

Etliche Monate später waren die Behörden immer noch auf der Suche. Als Pastor John schließlich zum Verhör aufs Polizeirevier gerufen wurde, merkte er zu seinem Erstaunen, dass die vier Männer, die ihn zu verhören hatten, nicht aus Shantou kamen. Es handelte sich um Sonderbeauftragte, die von Beijing eingeflogen worden waren. Mit anderen Worten – die Suche nach den Anführern des Unternehmens wurde auf nationaler Ebene geführt.

Die Beamten hatten gleich zu Beginn vermutet, dass John zu den obersten Organisatoren des Projekts gehörte. Er war ein bekannter Leiter der Hausgemeinden, jener Gruppe, für die die Bibeln bestimmt waren. Er lebte in Shantou, dem Ort der Lieferung. Da sie sich ihrer Meinung sicher schienen, versuchte John erst gar nicht, sie vom Gegenteil zu überzeugen. Als er während des Verhörs unter Druck gesetzt wurde, er solle die Namen der anderen am Projekt Beteiligten nennen, schwieg er beharrlich.

„Ich hatte all das während der Kulturrevolution bereits durchgemacht", erinnerte er sich. „Und so wusste ich, wie ich mich bei dieser Art Verhör zu verhalten hatte. Man musste einfach die Augen schließen und beten."

Seine Reaktion erzürnte die Vernehmungsbeamten nur noch mehr. In ihrer Verzweiflung griffen sie auf eine besonders grausame Art der Folter zurück: Sie führten John in den Gefängnishof, banden seine Hände hinter seinem Rücken zusammen und ließen ihn auf einer Holzkiste von ungefähr 1,25 m Höhe und knapp 30 cm Breite stehen. Dann legten sie ihm eine Schlinge um den Hals und brachten das obere Ende des Seils an einem Holzbalken oberhalb seines Kopfes an.

„Wir sind fertig mit dir", sagten die Beamten. „Sobald du hin- und herwankst oder deine Beine vor Müdigkeit zusammenklappen, wirst du dich selbst erhängen. Das ist nur die Strafe für deine Bockigkeit." Dann ließen sie ihn stehen.

Zwei Polizisten wurden abgestellt, um Johns letzte Züge zu beobachten. John sah ihnen von seinem wackligen Gestell aus zu. Sie würdigten ihn keines Blickes, sondern begannen Würfelspiele zu spielen.

„Ich kam mir vor wie Jesus am Kreuz", erinnerte er sich.

„So muss ihm zumute gewesen sein, als er auf die Soldaten hinunterblickte und beobachtete, wie sie um seine Kleider würfelten."

John spürte, wie eine Kraft in ihn hineinkam, und er begann seinen Wächtern von Jesus zu erzählen, von seinem Leben, seinem Tod für unsere Sünden und seiner Auferstehung. John hatte keine Angst vor dem Tod, weil er wusste, was Jesus getan hatte.

„Alter Mann", kicherte einer der Wächter, „wenn ich siebzig bin und so ungesund aussehe wie du, dann fürchte ich mich auch nicht vor dem Tod."

Aus den Stunden wurden Tage. Johns ganzer Leib schrie nach Schlaf, doch ihm war bewusst, was geschehen würde, wenn er einmal einnickte. Seine Beine wurden von schrecklichen Krämpfen geplagt, und als er sie einmal zur Lockerung ausschütteln wollte, hätte er sich fast selbst erhängt. Das Blut sammelte sich in den Beinen, und sie schwollen auf die zweifache Größe an, bis schließlich eine Taubheit einsetzte.

Die einzige Erleichterung war der Regen. Pastor John streckte seine geschwollene Zunge heraus, um einige Tropfen Flüssigkeit aufzunehmen. Auch schien der Regen seinen schmutzigen Leib ein wenig abzuspülen.

So vergingen fünf Tage. Dann sechs. Dann sieben. Noch immer war John nicht vornübergefallen und gestorben. Davon hörte schließlich das ganze Gefängnis. Es war doch nicht möglich, dass jemand so lange überlebte, im Stehen, ohne Essen, fast gänzlich ohne Wasser und vor allem ohne Schlaf.

Es vergingen zehn Tage. Elf. Zwölf. John befand sich im Delirium, jenseits aller Gefühle. Am dreizehnten Tag wurde der Himmel von schwarzen Wolken überzogen und ein heftiges Gewitter setzte ein. Während er dastand und vom Regen gepeitscht wurde, ließ sein Widerstand nach. Ein plötzlicher Blitz und ein fast zeitgleicher Donnerschlag ließen ihn nach vorne fallen. Die Schlinge begann sich zuzuziehen.

Als Nächstes hörte John seinen eigenen Husten. Er stand nicht mehr auf der Kiste, sondern lag am Boden. Seine Beine waren auf einen Stuhl gelegt worden, und er spürte, wie das Blut in seinen Oberkörper zurückfloss. Der Schmerz war unerträglich. Irgendjemand gab ihm Wasser zu trinken. Dann wurde er geschüttelt, und man versuchte ihn wiederzubeleben. Obwohl er kaum in der Lage war, seine Augen zu öffnen, erkannte er, dass es die beiden Polizeibeamten waren.

„Bitte", schrien sie, „bitte stirb nicht!"

John versuchte einen klaren Gedanken zu fassen. „Weshalb?", stieß er hervor.

„Weil wir deinen Jesus kennenlernen möchten", antworteten sie zitternd.

„Aber weshalb?", fragte er wieder.

„Weil er dich gerettet hat!", riefen sie aus. „Ein Donnerschlag hat das Seil um deinen Kopf in dem Augenblick durchtrennt, als du von der Kiste gestürzt bist. Das kann doch kein Zufall sein!"

Sie begannen, an Jesus Christus zu glauben. Als sich die Geschichte verbreitete, wurden viele im Gefängnis und auch außerhalb zutiefst von Johns Glauben angesprochen. Die Gefängnisbeamten wussten nicht, was sie mit ihm machen sollten, und ließen ihn später frei.

Erst 1985, vier Jahre nach unserem „Projekt Perle", gelang es John, die Bibeln wieder auszugraben. Er verteilte sie ohne Schwierigkeiten. Der Bedarf an Bibeln hatte sich in den Jahren dramatisch vergrößert, und diese „frische" Lieferung konnte den Mangel ein wenig lindern.

Bedauerten Pastor John und die anderen Chinesen es, beim „Projekt Perle" mitgeholfen zu haben? Wir wollten es wissen, denn obwohl wir den Hauptteil der Aufgabe finanziert und durchgeführt hatten, hatten schließlich ihre Initiative, ihr Verlangen und ihre dringende Bitte alles in Gang gesetzt. Hatte sich all das Leid gelohnt?

Die Antwort, die wir von John und vielen anderen erhielten, erstaunte uns sehr. „Zwei Dinge sind es, die mich an der ganzen Sache überrascht haben", sagte er. „Zum einen hat mich überrascht, dass die Christen – in China und im Westen – den Mut und die Vision hatten, so etwa Gewaltiges zu starten und durchzuziehen. Und zum anderen hat mich überrascht, dass so ein Projekt nie wieder durchgeführt wurde."

SECHSTER SCHRITT
Da sein!

Auf meiner ersten Reise nach Polen vor mehr als fünfzig Jahren steckte der Kalte Krieg noch in den Kinderschuhen, und niemand in Westeuropa wusste Genaues über die Umstände in den polnischen Gemeinden. Ich war mir auch nicht im Klaren darüber, wie viel Leben ich unter den verfolgten Christen vorfinden würde. Ständig fragte ich mich, wie ich ihnen in ihrer Misere wohl helfen könnte oder was ich ihnen sagen sollte, um die Hoffnung in ihnen zu wecken und ihnen Mut zu machen.

Zu meiner großen Überraschung stand ich dann in einem überfüllten Gemeindehaus vor begeisterten Zuhörern, unter jungen Menschen. Der Pfarrer der Gemeinde stellte mich so vor: „Andrew, dass du hier bist, bedeutet uns mehr als zehn der allerbesten Predigten."

Das war mir gerade recht, zumal ich sowieso kein besonders guter Redner bin. Doch als ich über die Worte des Pfarrers nachdachte, wurde mir klar, dass er etwas äußerst Bedeutendes gesagt hatte. Er hatte nicht gesagt, dass er Predigen für unnötig hielt, sondern dass ihm meine Anwesenheit viel mehr bedeutete. Ich musste einfach nur da sein.

Wenn ich das Wort „Anwesenheit" gebrauche, meine ich, dass es nötig ist, bewusst in Gefahrengebiete hineinzufahren, persönlich dorthin zu gehen. Nicht um eine Gemeinde zu gründen oder die Kranken zu heilen oder eine große Evangelisation zu finanzieren, sondern um einfach die Gegenwart Christi in die Situation hineinzutragen.

Jesus sagte: „Glücklich sind, die Frieden stiften" (Matthäus 5,9; Hoffnung für alle). Friedensstifter können nur dort Frieden stiften, wo Krieg herrscht. Die Menschen um uns herum mögen noch nicht wissen, dass wir Christen sind, doch spätestens unter solchen Umständen müssen sie unsere Anwesenheit anerkennen. Denken Sie einmal darüber nach: Wenn Jesus in mir wohnt und wenn ich irgendwo in der Welt einen Ort aufsuche, an dem Unfriede herrscht, dann ist Jesus auch da. Und wenn wir erst einmal dort sind, stoßen wir auf ungeahnte Möglichkeiten. Sie entstehen nämlich erst dann, wenn wir unmittelbar vor Ort sind.

Damals in den Fünfzigerjahren ging ein Amerikaner mit Namen Christy Wilson nach Afghanistan, um in diesem islamischen Land zu leben, wo es keine Missionare und fast keine Christen gab. Obwohl es ihm nicht gestattet war, Menschen zum Übertritt zum christlichen Glauben zu bewegen, glaubte er doch, dass er in jenem Land etwas für Christus tun konnte, und zwar lediglich dadurch, dass er anwesend war und nach Möglichkeiten Ausschau hielt.

Es dauerte nicht lange, da lernte er einige ausländische Christen kennen, die auch in Afghanistan arbeiteten, und so kamen sie zu einer kleinen Hausgemeinde zusammen. Einer der Ältesten, ein hervorragender Landwirtschaftsexperte, entdeckte, dass der Fischbestand in den Flüssen von minderwertiger Qualität und in den Augen vieler Menschen nicht zu genießen war. Mit Christys Hilfe importierte dieser Mann aus den USA Eier von Regenbogenforellen, errichtete eine eigene Laichstation und belieferte, zur großen Freude des Königs und der Bevölkerung, die Seen und Flüsse Afghanistans mit Forellen.

Bei einer anderen Gelegenheit kam der König auf ihn zu und bat ihn um Hilfe wegen der Nacktschneckenplage. Er wollte eine bestimmte Sorte Enten einführen, die die Nacktschnecken beseitigen sollten. Die Landwirte sollten dann den Opiumanbau aufgeben und sich der lohnenden Seidenraupenzucht widmen. Christy nahm Kontakt zu einigen Freunden in Long Island in New York auf und bat sie, ihm Enteneier zu schicken. Es dauerte nicht lange, da hatte Afghanistan seine Enten. Damit wurde die Wirtschaft dieses armen Landes angekurbelt und ein ökologischer Beitrag geleistet. Die politisch Verantwortlichen zollten ihm großes Lob. Wegen seines Beitrags zum Wohlergehen des Landes überrascht es nicht, dass ihm Präsident Eisenhower zu einer Genehmigung für den Bau der ersten evangelikalen Kirche überhaupt in Afghanistan verhalf. (Der Zeitpunkt war perfekt, denn Eisenhower hatte den Muslimen soeben seine Zustimmung für den Bau einer Moschee in Washington gegeben.) All das geschah einfach deshalb, weil Christy hinging und nach Wegen Ausschau hielt, den Menschen zu dienen.

Wenn ich zurückblicke, meine ich, ähnlich wie Christy vorgegangen zu sein, obwohl ich das erst vor Kurzem erkannt habe. Wenn ich in irgendwelche Unruhegebiete reiste, dann hatte ich keine sorgfältig ausgearbeitete Strategie im Kopf. Alles, was ich wusste, war, dass ich dorthin musste. Ich war mir sicher: Wenn ich erst einmal angekommen war, würde mir Gott schon zeigen, was ich als Nächstes tun sollte. Es geschah wie von selbst, dass ich neue Freunde kennenlernte, neue wichtige Kontakte schloss, Zeuge eines bedeutenden Ereignisses war oder mich in einer einmaligen Situation befand, wo ich Christus bezeugen konnte. Immer und immer wieder habe ich das erlebt, zu viele Male, um sie zählen zu können.

Ich meine damit nicht, dass wir blindlings in ein Land reisen sollen, ohne die zum Verständnis des Landes und der Menschen notwendigen Hausaufgaben gemacht zu haben. Die Planung ist, wie auch im „Zweiten Schritt" beschrieben, äußerst wichtig. Doch der Ablauf des Programms muss so verlaufen, wie Gott es will, und nicht, wie wir es wollen. Indem wir da sind und ihm gestatten, uns zu den richtigen Menschen und Gegebenheiten hinzuführen, tun wir im Endeffekt mehr für sein Reich.

Vor einigen Jahren besuchten mein jüngster Sohn und ich zusammen Beirut. Während wir im Buchladen der Bibelgesellschaft herumstöberten, betrat der Erste Sekretär des libanesischen Baptistenbundes das Geschäft. Ich kannte ihn bereits von mehreren Besuchen her. Er begrüßte uns beide herzlich, und dann sagte er zu meinem Sohn etwas, das ich nie vergessen werde: „Da, wo alle fortlaufen, erscheint dein Vater immer auf der Bildfläche", sagte er. „Dass er einfach da ist, das ist uns die größte Ermutigung."

Unsere Anwesenheit an einem bestimmten Ort ist in den Augen Gottes von großem Wert. Das gilt nicht nur für mich, sondern für alle Christen, seien sie nun berühmt oder nicht, große Prediger oder nicht. Denn durch unsere Anwesenheit an einem Ort wird es dazu kommen, dass die Gegenwart Jesu tatsächliche Veränderungen schafft, ganz gleich, in welcher Situation wir uns auch befinden. Es kann nicht anders sein. Wir können alle eine Situation verändern, so wie es den chinesischen Leitern der Hausgemeinden gelang, als sie die Gegenwart Christi mit ins Gefängnis nahmen und sich die Wärter und andere Insassen bekehrten.

Wenn ich keine Auswirkungen auf andere Menschen habe, dann muss ich mich ehrlich fragen: Lebt Jesus wirklich in mir? Ich spreche jetzt vom Kern des Evangeliums: „Christus in euch, die Hoffnung der Herrlichkeit" (Kolosser 1,27; revidierte Lutherbibel).

Ohne seine Gegenwart gibt es keine Hoffnung für die Welt. Und ohne unsere Gegenwart gibt es wenig Hoffnung für die verfolgten Menschen in den verschlossenen Ländern, seien sie nun Christen oder nicht.

Ich denke an die beiden Holländerinnen aus Kapitel 3, die ohne Plan nach Kuba reisten und warteten, bis Gott sie zu jenem Pastor führte, der ihre Ermutigung so nötig hatte! Sie wussten, wie wichtig ihre persönliche Anwesenheit war. Aus dem gleichen Grunde habe ich in geheimen Gottesdiensten in den russischen Wäldern gepredigt und im afrikanischen Regenwald Gottesdienste abgehalten, während uns Soldaten mit Maschinengewehren bewachten. Ich habe von Christus in den kommunistischen Trainingslagern Angolas erzählt, in den Ausbildungslagern von Terroristen im Nahen Osten und bei den Guerillas in El Salvador. Im nächsten Kapitel berichte ich von einer Mitarbeiterin von Open Doors, die ein ganzes mexikanisches Dorf umkrempelte. Sie ging dorthin und nutzte die bedrohliche Situation, um die Gegenwart Christi hineinzutragen. Keine dieser Gelegenheiten wäre zustande gekommen, wenn wir nicht persönlich dorthin gegangen wären.

Wie sehr wünsche ich mir, dass unsere Bibelschulen und Ausbildungsstätten für Missionare die Bedeutung der persönlichen Evangelisation betonen würden! Wir könnten dann zehnmal so viele Missionare aussenden und würden nicht so viel Zeit damit verbringen, uns Sorgen zu machen wegen unserer groß angelegten Pläne für den Bau von Gemeinden, Schulen, Krankenhäusern und Radiostationen. Diese Projekte sind alle wichtig, doch sie sind erst dran, wenn wir dort gewesen sind. Gehen Sie hin. Dann können Sie beobachten, wie Gott wirkt.

Gebet

Herr, zeige mir, wo deine Gegenwart am nötigsten gebraucht wird, dadurch, dass ich ganz einfach da bin. Amen.

8. Kinder der Revolution

Seit meinem letzten Besuch in Lateinamerika waren viele Jahre verstrichen. In der Zwischenzeit hatte es sehr viele Umwälzungen gegeben. In den späten Siebziger- und frühen Achtzigerjahren hatte die in Kuba begonnene marxistische Revolution sich in andere Länder ausgebreitet. Korrupte Diktaturen hatten zusammen mit dem Mangel an Gesetz und Ordnung und der ungeheuren Armut dafür gesorgt, dass eine enorm große Kluft zwischen Arm und Reich, Privilegierten und Unterdrückten, Linken und Rechten entstanden war.

In Kuba hatten Fidel Castro und andere Revolutionäre, unterstützt von der Sowjetunion, dem Volk das gegeben bzw. eher aufgedrückt, was viele für eine gangbare Alternative hielten. Unglücklicherweise wurden Gewalt und Unterdrückung von den linksgerichteten Führern ebenso eingesetzt wie von rechtsgerichteten Regimen.

Durch die Nachrichten und Berichte einiger Freunde von Open Doors in Lateinamerika wurde mir klar, dass es für mich an der Zeit war, wieder einmal dorthin zu reisen. Ich wollte mit eigenen Augen sehen, was sich zutrug. Am meisten aber interessierte es mich zu erfahren, wie die Gemeinden auf all das reagierten. Inwiefern hatten sich die Dinge seit meinem Besuch in den Sechzigerjahren verändert? Litten die Christen noch immer um Jesu willen? Konnten sie standhalten?

Anfang der Achtzigerjahre machte ich mich auf, um die Länder Mittel- und Südamerikas zu besuchen. Ich erlebte die sozialen und politischen Unruhen, die mehr oder weniger stabilen links- und rechtsgerichteten Regierungen, die allgegenwärtige militärische oder paramilitärische Präsenz, die Inflation in dreistelliger Höhe und die überwältigende Armut. Ich sprach mit linken Guerillas und rechtsgerichteten Extremisten. Und überall, wohin ich kam, lernte ich Christen kennen, lauschte ihren Berichten und versuchte, ihnen Mut zu machen.

In Brasilien zum Beispiel erlebte ich blühende evangelikale Gemeinden, die damals zwanzig Millionen Mitglieder hatten. Brasilien war jedoch mehr eine Ausnahme, die die Regel bestätigte. In fast allen Ländern, die ich besuchte, gab es Gläubige, die entweder leichte Formen der Verfolgung oder Folter und Gefängnis erlebt hatten, sei es in rechts- oder linksgerichteten Diktaturen.

Die Reaktion der Gemeinden in Lateinamerika auf die revolutionäre Bedrohung war ganz unterschiedlich. Einige Gemeinden lösten sich auf, andere wurden durch die jeweiligen Machthaber geschlossen. Diejenigen, die sich weigerten, die Ideologien gutzuheißen, wurden wegen ihrer mangelnden Bereitschaft zur Zusammenarbeit verfolgt.

Andere sahen sich genötigt, Partei zu ergreifen, und so haben sich einige Pastoren und Priester öffentlich mit der einen bzw. der anderen politischen Seite identifiziert. Einer der bekanntesten Priester war der katholische Erzbischof Oscar Romero, der 1980 wegen seiner Beziehungen zur Linken einem Attentat zum Opfer fiel. Ich besuchte die Stätte in El Salvador, wo sich zu seiner Beerdigung Tausende von Trauernden eingefunden hatten und von den Gewehrsalven der Rechtsextremen niedergemetzelt worden waren. Damals waren Hunderte gestorben und Hunderte verletzt worden.

Als ich auf einer Bibelschule in Jamaika sprach, begegneten mir mehrere Theologen, die sich der Befreiungstheologie verschrieben hatten. Sie vertraten den Glauben, unsere vornehmste Aufgabe als Christen sei es, sich für die Befreiung der Armen und Unterdrückten einzusetzen (zur Not auch mit Waffen). Ein Professor, der sich selbst als evangelikal bezeichnete, sagte mir, ihm gefalle, was ich zu sagen habe, und er stimme zu 90 Prozent mit meiner Theologie überein. Ich war mir dessen nicht so sicher, und so forderte ich ihn heraus: „Wenn ich meine Botschaft hier in aller Öffentlichkeit verkündigen würde, würden Sie mich dann töten?"

Ohne mit der Wimper zu zucken, antwortete er: „Ja, ich würde Sie töten."

„Danke, schon gut", sagte ich und meinte, um das Thema zu wechseln: „Jetzt hole ich mir noch eine Tasse Kaffee."

In Jamaika durfte ich in den Bibelschulen sprechen, im Gegensatz zu Costa Rica, wo man sich offensichtlich vor der einfachen Botschaft fürchtete. Diese Botschaft ist zwar nicht politisch, aber doch radikal: Wer immer sich auf eine Beziehung mit Jesus einlässt, wird in seinen Händen zu einem Werkzeug, mit dem er die Welt verändert.

In Puerto Rico sprach ich mit einer ungewöhnlichen Gruppe von Gläubigen, die sich die „Catacombas" nannten. Ihr Leiter Petro hatte den Namen vorgeschlagen, nachdem er ein Buch über die ersten Christen gelesen hatte, die in den Katakomben von Rom zum Gottesdienst zusammenkamen, um der Verfolgung durch die Behörden zu entgehen.

Diese Gruppe hatte in den Wäldern außerhalb von San Juan einen Platz gefunden, an dem sie, von Maracas, Tamburinen und Gitarren begleitet, aus voller Kehle ihrem Herrn singen konnten. Sie trugen eine Karte der unterirdischen Abwasseranlagen der Stadt bei sich, für den Fall, dass sie wie die Christen Anfang des ersten Jahrhunderts in den Untergrund gehen müssten.

„Wir haben gesehen, was in Kuba passiert ist", sagten sie. „Jetzt, wo Nicaragua seine Revolution hinter sich hat, hat El Salvador seine eigene. Wir merken, wie diese Unruhen sich auf Puerto Rico zubewegen. Deshalb müssen wir uns vorbereiten. Wir wissen, dass die Verfolgung sowohl von links als auch von rechts kommen kann, und wir sind bereit, für unsere Freiheit als Christen jeden Preis zu bezahlen."

Überall in diesen Ländern fiel mir die große Zahl junger Leute auf. Sie stellten fast die Hälfte der Bevölkerung Lateinamerikas und waren offensichtlich ständig Ziel ideologischer Kampagnen, sowohl von links als auch von rechts. Eine in Kuba beliebte Propagandamethode glich jener der Sowjets in Afrika: Man rekrutierte junge Menschen gleich nach ihrem Schulabschluss und versprach ihnen eine kostenlose Ausbildung. Dann setzte man sie auf der Insel Pines (nahe der kubanischen Küste) vier bis sieben Jahre lang marxistischer Indoktrination aus. Nach ihrer Ausbildung wurden sie dann als kommunistische Revolutionäre in ihre Heimatländer zurückgeschickt. Mir sind viele zu Tode betrübte Eltern begegnet, deren Kinder auf Kuba oder gar in der Sowjetunion festsaßen, von wo sie jahrelang nicht zurückkehren konnten, wenn überhaupt.

Eine andere Methode bestand darin, eine Kampagne gegen das Analphabetentum durchzuführen. Mehrere Monate lang wurden Schulen und Kirchen geschlossen, damit Gymnasiasten jenen Menschen Lesen und Schreiben beibrachten, die in den entfernt gelegenen Landesteilen keine Möglichkeit gehabt hatten, es zu lernen. Sobald die

Kampagne beendet war, erfolgte dann die kommunistische Indoktrination. Danach kehrten nur sehr wenige von diesen jungen Lehrern in ihre Gemeinden zurück.

In Nicaraguas Hauptstadt Managua erfuhren wir, dass die Regierung eine Kampagne gegen das Analphabetentum starten wollte, als Voraussetzung für die Errichtung der sozialistischen Herrschaft. Sie wollten die Kirchen drei bis sechs Monate lang schließen, offensichtlich weil sie befürchteten, Bibeln und christliche Schriften könnten während der Kampagne verteilt werden. Da ich wusste, welche verheerende Wirkung eine Schließung der Gemeinden haben würde, bemühte ich mich, den Kontakt zu dem Initiator der Kampagne, einem mexikanischen Intellektuellen, zu bekommen und mich mit ihm zum Essen zu verabreden.

Wir führten ein ernstes, tiefgründiges Gespräch miteinander. Ich weiß nicht mehr, was ich im Einzelnen sagte, aber ich kann mich daran erinnern, dass ich in starkem Maße die Leitung des Herrn verspürte. Im Laufe dieser Unterhaltung geschah etwas, das den Leiter dieser Kampagne veranlasste, seine Pläne zu ändern. Die Kampagne nahm ihren Lauf, und die Kirchen *blieben geöffnet*. Das war für die Gemeinde Jesu ein großer Sieg und ein hoffnungsvolles Zeichen für die Jugend Nicaraguas.

Bei einem späteren Besuch in Kuba las ich eingraviert in die Wand eines Krankenhauses den Spruch des Revolutionärs Ché Guevara: „Wenn diese Revolution nicht darauf abzielt, Menschen zu verändern, dann bin ich daran nicht interessiert."

Zuerst meinte ich, dieser Spruch höre sich wie ein Zitat aus dem Neuen Testament an. Doch nachdem ich Guevaras Schriften intensiver studiert hatte, wurde mir klar, dass er etwas völlig anderes meinte: „Hass ist ein Faktor im Kampf, dieser unnachgiebige Hass auf den Feind, der den Einzelnen jenseits seiner natürlichen Begrenzungen führt und ihn zu einem effektiven, gewalttätigen, selektiven und kalten Todesmechanismus werden lässt. So müssen unsere Soldaten sein. Ein Volk ohne Hass kann gegen unseren brutalen Feind nicht gewinnen."

Als ich diese Worte las, fragte ich mich, wann wir es wohl wagen würden, öffentlich auszusprechen, dass nur der auf Gottes Wegen Frieden zu schaffen vermag, der Frieden im eigenen Herzen hat. Wer Teil des Problems ist, kann nicht zugleich die Lösung sein.

Realistische Lösungen für die Probleme Lateinamerikas zu finden, erschien mir fast unmöglich. Die größte Aussicht auf Erfolg bestand meiner Ansicht nach darin, den jungen Menschen unsere Botschaft zu vermitteln. Und wie lautet diese Botschaft? Dass die Liebe, das Mitgefühl und die Barmherzigkeit Jesu Christi Rechts- und Linksgerichtete gleichermaßen umfasst und dass nur durch ihn bleibender Frieden entstehen kann. Wo Menschen sich von Jesus vollständig verändern lassen, werden sie Teil der größten Revolution überhaupt. Wenn junge Menschen in ganz Lateinamerika für Jesus gewonnen und motiviert werden, dann können sie ihrerseits Millionen von Menschen zu ihm ziehen.

Im Jahre 1984 riefen wir das „Projekt Kreuzfeuer" ins Leben. Dieses Projekt stellte einer in ganz Lateinamerika aktiven christlichen Jugendbewegung Neue Testamente, christliche Literatur und Unterstützung zur Verfügung. Ihr Ziel war es, andere junge Menschen zu evangelisieren und Frischbekehrten Unterweisung, neue Ziele und Hoffnung zu vermitteln.

Jedes Mal, wenn ich ein Exemplar der Zeitschrift „National Geographic" zur Hand nehme, fühle ich mich ganz besonders herausgefordert. Ich habe darin oft von entfernten Plätzen auf der Welt oder indigenen Volksstämmen gelesen, die nie vorher von uns Menschen der Neuzeit aufgesucht worden waren. Dann frage ich mich: Wie kommt es, dass es Journalisten sind, die zuerst dorthin gelangen? Warum nicht Vertreter Jesu Christi? Wie die Reporter, Forscher und Abenteurer auch, sollten wir von der gleichen Entschlossenheit, Furchtlosigkeit und dem Bestreben beseelt sein, niemals ein „Nein" als Antwort zu akzeptieren. Ihnen gelingt es, diese Länder zu bereisen. Weshalb behaupten wir, es sei für uns Christen unmöglich oder zu gefährlich?

Ich freue mich, sagen zu können, dass die meisten unserer Open Doors-Mitarbeiter vor Ort denselben Pioniergeist haben. Sie fürchten sich nicht. Sie gehen überall hin. Wie Richard Luna, damals unser Lateinamerika-Frontmann und später bis vor einigen Jahren Open Doors-Direktor für Lateinamerika. Zusammen mit einem kleinen Team von jungen Leuten begab er sich für eine Woche mit seinem Rucksack in den tropischen Regenwald, um dort Gläubige zu besuchen. Er suchte in Peru Dörfer auf, die nur von Frauen und Kindern bewohnt werden, da alle Männer gekidnappt oder getötet worden sind. In Perus Guerillakrieg sind zwischen zwanzig- und dreißigtausend Menschen umgekommen, darunter siebenhundert Leiter von evangelikalen Gemeinschaften.

Einer dieser Gemeindeleiter, als „Opa Saune" bekannt, wurde Weihnachten 1989 von den Guerillas des „Leuchtenden Pfades" brutal ermordet, weil er das „Verbrechen" begangen hatte, zu jungen Menschen zu predigen und sie

dazu zu bewegen, sich Gottes Revolution der Liebe anzuschließen statt einer atheistischen Revolution des Hasses
und des Todes. Am gleichen Tag fielen zweiundvierzig seiner Verwandten ebenfalls dem Massaker zum Opfer. Drei
Jahre später wurde sein Enkel Romulo erschlagen, als er
die Gegend besuchte, in der sein Großvater getötet worden war. Die „World Evangelical Fellowship" (Weltweite
Evangelikale Allianz) hatte Romulo ihre erste Auszeich-
nung für Glaubensfreiheit verliehen. Er war als Haupt-
übersetzer der Bibel ins Quechua, der Indiosprache im
Raum Ayacucho, tätig.

Ich traf Romulos Frau Donna und ihre vier Kinder auf
einer unserer Gebetskonferenzen. Sie blieben in Peru, um
in enger Zusammenarbeit mit Open Doors Romulos Arbeit fortzuführen.

Wegen zahlloser verfolgter Gläubiger wie Romulo und
Donna in Lateinamerika wollten wir dort aktiv helfen.
Anfang der Neunzigerjahre verteilten wir ungefähr dreißigtausend Bibeln und Neue Testamente, um die Christen
in den Regenwäldern und auf den Hochplateaus zu unterstützen. „Agape-Teams" wurden ausgesendet – Gebirgs-
teams von Open Doors-Mitarbeitern und ortsansässigen
Freiwilligen –, um die Liebe Gottes zu denen zu bringen,
die in weit abseits gelegenen Gebieten ein mühsames Da-
sein fristen. Ich glaube, diese Teams könnten eine Möglichkeit sein, wie die lateinamerikanische Gemeinde Jesu die
Ureinwohner erreichen kann. Aber damit sind noch viele
Risiken verbunden. Wenn wir eines Tages hören würden,
dass Richard nicht zurückgekehrt ist, dann würde es uns
nicht überraschen.

Als ich zu Beginn der Achtzigerjahre Mittelamerika besuchte, kannte ich Richard noch nicht. In Mexiko-

Stadt traf ich eine tapfere junge Frau, ich nenne sie hier „Anna", die die Zähigkeit, Ausdauer und Fähigkeit einer Reporterin hatte. Sie war tatsächlich Reporterin – mit dem Spezialgebiet „lateinamerikanische Angelegenheiten und Glaubensfreiheit". Sie war eine überzeugte Christin. Die leidende, verfolgte Gemeinde Jesu lag ihr wirklich am Herzen.

Ich berichtete Anna von meinem Wunsch, El Salvador zu besuchen, das sich damals gerade mitten in einem Bürgerkrieg befand. Dabei wollte ich nicht einfach nur ins Land gelangen, sondern direkte Gespräche mit den linksgerichteten Guerillas oder Rebellen führen, deren Anliegen es war, die Regierung und ihre rechtsorientierten Todesschwadronen zu entmachten. Auch wollte ich ein Fernsehteam mitnehmen, um einen Film zu drehen. Problemlos gelang es Anna mithilfe ihrer Kontakte zu Journalisten und anderen Personen, die Reise zu organisieren. Da sie fließend Spanisch spricht, diente sie uns als Dolmetscherin und vor Ort auch als Produzentin.

Unser Team von sechs Leuten reiste zehn Tage lang in einem roten Kleinbus kreuz und quer durchs Land. Das Fernsehteam befestigte ein weißes Handtuch an einem Besenstiel, der dann ununterbrochen aus dem Fenster gehalten wurde, um unsere politische Neutralität anzuzeigen. Wegen der vielen Kontrollstellen und dem schrecklichen Zustand der Straßen kamen wir nur langsam voran.

Unvergessen bleiben mir die Dinge, die ich in El Salvador erlebte, und die Menschen, die ich dort kennenlernte. Beim Betreten einer zerbombten Stadt trafen wir auf eine Gruppe Guerillas. Bei ihnen sah ich ein Mädchen, das eine Tasche voll Tomaten trug. Sie hieß Maria und war erst fünfzehn Jahre alt, wie meine Tochter damals.

„Weshalb bist du bei dieser Gruppe von Guerillas?",
fragte ich sie.

Sie blickte zu Boden. „Ich suche nach meinem Vater und
meiner kleinen dreijährigen Schwester." Sie waren anscheinend eines Nachts während eines Zusammenstoßes zwischen dem Militär und den örtlichen Rebellen verschwunden, und Maria hatte sie seitdem nie mehr gesehen.

Während ich unter dem großen Baum stand und mich
mit ihr unterhielt, versuchte ich mir vorzustellen, wie mir
zumute wäre, wenn es meine Tochter wäre, die in Gesellschaft von schwer bewaffneten Guerillas durch den
Dschungel und zerbombte Städte zog, auf der Suche nicht
nur nach ihrem Vater und ihrer kleinen Schwester, sondern
auch nach dem Sinn ihres Lebens.

Ich lernte andere junge Menschen kennen, die ähnlich schreckliche Erlebnisse gehabt hatten. Der elfjähri-
ge Domingo, seine Mutter, Großmutter und vier Brüder
und Schwestern mussten ihr Zuhause verlassen, als ihre
Stadt belagert wurde. Sie wanderten fünfzehn Tage lang
durch Täler und über Berge, ohne etwas zu essen, bis sie
dann schließlich in ein verhältnismäßig sicheres Lager für
Flüchtlinge gelangten. Dort blieb Domingo nur der Traum
von einer anderen, hoffentlich besseren Zukunft und der
Wunsch, Landwirt zu werden. Wie Maria fragte er sich,
wo sein Vater geblieben war.

Dann war da noch der fünfzehnjährige Pedro, den wir
in einem anderen Lager trafen. „Gegen zehn Uhr morgens
wurde unser Dorf angegriffen", erzählte er. „Die Leute flohen in alle Richtungen, doch die Soldaten schossen
auf jeden, sogar auf die Kinder und die alten Leute. Hub-
schrauber warfen Bomben auf die Häuser. Meine Mutter
und ich rannten zum Fluss, um zu entkommen. Andere

taten es auch. Aber als wir den Fluss überquerten, holten uns die Soldaten ein und begannen, ins Wasser zu schießen. Viele Menschen wurden getötet oder angeschossen, sodass sie ertranken. Ich werde nie vergessen, als ich sah, wie meine Mutter ertrank."

Durch den Dienst eines amerikanischen katholischen Priesters hatte Pedro in einem Flüchtlingslager zu Christus gefunden. „Ich weiß immer noch nicht, wie es mir gelang, den Soldaten zu entkommen", fuhr er fort. „Aber ich danke Gott dafür, dass ich es hierher geschafft habe. Ich lerne jetzt, wie man Schneider wird. Und ich lerne auch mehr über Jesus Christus. Ich weiß jetzt, dass er die Antwort ist, die wir in unserem Land brauchen."

Als wir in ein anderes Dorf kamen, erwarteten wir, weitere Guerillas anzutreffen. Doch es stellte sich heraus, dass die Regierungstruppen gerade an diesem Tag die Kontrolle übernommen hatten. In diesem Bürgerkrieg verlagerten sich Macht und Kontrolle von Stadt zu Stadt und von Tag zu Tag. Ich beobachtete die jungen Soldaten, von denen viele noch Teenager waren. Alle waren schwer bewaffnet, stark motiviert und voll Hingabe bei der Suche nach ihren Feinden.

Vor laufender Kamera interviewte ich einen Jungen mit einem automatischen Gewehr, das fast so groß war wie er selbst. Ich erzählte ihm, ich sei im Alter von einundzwanzig Jahren Christ und Nachfolger Jesu Christi geworden. Er sagte, er kenne weder Jesus noch die Bibel.

„Jesus will uns auch zu Soldaten machen", erzählte ich ihm. „Er will, dass wir gegen die Sünde in der Welt kämpfen. Ungerechtigkeit zählt auch als Sünde. Jesus kam, um die Sünde aus unseren Herzen und aus der Welt fortzunehmen. Weißt du, mit der Bibel kann man die Welt eher besiegen als mit der Waffe, die du gerade trägst. Denn sie verändert die Menschen, und wenn sich viele Menschen verändern, dann wird sich die Welt verändern."

Er lächelte mich nur schüchtern an, wahrscheinlich weil er gefilmt wurde.

Eine besonders unvergessliche Begegnung hatte ich mit Alberto, dem Kommandanten einer Rebellengruppe, die eine bestimmte Stadt völlig eingenommen hatte. Er war ein gut aussehender Mann mit starker Ausstrahlung, trug eine schwarze Kappe auf dem Kopf, ein kakifarbenes Hemd, Bluejeans, Militärstiefel und an der Hüfte eine Pistole. Zwei Bodyguards mit großen 50-Kaliber-Maschinengewehren und Patronengurten um die Schultern folgten ihm überallhin.

Mir fiel auf, dass Alberto zwei Armbanduhren trug. „Wenn eine nicht mehr geht, dann weiß ich trotzdem, wie spät es ist", erklärte er. Er schien gut ausgebildet zu sein und machte einen sehr disziplinierten Eindruck.

Als Erstes berichtete er mir von seiner Herkunft und seiner „verlorenen Jugend" und erzählte, dass er in der Lehre des Marxismus neue Hoffnung gefunden hatte. Nach seiner Ausbildung in Kuba und einem persönlichen Gespräch mit Fidel Castro war er in sein Land zurückgekehrt mit dem Gefühl, ein lohnendes Ziel vor Augen zu haben, weil seiner Meinung nach die Revolution dem Leben in El Salvador Gerechtigkeit bringen würde. Dieser intelligente junge Mann beeindruckte mich, und ich dachte bei mir, sein revolutionärer Eifer würde sich für interessante Filmsequenzen eignen.

„Alberto", sagte ich, „ich möchte dich gern vor laufender Kamera interviewen, aber unter einer wichtigen Voraussetzung: Du musst die Wahrheit sagen. Ich werde dir eine Frage stellen, und ich möchte, dass du mir in die Augen siehst und mir von Mann zu Mann die Wahrheit sagst. Machst du das?"

Einen Augenblick lang zögerte er und sah sich um. „Ja, ich werde dir die Wahrheit sagen", sagte er dann. Ich wollte ihm nur zu gern glauben.

Das Kamerateam baute die Filmausrüstung auf. Dann wandte ich mich an Alberto und stellte meine erste Frage.

„Ist diese Revolution eure eigene oder wurde sie importiert?"

Auf solch eine direkte Frage schien er nicht vorbereitet zu sein. Seine Antwort konnte schwerwiegende Folgen haben. Das wusste er. Ein betretenes Schweigen folgte. Er blickte sich um, vielleicht um festzustellen, wie viele ihn hören konnten. Ich blickte ihm noch immer in die Augen, und die Kamera lief. Dieser Mann, der einen Augenblick vorher noch solche Stärke und solches Selbstvertrauen ausgestrahlt hatte, schien jetzt sehr verwundbar.

Schließlich wandte er sich wieder mir zu und sah mir direkt in die Augen. Dann gab er mir wie versprochen seine Antwort: „Sie wurde importiert."

Welch ein Eingeständnis, vor allem aus dem Munde eines Mannes, der in den Reihen der Guerillas eine so hohe Position hatte! Er konnte angesichts dieser direkten Frage aus irgendeinem Grund nicht lügen. Mit diesen drei Worten hatte er offengelegt, was es mit dieser Revolution auf sich hatte. Sie war künstlich hergestellt und dem Volk übergestülpt worden.

Ich habe immer gepredigt und darauf hingearbeitet, dass wir zu den Menschen gehen müssen, die Jesus Christus brauchen, ehe sie sich finsteren Ideologien zuwenden und dann mit Gewalt zurückkommen, um uns zu beherrschen. Das Überqueren von Grenzen bringt Risiken mit sich, doch das ist beim großen Auftrag mit inbegriffen. So konnte es passieren, dass ich es mit Regierungstruppen zu tun hatte und einen Augenblick später mit Guerillas wie Alberto, und das alles in ein und demselben Land und denselben Konfliktzonen.

In ihrem Kampf kann es keine Gewinner geben, weil Bomben und Gewehrkugeln nur vordergründig den Krieg führen. Es handelt sich um einen geistlichen Kampf, einen Kampf um das, was Menschen glauben, sagen, tun und wofür sie zu sterben bereit sind. Das ist für den Ausgang des Kampfes entscheidend. Und die einzige Möglichkeit, um einen geistlichen Kampf zu gewinnen, ist mit dem Schwert des Geistes, dem Wort Gottes, und Jesus Christus, dem fleischgewordenen Wort Gottes. Er ist der Friedefürst.

Um Recherchen anzustellen, verbrachte die Journalistin Anna viel Zeit in Mexiko, wo sie mit den Kirchen und christlichen Gemeinschaften in der Verfolgung zusammenarbeitete.

Offiziell herrschte Religionsfreiheit, doch auf lokaler Ebene wurden einige evangelikale Gemeinden und Gruppierungen, meist in ländlichen Gebieten, Opfer von Schikanen und gewaltsamen Übergriffen.

Das ist auch heute noch so. In Chiapas zum Beispiel, einem mexikanischen Bundesstaat, wurden mehr als dreißigtausend Gläubige wegen ihres evangelikalen Glaubens an Jesus Christus von ihrem Land vertrieben. Die Behörden in der Stadt San Juan Chamula verweigerten ihnen die Genehmigung, ein eigenes Gemeindegebäude zu errichten.

Anna hatte von einer besonderen ländlichen Dorfgemeinschaft im Bundesstaat Puebla gehört. Die evangelikale

Gemeinde dort erlebte eine starke Unterdrückung durch die katholische Kirche und durch lokale Beamte, die mit der Kirche eng verbunden waren. Weil sich das Gebäude der katholischen Kirche in einem baufälligen Zustand befand, verlangten die zuständigen Kirchenoberen, die Evangelikalen sollten ihnen bei der Renovierung behilflich sein. Die Evangelikalen antworteten, dass sie keine Zeit und keine Mittel für eine Kirche übrig hätten, an deren Gottesdiensten sie gar nicht teilnahmen.

Weil sie sich weigerten, sich dem inoffiziellen Machtgefüge des Dorfes zu beugen, wurde den Evangelikalen vorgeworfen, Reaktionäre und Unruhestifter zu sein. Man bedrohte sie, schüchterte sie ein und ging gewalttätig gegen sie vor. Sie mussten erleben, dass ihr Gemeindehaus innerhalb von zwei Jahren dreimal niedergerissen wurde. Sie bauten es jedes Mal wieder auf. Die Häuser der Christen wurden durchsucht und sogar niedergebrannt. Man vernichtete ihre Ernteerträge und stahl ihre Tiere. Sie wurden ständig belagert und schikaniert.

Anna schickte einen Boten in das Dorf mit einem Brief an die Leiter der evangelikalen Gemeinde. Sie mache sich Sorgen um sie, schrieb sie darin, und würde sie gern interviewen. Ob sie wohl bereit wären, ihre Geschichte zu erzählen und zu berichten, wie sie überlebt hätten, was ihnen ihr Glaube bedeutete und weshalb sie trotz Druck und Verfolgung freiwillig dort geblieben seien?

Einige Tage später erschien der Bote mit einem Brief von der evangelikalen Leitung: „Ja, wir sind bereit und werden uns als ganze Gemeinde und ganze Leitung zur Verfügung stellen", hieß es darin. „Wir treffen uns mit Ihnen am kommenden Sonntag um 12.00 Uhr mittags."

Der Bote zog einen anderen Brief hervor. Absender

waren der Bürgermeister und die anderen politischen Vertreter des Dorfes. „Wenn Sie auch nur einen Schritt in unser Dorf machen", hieß es darin, „werden wir Sie töten."

Beunruhigt, aber nicht abgeschreckt, organisierte Anna eine Gruppe von acht Bodyguards, die sie in das entfernt gelegene Dorf begleiten sollten. Die meisten von ihnen waren ortsansässige Christen. Die Fahrt von der nächstgelegenen Stadt in das Dorf dauerte zwei Stunden und führte über schmale Straßen mitten durch den Regenwald.

Je mehr sich ihr Lieferwagen dem Dorf näherte, desto mehr Hindernisse lagen auf dem Weg. An einer Stelle trafen sie auf fünf Männer, die dabei waren, Baumstämme quer über die Straße zu legen.

„Ach, die Kerle kenne ich", meinte einer der Bodyguards. „Das sind bekannte Killer."

Der Fahrer stoppte, und alle beobachteten schweigend, wie die Männer ihre Straßensperre errichteten.

Schließlich flüsterte Anna: „Schafft ihr Leute es, diese Balken zu entfernen?"

„Wir können es ja versuchen." Sie sprangen heraus, und die fünf Männer rannten in den Busch. Die Bodyguards stemmten die Stämme beiseite, stiegen wieder in den Wagen und fuhren weiter.

Einen guten Kilometer danach kam ein Lastwagen mit Hebebühne aus der Richtung, in der das Dorf lag, auf sie zu und hielt mitten auf der Straße an, offensichtlich in der Absicht, Anna den Weg zu versperren. Ein älterer Mann saß schweigend am Steuer. Einer der Bodyguards erkannte ihn als den Schwager des Bürgermeisters. An der einen Seite des Lastwagens ragte die Bergwand kerzengerade empor, an der anderen Seite blickte man in eine tiefe Schlucht hinunter. Der Abstand zwischen dem Lastwagen und dem

Abgrund war eventuell breit genug, um am Hindernis vor-
beizufahren.

Anna und ihre Freunde saßen minutenlang still, dicht
an dicht mit dem anderen Wagen, und fragten sich, was
sie tun sollten. Dann blickte Anna die jungen Männer an:
„Könnt ihr um den Lastwagen herumfahren? Reicht der
Platz dafür?"

„Das wissen wir nicht genau, aber wir können es versuchen."

Am meisten befürchteten sie, dass der große Lastwagen,
der mit laufendem Motor in Wartestellung stand, sie über
den Rand in den Abgrund schieben würde. Deshalb dachten sie sich etwas Ungewöhnliches aus: Sie wollten dem
Lastwagenfahrer direkt in die Augen schauen, um ihn somit beim Vorbeifahren zu entnerven und ungehindert an
ihm vorbeizukommen.

Nach einem kurzen Gebet wagten sie sich vorsichtig
nach vorn. Langsam, behutsam manövrierten sie ihren Lieferwagen rutschend an der Seite des Lastwagens vorbei. Ihre
Augen fixierten fest das Gesicht des Lastwagenfahrers.

Die Strategie funktionierte. Ihre durchdringenden Blicke verwirrten den älteren Mann, und er saß wie angewur-
zelt auf seinem Fahrersitz. Einen Augenblick später setzten sie ihre Fahrt fort.

Am Dorfeingang erblickten sie an auffälliger Stelle ein
Schild. Auf Spanisch war dort zu lesen: „Warnung: Dies
ist ein katholisches Dorf. Protestanten dürfen nicht herein.
Vielen Dank."

Wenn das alles keine Einschüchterungsversuche waren!
Sie hielten an, besprachen die Lage und fragten sich, ob
sie weiterfahren sollten. Anna weigerte sich, ihr Vorhaben
aufzugeben. Sie stieg aus und blickte die anderen an.

„Also, ich gehe rein", sagte sie. „Ihr könnt mitkommen, wenn ihr wollt, aber ihr müsst nicht. Darum geht es bei Open Doors: Wir gehen, auch wenn andere es nicht tun. Ich bitte euch nicht, euer Leben aufs Spiel zu setzen, denn vielleicht habt ihr nicht den gleichen Ruf wie ich. Ich bitte Gott um seinen Schutz, wenn ich das Dorf betrete."

Alle schwiegen. Dann standen die Bodyguards auf und sagten: „Wir gehen mit dir." Sie bestiegen wieder den Wagen und fuhren langsam ins Dorf hinein.

Zu ihrer Überraschung waren die Straßen wie ausgestorben. Die Bewohner hatten sich in ihre Häuser zurückgezogen, und eine unheimliche Stille lag über dem Ort. Sie merkten, dass an den Türen und Fenstern Menschen standen und zu ihnen hinausschauten. So etwas ist ganz und gar nicht typisch für ein lateinamerikanisches Dorf an einem Sonntagmittag. Es wirkte wie eine Machtprobe in einem amerikanischen Western.

Plötzlich erschienen aus einer Seitenstraße ungefähr zehn Männer, die auf Annas Lieferwagen zurannten. Anna und die anderen glaubten an einen Übergriff, doch die Männer erwiesen sich als Christen, die auf sie gewartet hatten. Sie sprangen auf die seitlichen Trittbretter und hielten sich fest. Dadurch verdeckten sie die im Wagen Sitzenden und schützten sie mit ihren Körpern vor möglichen Schüssen durch die Anhänger des Bürgermeisters.

„Fahrt, so schnell ihr könnt!", riefen sie und gaben die Richtung zum Gemeindehaus an. „Macht euch keine Sorgen um uns, wir halten uns fest. Aber fahrt bitte schnell."

Sie gelangten sicher zum Grundstück der evangelikalen Gemeinde bzw. zu dem, was davon noch übrig geblieben war. Alle Christen, ungefähr dreihundert insgesamt, standen im Kreis um das Grundstück. Das Gemeindegebäude war zerstört, und überall lag Schutt herum. Der Kreis öffnete sich gerade so weit, dass Annas Wagen durchfahren konnte, dann schloss er sich wieder hinter ihnen.

Inzwischen waren die feindlich gesinnten Dorfbewohner auch eingetroffen und versuchten, das Treffen zu stören.

Anna sprang aus dem Wagen und fragte: „Wo sind die Leiter der Gemeinde?"

Sie traten vor, und Anna begann sofort, sie einzeln zu interviewen und Bilder von dem zerstörten Gemeindegebäude zu machen. Währenddessen schrien die Dorfbewohner, schoben und schubsten und versuchten gewaltsam, den Kreis zu durchbrechen und Anna zu verhaften. Doch die Christen drängten sie zurück. Es war eine unglaubliche Szene.

Anna machte sich Sorgen, dass die Situation jeden Moment außer Kontrolle geraten könnte. Sie konnte den Bürgermeister und seine Henker nicht entdecken und fragte sich, wo sie wohl waren. Während sie mit den Menschen sprach, behielt sie den Regenwald im Auge, um einen Fluchtweg zu entdecken. Es würde den ganzen Tag dauern, dachte sie, aber ich weiß, dass ich es zu Fuß zurück schaffen könnte, wenn ich nur das Dickicht erreichen würde.

Die Interviews dauerten jeweils ungefähr dreißig Minuten, da die Gläubigen nur den einheimischen Dialekt sprachen und somit übersetzt werden mussten.

Aus Furcht um ihr Leben wollte Anna gleich nach den Interviews abfahren, doch die Frauen der Gemeinde hatten Mittagessen vorbereitet und freuten sich schon auf die Gäste. Nur ungern ging Anna mit ihren Bodyguards ins Haus und setzte sich. Sie nahmen sich vor, so schnell wie möglich zu essen, um sich dann sofort zu verabschieden und die äußerst angespannte Atmosphäre zu entschärfen.

Vor dem Essen baten die Christen ihre Gäste, das Tischgebet zu sprechen. Einer der Männer in Annas Begleitung, ein Pastor, dankte Gott für das Essen und für die treuen Brüder und Schwestern. Während er betete, blickte Anna sich um und bemerkte, dass vielen Gläubigen die Tränen über das Gesicht liefen, besonders einer jungen Frau mit einem neugeborenen Baby im Arm. Noch nie hatte jemand Interesse an den Problemen und dem Leid dieser Bevölkerungsgruppe gezeigt. Niemand hatte sich je dafür interessiert zu erfahren, dass die Frauen vergewaltigt, die Männer geschlagen und ihr Besitz wiederholt gestohlen worden waren. Niemand schien sich dafür zu interessieren, dass sie immer und immer wieder ihre Gemeinde und ihr Leben aus dem Nichts wieder aufbauten.

Die Zeit der Gemeinschaft war wunderbar. Die Gläubigen im Dorf verlangten keine materiellen Güter von Anna. Sie wollten nur geistliche und menschliche Gemeinschaft. Sie wollten spüren, dass sie in ihrem Kampf nicht alleingelassen waren. Darum geht es bei Open Doors: hinauszugehen und ganz einfach als Hände und Füße unseres Herrn da zu sein; zu unseren leidenden Brüdern und Schwestern zu gehen und ihnen zu sagen: „Wir sind für euch die Gegenwart des Herrn. Wir nehmen teil an eurem Schmerz, und es macht uns etwas aus, dass ihr leidet."

Nach dem Essen sprangen Anna und ihre Begleiter in ihren Lieferwagen und rasten, so schnell sie konnten, auf dem gleichen Weg zurück. Kurze Zeit später tauchten tatsächlich der Bürgermeister und seine Anhänger mit Gewehren auf, doch zu spät. Die unwillkommenen Besucher waren fort.

Es gibt noch eine interessante Wendung in dieser ganzen Geschichte. Ein Jahr später war Anna wieder in Mexiko-Stadt. Dort war sie bei dem Pastor, der sie in das Dorf geführt hatte, zum Mittagessen eingeladen.

„Du wirst nicht erraten, was passiert ist", meinte er. „Du erinnerst dich doch an das Dorf in Puebla, wo man uns umzubringen drohte, als wir hineinwollten?"

„Wie könnte ich das je vergessen!", rief Anna aus.

„Es wird dich interessieren zu hören, was passiert ist", erwiderte er und begann zu erzählen: „Nachdem wir fort waren, kamen der Bürgermeister und seine Anhänger in das Dorf. Die Tatsache, dass sich jemand von außerhalb die Mühe gemacht hatte, sich die Sorgen und Nöte der Gemeinde anzuhören, berührte sie tief. Sie waren so beeindruckt, dass der Bürgermeister und einige seiner Anhänger sich zu Jesus bekehrten. Sie halfen den Gläubigen, ihr Gebäude wieder aufzubauen. Inzwischen ist es fertig, und auch der Bürgermeister kommt zum Gottesdienst dorthin. Und jetzt herrscht in diesem Dorf Frieden."

Das alles konnte geschehen, weil jemand sagte: „Ich mache mir Sorgen um euch. Ich ertrage es nicht, euch leiden zu sehen, und ich stehe für viele andere Christen, die es auch nicht ertragen. Wir halten als Gläubige zusammen und stehen zu euch."

Über das, was Anna in Puebla und anderen Orten in Mittelamerika erlebt hat, sagt sie: „Das hätte jeder tun können, jeder, der bereit ist, Gottes Ruf zu folgen und sich seinem Schutz anzuvertrauen. Viele Menschen sagen, ich sei damals in Mittelamerika sehr mutig gewesen, aber das stimmt eigentlich nicht. Ich hatte lediglich das sichere Wissen, dass Gott alles unter Kontrolle hatte, dass er mich beschützte und dass er für meine Sicherheit verantwortlich war. Mir war es gleich, was mit mir geschehen würde. Selbst wenn man mich festgenommen hätte, wäre ich noch immer eine Frau im Auftrag Christi gewesen; denn ich wusste, dass ich mich im Zentrum des Willens Gottes befand. In Puebla hatte ich die unerschütterliche Gewissheit, dass wir unter keinen Umständen umkehren und das Dorf in Stich lassen sollten."

SIEBTER SCHRITT
Für Jesus leben!

Eines Tages aßen mein Mitarbeiter Johan Companjen und ich in einem philippinischen Restaurant in Manila zu Mittag. Um uns herum hörte man Geschirr klappern, und irgendwo brummte die Klimaanlage. Es war trotzdem sehr heiß in dem Raum.

Johan winkte dem Kellner. „Funktioniert Ihre Klimaanlage nicht?", fragte er.

„Doch, schon", antwortete der peinlich berührt. „Sie geht, aber sie läuft nicht richtig."

So ist es oft mit uns Christen. Wir glauben an Jesus, gehen regelmäßig in den Gottesdienst, bleiben treu, haben aber fast keinen Einfluss auf die Welt um uns herum. Es geht gerade eben so, aber es läuft nichts. Und doch hat Gott uns dazu berufen, etwas zu bewirken, Salz der Erde zu sein.

So geht es vielen Christen. Sie haben den „Sechsten Schritt" erreicht, ihre Anwesenheit wird wahrgenommen, aber sie gehen keinen Schritt weiter. Sie sind in eine heidnische Umgebung hineingegangen und haben vielleicht sogar eine gute Stimmung verbreitet, haben jedoch niemanden wissen lassen, dass sie Christen sind. Die Sache ist jedoch die: Wenn wir in unserem evangelistischen Bemühen nicht weitergehen, dann bleiben wir stehen. Deshalb müssen wir das bloße Anwesendsein hinter uns lassen und das, was ich „Profil" nenne, aktiv angehen.

Mit Profil meine ich, dass wir alle, die wir Jesus Christus angehören, zu irgendeinem Zeitpunkt als Zeugen sichtbar werden. Damit die Welt erfährt, wer Jesus ist, müssen wir hervortreten und uns zu erkennen geben. Wir werden es zwar nicht alle auf die gleiche Art und Weise oder nach demselben Zeitschema tun, aber Gott selbst wird die Umstände jedes Einzelnen zu diesem Ziel hinleiten.

Ein gutes Beispiel für solch eine „Profil-Evangelisation" ist Josef im 1. Buch Mose. Nachdem er von seinen Brüdern nach Ägypten in die Sklaverei verkauft worden war, hielt Josef an seinem Glauben an den Gott Israels fest. Aufgrund seines beispielhaften Lebens erhielt er eine Leitungsposition am Hofe Potiphars. Selbst nachdem er fälschlich beschuldigt und ins Gefängnis geworfen worden war, vertraute Josef seinem Gott. Aber erst, als er die Initiative ergriff und seine beiden Mitgefangenen nach ihren beunruhigenden Träumen fragte, ging Josef dazu über, nicht nur ein gläubiger Mensch zu sein, sondern sich als solcher zu erkennen zu geben.

„Nur Gott weiß, was Träume bedeuten", sagte er zu ihnen. „Erzählt mir doch einmal, was ihr geträumt habt!" (1. Mose 40,8) Als Josef durch das Deuten der Träume später die Aufmerksamkeit des Pharaos erregte, gab er Gott dafür die Ehre. „Das kann nur Gott", sagte er zum Pharao. „Er wird dem Pharao gewiss Gutes ankündigen" (41,16). Von dem Zeitpunkt an war Josef dafür bekannt, dass er ein Nachfolger Gottes war.

Natürlich hätte Josef solche Umstände niemals auf diese Weise herbeiführen können. Das konnte nur Gott tun. Das Gleiche gilt für uns. Aber Josef tat etwas, das wir nachahmen sollten: Er ergriff die Initiative, indem er die Menschen fragte, was ihnen fehlte, und indem er Gott als Lösung vorschlug.

Das Ergreifen der Initiative wird zu einem Lebensstil, und genau das bedeutet Profil-Evangelisation. Wir agieren eher, als dass wir reagieren, selbst wenn wir verhaftet oder ins Gefängnis geworfen werden. Der Apostel Paulus hörte nicht auf, ein Apostel zu sein, als er ins Gefängnis ging. Er fuhr mit dem Predigen, Lehren und Briefeschreiben fort. Bedenken Sie doch einmal, wie dünn das Neue Testament wäre, wenn Paulus im Gefängnis aufgehört hätte, die Initiative zu ergreifen!

Ich könnte unzählige Geschichten von meinen Freunden in der damaligen Sowjetunion erzählen, die ihre Gefangenenlager in Zentren der Erweckung verwandelten. Ich werde an einen anderen Josef erinnert – Josef Bondarenko, den russischen Evangelisten, der insgesamt neun Jahre in Gefangenschaft verbrachte, weil er das Evangelium predigte. Während seiner ersten dreijährigen Haft gelang es ihm, so viele Insassen zu Christus zu führen, dass sie ihm zujubelten, als er eine zweite Strafe absitzen musste.

„Wir haben alle darum gebetet, dass du zurückkommst", sagten sie dann. „Wir brauchen doch jemanden, der uns die Bibel erklärt."

Bruder Bondarenko gab sich nicht damit zufrieden, nur Christ in einer feindseligen Umgebung zu sein. Er wollte vielmehr für seinen Glauben bekannt sein, damit andere zu Jesus fanden. Ich glaube, Gott ruft jeden von uns auf, das Gleiche zu tun.

Ein anderer Freund, ein russischer Baptistenpastor mit dem Namen Klassen, stand vor Gericht, weil er sich weigerte, mit dem Predigen aufzuhören. Während der ganzen Verhandlung legte er mutig Zeugnis ab von seiner Beziehung zu Christus. Er beantwortete alle Fragen der Ankläger mit einer weiteren Frage über ihre Seelen und die Ewigkeit. Während der Gerichtsverhandlung nahmen so viele Menschen Jesus Christus an, dass der Richter die Öffentlichkeit von der Verhandlung ausschließen ließ. Mein Freund Klassen hatte in gewissem Sinne dort mit einer Gemeindegründung begonnen! Der Rest der Verhandlung fand hinter verschlossenen Türen statt, doch die gesamte Gemeinde der Baptisten stand draußen vor dem Fenster und sang Loblieder. Klassen wurde dadurch sehr ermutigt und setzte seine Predigten fort. Das kann passieren, wenn wir einen Schritt weitergehen, das heißt nicht nur anwesend sind, sondern auch Profil zeigen.

Wenn wir für unseren Glauben bekannt werden, spielt ein weiteres Element eine Rolle. Dazu betrachten wir die Geschichte von Josef in 1. Mose 47. Nachdem Josef seine Familie nach Ägypten gebracht hatte, stellte er seinen Vater dem Pharao vor. Dann „segnete" Jakob den Pharao. Ist es nicht das, worum es beim Christsein geht? Sollten wir nicht anderen Menschen den Segen weiterreichen, ganz gleich, ob sie Christen sind oder nicht? Gott hat uns dazu berufen, ein Segen in der Welt zu sein, Licht in der Dunkelheit, Salz der Erde.

Wenn Jesus davon spricht, dass wir das Salz der Erde sind, dann meint er das nicht zahlenmäßig. Profil zeigen hat nichts damit zu tun, dass Mehrheiten geschaffen werden. Vielmehr spricht Jesus von unserem Einfluss auf die Welt.

Trotz aller Berichte, dass Millionen von Seelen in der ganzen Welt zu Jesus finden, und trotz der Vorstellung, dass wir heute jeden lebenden Menschen auf der ganzen Welt mit dem Evangelium erreichen können, scheint die Gemeinde Jesu weniger Einfluss auf unsere Gesellschaft zu haben als jemals zuvor in der Geschichte. Wir sollten uns weniger mit Zahlen befassen und uns stärker darauf konzentrieren, unseren Worten Substanz zu verleihen, indem wir ein erkennbar Gott geweihtes Leben führen. Mit solch einem Profil können wir echte Veränderungen in der Welt bewirken.

Gebet

Herr, hilf mir, so zu leben, dass deine Gegenwart in meinem Leben für andere sichtbar wird. Mach mich heute zum Segen für irgendjemanden. Amen.

9. Frischer Wind

Fast zwanzig Jahre nach meinem unglaublichen Erlebnis 1968 beim Überqueren der Grenze in die Tschechoslowakei schmuggelten wir noch immer Bibeln nach Osteuropa und Russland. Gott war immer mit uns, und ich kenne Dutzende von Geschichten, in denen unsere Teams vor den Augen der kontrollierenden Grenzbeamten bewahrt wurden. Wäre es nicht wunderbar, dachte ich mir, wenn wir alles ohne Heimlichtuerei machen könnten? An die achtzig Millionen Christen in der Sowjetunion besaßen keine Bibel. Warum konnten sie keine Bibel haben, wo ich doch so viele in allen möglichen Übersetzungen besaß? Das war nicht fair!

Gott, gib mir eine Idee, bat ich. Und während ich betete, sah ich, wie Bibeln lastwagenweise in die Sowjetunion hineingelangten. Die Grenzbeamten versuchten uns aufzuhalten, aber wir sagten: „Wir kommen im Namen Jesu, und ihr könnt uns nicht aufhalten."

Gott schenkte mir mit diesem Bild eine Vision dessen, was er zu tun gedachte. Ich war mir meiner Sache so sicher, dass ich eines Tages in einer Predigt in Holland von diesem Ziel sprach.

„Andrew, wie kannst du so etwas sagen?", ermahnten mich meine Mitarbeiter später. Sie waren verärgert darüber, dass ich so eine Idee publik gemacht hatte.

„Weil ich es vor mir sehe", antwortete ich ihnen. Ich hatte natürlich keine Vorstellung davon, wie es zu so einer Menge Bibeln kommen sollte, aber ich wusste, dass es irgendwie geschehen würde.

Wir von Open Doors befanden uns damals, gemeinsam

mit vielen Christen in der ganzen Welt, mitten in einer Gebetskampagne für die Sowjetunion. Diese Idee war im Jahr zuvor aufgekommen, als einer unserer Regionalleiter uns seine Vision mitteilte: Open Doors solle im Vertrauen auf Gott sieben Millionen Bibeln in die Sowjetunion bringen. Ich nahm diese Worte ernst, denn dieser Mann war ein Visionär.

Ich dachte an die immensen Ausmaße von „Projekt Perle" und mir war klar, dass sieben Millionen eine weit größere Menge waren.

„Wisst ihr was", schlug ich damals vor, „bevor wir an sieben Millionen Bibeln denken, lasst uns sieben Jahre lang beten."

Das hatte ich mehr oder weniger so dahingesagt. Doch dann kam uns der Gedanke, dass langfristiges, konzentriertes Gebet vielleicht den ersehnten Durchbruch im Blick auf den Eisernen Vorhang bringen könnte. So beschlossen wir, eine weltweite Gebetskette zu starten, und baten unsere Open Doors-Mitarbeiter sowie Tausende von Freunden und Sponsoren um Unterstützung. Wir nannten das Vorhaben „Sieben Jahre Gebet für die Sowjetunion".

Von 1984 bis 1990 lief diese Gebetskette rund um die Uhr, sodass sieben Tage in der Woche vierundzwanzig Stunden lang die Gebete zu Gott emporstiegen. Wir beteten um Mut für die Christen in der Sowjetunion, Einheit unter den Christen der verschiedenen Kirchen und Denominationen und Offenheit für die Gute Nachricht unter Nichtchristen, Atheisten und Muslimen. Damals hatte ja noch niemand etwas von Gorbatschow oder „Glasnost" gehört. Der Kalte Krieg war noch in vollem Gange. Leonid Breschnew war gerade gestorben. Seine Nachfolger 1983 und 1984 waren die Hardliner Juri Andropow und Konstantin Tschernenko. Niemand wusste, was zu erwarten war.

In jenen sieben Jahren des Gebets änderte sich alles.

Nach nur zwei Jahren intensiven Gebets wurde eine größere Umwälzung in der Sowjetunion sichtbar. Ganz plötzlich, so schien es, blies ein frischer Wind, der Veränderungen mit sich brachte. Michail Gorbatschow kam an die Macht und bewies mit seiner Politik größere Toleranz westlichen Ideen und auch dem Christentum gegenüber. Zuvor nie gehörte Begriffe wie „Perestroika" (Umgestaltung) und „Glasnost" (Offenheit) waren in aller Munde. Wer hätte jemals geträumt, dass solche dramatischen Veränderungen innerhalb weniger Jahre stattfinden würden?

Der Weg zu echten Veränderungen war natürlich sehr lang. Buchstäblich alle von Stalin erlassenen antireligiösen Gesetze blieben erst einmal in Kraft, und man konnte fast überhaupt keine Bibeln frei und ungehindert kaufen, verkaufen oder verteilen. Viele Christen litten weiter in sowjetischen Gefängnissen und Lagern.

Ich musste daran denken, dass immer dann reale geistliche Kämpfe stattfinden, wenn Christen anfangen, ernsthaft um etwas zu beten. Der Feind intensiviert seine Bemühungen, uns zu besiegen. Und in jenen sieben Jahren erlebten wir viele Angriffe.

Ein Beispiel: 1986 setzten der sowjetische Geheimdienst KGB und der DDR-Geheimdienst, die Stasi, einen Fünfjahresplan in Kraft, um etliche christliche Organisationen, einschließlich Open Doors, zu unterwandern, da diese Organisationen angeblich „unter religiösem Deckmantel arbeiteten, um sozialistische Nationen zu untergraben". Dieser Plan wurde von KGB-Chef Viktor Tschebrikow und Stasichef Erich Mielke unterzeichnet. Ihr Ziel war es,

den „subversiven Charakter" der Organisationen „zu de-
maskieren" und sie, so denke ich, mit der Spionagetätigkeit
der NATO-Staaten in Verbindung zu bringen.

So etwas lag uns natürlich fern, und unter unseren wenigen holländischen und europäischen Mitarbeitern, die
nicht nur in der Gemeinde, sondern auch bei der Arbeit
Kontakt miteinander hatten, gab es, dessen bin ich absolut sicher, keine kommunistischen Spitzel. Wir hörten erst
Jahre später von dem Plan, und dann wurde uns bewusst,
wie sehr sich finstere Mächte gegen uns verschworen hatten.

Im Laufe der Achtzigerjahre erlebten wir tatsächlich
einige eindeutige Rückschläge bei unseren Schmuggeloperationen. Einige Kurierteams wurden verhaftet, die Bibeln konfisziert.

So geschah es zum Beispiel, dass ein Ehepaar eine drei-
wöchige Reise nach Kiew und anschließend Moskau plante. Die beiden fuhren mit einem Wohnwagen, in dem eine
beträchtliche Anzahl Bibeln in besonders dafür hergerich-
teten Verstecken untergebracht war.

Der Zeitpunkt ihrer Reise erwies sich als bedeutsam:
Es war Juni 1986, gerade zwei Monate nach der Nuklear-
katastrophe in Tschernobyl. Fast alle europäischen Touristen hatten ihren Urlaub in der Sowjetunion storniert.
Als nun unser Ehepaar an der ukrainischen Grenzstation
Uzhgorod eintraf, stellten sie fest, dass sie an jenem Tag die
einzigen Einreisenden waren.

Da die Grenzbeamten nichts anderes zu tun hatten,
beschlossen sie, das Ehepaar ausführlich zu befragen und
Auto und Anhänger gründlich zu untersuchen. Nach vier
Stunden des Wartens und Aushorchens wurde das Paar zu
seinem Wagen geleitet. Ein streng aussehender Beamter

zeigte ihnen ein kleines, etwa vier Zentimeter großes Loch, das er in den Boden ihres Fahrzeugs gebohrt hatte. Als er seinen Bohrer aus dem Loch herauszog, kamen Papierfetzen zum Vorschein. Es war Bibelpapier.

„Entweder Sie zeigen sich kooperativ und erleichtern Ihren Fall, indem Sie das Versteck enthüllen", verlangte der Wachmann, „oder wir werden alles zerlegen." Schweren Herzens öffnete der Mann die Abdeckung. Triumphierend versammelten sich die Beamten um die bloßgelegte Ladung Bibeln.

Wieder hieß es warten. Dann erschienen etliche Fotografen mit Videoausrüstung. Das Ehepaar wurde gezwungen, die komplette Anreise an den Grenzübergang für die Kameras zu wiederholen. Nach diesem demütigenden Auftritt wurden sie von KGB-Agenten in ein nahe gelegenes Hotel dirigiert.

„Ehe Sie sich in Ihr Zimmer begeben", sagte der zuständige Beamte, „wollen wir uns ein bisschen unterhalten."

Eine weitere schwierige zweistündige Befragung folgte. Glücklicherweise hatte das Ehepaar durch uns eine gründliche Vorbereitung erhalten, und deshalb gaben sie ihre „Tarnung" preis. Es handelte sich dabei grundlegend um eine allgemeine Beschreibung ihrer Urlaubspläne, die auch ihren christlichen Zeugendienst betrafen. Der Agent wollte ihnen die Geschichte nicht abnehmen und riet ihnen dringend, bei seiner Rückkehr am nächsten Morgen eine bessere Geschichte parat zu haben.

Das Ehepaar konnte in jener Nacht kaum schlafen, wie man sich vorstellen kann. Die beiden beteten zu Gott um Führung und Schutz, doch die meiste Zeit plagte sie das Gefühl der Frustration, Enttäuschung, Unsicherheit und Furcht. Warum war ihnen so etwas passiert? Wozu denn überhaupt die Gebete ihrer Freunde? Es hatte doch nichts genutzt.

Am Sonntag wurde das zermürbende Verhör fortgesetzt. Sie wurden nicht misshandelt. Der Herr schenkte ihnen die Gnade und die Kraft, keinerlei Namen oder Einzelheiten über Open Doors oder die Menschen, mit denen sie zusammentreffen wollten, zu enthüllen.

Dann wurden sie in ihr Zimmer geführt. Dort blieben sie entmutigt und erschöpft liegen, beteten, warteten und fragten sich, was als Nächstes passieren würde. Um sich die Zeit zu vertreiben, beschlossen sie, den sowjetischen Rundfunk einzuschalten.

Da geschah etwas völlig Unerwartetes: Der tiefe, emotionale Klang afroamerikanischer Spirituals erfüllte den Raum. Das war das Letzte, was man vom staatlichen Rundfunk in der Sowjetunion erwartet hätte. Das erste Lied hieß: „Nobody knows the trouble I have seen, nobody knows but Jesus; sometimes I'm up, sometimes I'm down, nobody knows but Jesus." (Niemand weiß um meine Not, niemand außer Jesus; manchmal bin ich obenauf, manchmal bin ich niedergeschlagen; niemand weiß es, außer Jesus.)

Wie wahr! Wie sehr drückte dieses Lied doch ihre Gefühle aus! In dem Augenblick wussten sie, dass Gott zu ihnen sprach. Mit diesem Spiritual wollte er ihnen sagen: „Ich bin den ganzen Weg mit euch gegangen. Ich habe euren Gehorsam gesehen, und darauf kommt es am allermeisten an. Ich kümmere mich um alles Weitere." Tränen traten in ihre Augen, als sie sanft an die Gegenwart Gottes erinnert wurden.

Von dem Moment an wuchs ihre innere Sicherheit, und ihre Tatkraft kehrte zurück. Während sie am Montagmorgen in ihrem Zimmer auf eine Nachricht der Behörden warteten, beteten sie und sangen über eine Stunde lang in der Gegenwart des Herrn. Nach dem Mittagessen traf ein Journalist von der Jugendzeitung „Komsomolskaja Prawda" ein. Er wollte ein Interview mit ihnen machen. Vielleicht wollte er auch noch mehr Informationen aus ihnen herausholen oder, was wahrscheinlicher war, ihre Erfahrungen für propagandistische Zwecke nutzen.

Seine erste Frage lautete: „Was fehlt den jungen Menschen in Holland am allermeisten?"

Unser Mitarbeiter dachte kurz nach, ehe er sagte: „Was den jungen Menschen in Holland fehlt, ist das Gleiche, was euren jungen Menschen in der Sowjetunion fehlt, nämlich Jesus Christus!" Der Rest des Interviews verlief mit Fragen, die sie so beantworteten, dass sie ihr Zeugnis und die Gute Nachricht einfließen ließen.

Gegen 16.30 Uhr wurden sie wieder an die Grenze gefahren, wo sie einem Tribunal von vielen Grenzbeamten vorgestellt wurden. Man teilte ihnen mit, dass Auto, Wohnwagen und sämtliche Schriften beschlagnahmt worden waren und dass ihnen genau eine Stunde blieb, um ihre restlichen persönlichen Dinge zu packen. Unter höhnischen Bemerkungen seitens der Beamten stopfte das Ehepaar Kleidung, Lebensmittel und andere persönliche Gegenstände in zehn Plastiktüten und bestieg den wartenden Bus, um in die Tschechoslowakei zurückgefahren zu werden.

Im Austausch gegen ihre Lebensmittel verhalf ihnen der Busfahrer zu einem Ticket für den Nachtzug nach Bratislava in der Nähe der österreichischen Grenze. Irgendwann trafen sie dann in Wien ein, wo sie in einem Telefongespräch mit einem Kollegen ihren Gefühlen freien Lauf lassen konnten. Es stellte sich heraus, dass ein weiteres Team an einer anderen Grenzstation verhaftet worden war. Daran erkannten wir, dass etwas Größeres im Gange sein musste als lediglich eine zufällige Durchsuchung eines einzelnen Fahrzeugs.

Ich freue mich, sagen zu können, dass das Ehepaar auch weiterhin mit uns zusammenarbeitete, ja mehr denn je dazu entschlossen war, der Gemeinde Jesu in der Verfolgung zu helfen. Sie meinten, drei Tage voller Demütigungen und Unannehmlichkeiten seien nichts im Vergleich zu dem Leid der vielen sowjetischen Christen in den Gefängnissen und Arbeitslagern.

Die überwältigende Mehrheit unserer Kurierteams erledigte ihre Aufgabe erfolgreich. Damit meine ich, dass sie die Bibeln sicher übergeben konnten. Für jedes Team, das aufflog, kamen fünfzig andere Teams durch.

Ein weiterer Mitarbeiter, der zuvor schon einmal verhaftet worden war, bekam bei einer geglückten Abgabe von zweitausend Bibeln in der DDR einen völlig neuen Blick für den weltweiten Leib Christi. Seine Kontaktperson war am Wochenende zu Verwandten gefahren, um sich von einer Krankheit zu erholen. Unser Kurier war darüber nicht informiert, und so kam es, dass niemand zu Hause war, als das Team dort eintraf, um die Bibeln abzugeben. Am nächsten Tag kehrte das Team zurück. Die Tür wurde von der etwa zwanzigjährigen Tochter der Kontaktperson geöffnet.

„Kommt herein", sagte sie. „Wir erwarten euch. Wir sind fort gewesen, damit sich unser Vater erholen konnte, aber gegen zwei Uhr heute Nachmittag sagte uns der Herr, wir sollten nach Hause fahren. Wir sind vor einer halben Stunde hier eingetroffen."

Unsere Kontaktperson war von der Führung Gottes überwältigt. Er erklärte unserem Team den Weg zum Treffpunkt, an dem die Übergabe der Bibeln stattfinden sollte. Mein Kollege erkannte sofort, dass dieser Freund keine Ahnung davon hatte, wie umfangreich die Lieferung war. Ein einmaliges Abladen war ganz ausgeschlossen. Sie würden ein Auto benötigen, um die Kartons mit den Bibeln vom großen Lieferwagen aus in mehreren Schüben zu den versteckten Lagerplätzen zu fahren.

„Bruder", unterbrach er die Wegbeschreibung, „wir müssen dreimal fahren." Er sagte es mit der gebotenen Vorsicht, denn er befürchtete, seine Kontaktperson könnte eine Lieferung in drei Teilen wegen des größeren Risikos ablehnen.

Das Gegenteil war der Fall. Die Augen des Mannes strahlten. „Das ist fantastisch", sagte er nur.

Die Übergabe geschah ohne Schwierigkeiten. Als sich das Team nach der dritten Fahrt verabschieden wollte, sagte die Kontaktperson etwas Bemerkenswertes: „Wenn ihr nach Hause kommt, sagt bitte den Christen, die dieses Opfer gebracht und uns diese Bibeln geschickt haben, dass wir alle einen Kreis der Liebe bilden. Weil wir nicht mitkommen und uns selbst bedanken können, wird der Herr Jesus zu ihnen kommen und sich für uns bei ihnen bedanken. Er wird damit den Kreis schließen."

Während unserer sieben Jahre dauernden Gebetskampagne für die Sowjetunion lernte ich einen bedeutenden holländischen Geschäftsmann kennen, der meines Wissens berufsmäßig in Russland zu tun hatte. Ich hatte einige Jahre zuvor durch seinen jüngeren Bruder, damals Mitarbeiter der Niederländischen Bibelgesellschaft, von ihm gehört. Schließlich nahm ich Kontakt zu ihm auf, in der Hoffnung, er könnte uns vielleicht behilflich sein, Speditions- oder Importgeschäfte in Russland zu starten und in diesem Zusammenhang Bibeln ins Land bringen. Es war mir immer noch wichtig, dort Boden zu gewinnen.

Er erklärte mir jedoch, dass er gar keine Geschäfte mit Russland tätige, sondern nur in inoffizieller Eigenschaft reise. Je mehr ich diesen faszinierenden Mann kennenlernte, der überzeugter Christ war, desto klarer wurde mir, dass er so etwas wie ein selbsternannter Diplomat war. Er hatte über mehrere Jahre hinweg in vielen Ländern Beziehungen zu leitenden Regierungsbeamten, Botschaftern, Generälen, Abgeordneten, Ministern, Präsidenten und Ministerpräsidenten aufgebaut. Denn als Christ wollte er seinen inoffiziellen Einfluss einsetzen, um Lösungen für die Probleme unserer Welt zu erarbeiten und um dazu beizutragen, dass durch friedliche Verhandlungen hinter den Kulissen Konflikte beseitigt würden. Er wusste, wie man inoffiziell Menschen auf neutralem Boden zusammenführt, um unter Umgehung des Behördenweges mit seinem üblichen Papierkrieg gewisse Anliegen schnell und unbürokratisch in Angriff nehmen zu können.

Mir gefiel der Stil dieses Mannes sehr, da auch ich es vorziehe, hinter den Kulissen zu arbeiten. Ich möchte lieber Einfluss haben als Ehrungen.

Eines Tages Anfang 1987 lud er mich auf sein Anwesen an der holländischen Küste ein. Er wollte mir von einem höchst interessanten Auftrag berichten, den er vom Europäischen Sicherheitsrat erhalten hatte. Er war gebeten worden, eine Menschenrechtskonferenz zwischen der Sowjetunion und den USA in die Wege zu leiten. Die Gruppe würde keine Organisation auf Regierungsebene darstellen.

Alle Teilnehmer sollten nur in ihrer Funktion als Privatpersonen und nicht als offizielle Vertreter ihres jeweiligen Landes erscheinen. Der Grundton der Konferenz sollte versöhnlich sein und die Publicity auf ein Minimum beschränkt werden.

„Die Sowjets sind an einer Konferenz interessiert, bei der die Länder gegenwärtige und zukünftige Probleme erörtern können", sagte er mir. (Später wurde mir klar, dass sie sich auf den Zusammenbruch des Eisernen Vorhangs vorbereiteten, noch ehe allgemein darüber nachgedacht wurde.) „Ich frage mich, Andrew, ob ihr von Open Doors die Organisation übernehmen würdet."

Ich traute meinen Ohren nicht. „Was in aller Welt meinst du mit ‚Organisation'?"

„Ich möchte ganz einfach wissen, ob ihr abgesehen von der Wahl der Delegierten und dem Aufstellen des Programms alles in die Hand nehmen würdet. Ihr müsstet die Logistik koordinieren, das heißt alle Dinge im Zusammenhang mit der Konferenz wie Essen, Unterkunft, Transport und Sicherheit für alle Gäste und andere wichtige Details. Würdet ihr außerdem noch auf der Konferenz als Vertreter der Niederlande erscheinen? Seid ihr dazu in der Lage?"

Ich hatte keine Ahnung. Aber da ich niemals Nein zu einer außergewöhnlichen Gelegenheit sagte, suchte ich Johan und Evert, einen anderen Kollegen, auf und berichtete ihnen davon.

Ich werde wohl nie wirklich wissen, was in ihren Köpfen vor sich ging, als ich sie um einen Vorschlag bat. Wenn sie jedoch dachten: Nicht schon wieder, Andrew, dann sagten sie es wenigstens nicht laut …

Einige Wochen später trafen wir drei uns im Haus meines Freundes, um ihm unsere Planungen zu unterbreiten.

Unsere Präsentation fand nicht nur in seiner Gegenwart statt, sondern auch etliche sowjetische Topbeamte waren zur Besprechung eingetroffen. Während unseres ganzen Zusammentreffens wirbelten tausend Gedanken durch meinen Kopf. Da saßen wir, drei rückfällige Bibelschmuggler, beim Abendessen mit Kadern der kommunistischen Partei und planten gemeinsam mit ihnen den Verlauf einer Konferenz! Evert und Johan präsentierten eine fehlerlose Darstellung unserer Planungen und hinterließen bei allen einen positiven Eindruck, sodass wir als Konferenzorganisatoren bestätigt wurden. Evert übernahm die Gesamtverantwortung für die Logistik.

Die Leistung, die er beim Planen und Überprüfen der zahllosen Details erbrachte, wurde der monumentalen Aufgabe gerecht. Die Konferenz fand vom 4. bis 6. Januar 1988 im „Christlichen Konferenzzentrum De Burght" in der holländischen Provinz Zeeland statt und nannte sich „Konferenz für Menschenrechte und internationale Zusammenarbeit".

Ich war erstaunt, welche hochrangigen Personen, vornehmlich aus der Sowjetunion und den USA, an der Konferenz teilnahmen, aber ebenso aus etlichen ost- und westeuropäischen Ländern. Es waren insgesamt fünfzig Personen, führende Persönlichkeiten aus dem konservativen und liberalen Lager, Verantwortliche der Protestanten, Katholiken und der russisch-orthodoxen Kirche sowie eine Anzahl Wissenschaftler und Experten für internationale Fragen.

Zu den erwähnenswerten Delegierten zählten Rosalynn Carter, die Frau des ehemaligen US-Präsidenten; Madame Giscard d'Estaing, die Frau des ehemaligen französischen Präsidenten; Fjodor Burlatsky, Vorsitzender der sowjetischen Kommission für humanitäre Fragen und Menschenrechte und enger Berater von Michail Gorbatschow; Alexander Sucharow, Justizminister der russischen Republik; Landrum Bolling, Präsident des Ökumenischen Instituts in Jerusalem; Patrick Cormack, Mitglied des Britischen Parlaments; Theodore Hesburgh, Ehrenpräsident der amerikanischen Universität Notre Dame in Indiana; der amerikanische Theologe Richard Neuhaus sowie eine Anzahl von Mitgliedern und ehemaligen Mitgliedern des amerikanischen Kongresses.

Mich interessierte die sowjetische Delegation natürlich am meisten, weil sie die Macht hatte, die Richtlinien zu den Rechten der russischen Christen zur freien Ausübung ihres Glaubens und zum Erwerb von Bibeln zu beeinflussen. Mit dem Gedanken an diese Menschen legte ich auf Tischen im Konferenzzentrum kostenlose Bibeln und christliche Bücher aus, einschließlich „Der Schmuggler Gottes". Ich hoffte, dass sie viele Bücher mit nach Hause nehmen würden, und das taten sie auch.

Einmal hatte ein KGB-Mann an einem der Tische das Buch „Building in a Broken World" (auf deutsch etwa: Aufbau in einer zerbrochenen Welt), ein Buch über Leitung, durchgeblättert. Er bat mich darum, ein Exemplar des Buches mit meinem Namen zu versehen.

„Sehr gern", erwiderte ich und zog meinen Füller aus der Tasche. „Wenn Sie wollen, schreibe ich Ihnen meinen Namen auch in mein anderes Buch ‚Der Schmuggler Gottes' hinein."

„Nein danke, ist nicht nötig", kam die lakonische Antwort. „Das Buch haben wir in unserer Moskauer Zentrale alle im Regal stehen."

Während der gesamten Konferenz dachte ich unaufhörlich an zwei Dinge: An den großen Bedarf an russischen Bibeln in der Sowjetunion und an die Liste mit den Namen von vierhundert Gefangenen, viele von ihnen Christen, die immer noch in sowjetischen Arbeitslagern und psychiatrischen Klinken festgehalten wurden und litten. Viele andere westliche Delegierte und ich waren fest entschlossen, diese beiden Anliegen bei den sowjetischen Vertretern anzusprechen. Aber wie? Und wie sollte ich sie formulieren?

Eines Abends beim Essen unterhielten Dr. Burlatsky und ich uns über unseren Hintergrund und über Religionsfreiheit. Er sagte etwas, was ich niemals von einem kommunistischen Parteiführer zu hören gehofft hatte: „Wenn wir doch nur zurückkehren könnten zur Schlichtheit des Glaubens, wie bei Mose und Jesus!"

Das galt für die Sowjetunion und darüber hinaus für alle Länder dieser Erde. Ich glaube, in jenem Augenblick bestätigte der Herr eine verrückte Idee, die ich seit einiger Zeit mit mir herumtrug. Weshalb sollten wir nicht der russisch-orthodoxen Kirche ein offizielles Geschenk von einer Million Bibeln machen? Ich hatte lange über einen Abschnitt aus den Psalmen nachgedacht, in dem es heißt: „Dein Wort, Herr, bleibt für alle Zeit bestehen." Wenn das der Fall ist, sagte ich mir, muss die Bibel hier auf der Erde immer zur Verfügung stehen. Das Angebot wäre jetzt, im Jahre 1988, in dem die russisch-orthodoxe Kirche ihr tausendjähriges Bestehen feierte, angebrachter denn je.

Ich erinnere mich an eine Reise, die ich 1967 in die Sowjetunion gemacht hatte, auf der mich ein russisch-orthodoxer Priester gefragt hatte: „Weshalb gebt ihr eure Bibeln immer an die Baptisten? Wir brauchen sie doch auch." Darauf hatte ich damals keine Antwort. Diese Möglichkeit hatten wir gar nicht in Betracht gezogen. Die orthodoxe Kirche hat viele Märtyrer und viele tapfere Gläubige. Einige von ihnen hielten in den Straflagern mit den Predigern der Baptistengemeinden gemeinsame Gottesdienste.

Ich habe einen Freund in Amerika, der Jesuit ist und Missionar in Sibirien werden wollte. Er reiste nach Russland, verkündete das Evangelium und wurde verhaftet. Die ersten fünf Jahre verbrachte er in Einzelhaft in Moskau. Dann erlebte er die nächsten neunzehn Jahre in einem Gulag ausgerechnet in Sibirien. Schließlich wurde er gegen zwei russische Spione ausgetauscht, die die Amerikaner in New York festgenommen hatten.

Als ich nach seiner Entlassung mit ihm sprach, sagte er mir als Erstes: „Andrew, in den vierundzwanzig Jahren war ich nicht einen Tag lang krank." Der katholische Bruder hatte eindeutig unter Gottes Schutz gestanden. Seine Erfahrung zeigte mir, dass die Nöte der verfolgten Christen auch nicht vor den traditionellen Kirchen haltmachten.

Als mir das alles in den Sinn kam, stand ich gegen Ende der Konferenz auf und sagte: „Ich möchte eine kleine Rede halten." Alle sahen mich an, und ich muss gestehen, dass ich sehr aufgeregt war. Ich wollte etwas anbieten, was in der gesamten Geschichte Russlands noch nie zuvor getan worden war. Seit der bolschewistischen Revolution war die Bibel verboten, und seitdem hatten die Behörden fast alle Bibeln, derer sie habhaft werden konnten, vernichtet. Ich wusste zwar nicht, wie ich mit meinem Angebot herausrücken sollte, wusste aber genau, dass es Gottes Wille war. Mir war klar, dass es der russischen Kirche oder Regierung kaum möglich wäre, im Rahmen so einer Konferenz dieses Angebot abzulehnen.

Also schickte ich ein Stoßgebet zum Himmel und begann mit einer kleinen Geschichte. Ich erzählte ihnen von meinem Besuch im Hauptquartier der SWAPO in Angola, den ich im fünften Kapitel dieses Buches beschrieben habe, und berichtete von dem Gespräch mit den marxistischen Rebellenführern, in dem ich vorschlug, man solle doch auf den Schreibtisch neben die Lenin-Büste eine Bibel legen.

Ich wiederholte die gleiche Behauptung, die ich in Gegenwart des Guerillaführers gemacht hatte, nämlich dass kein Volk glücklich sein könne, wenn es gezwungen sei, unter einem politischen oder religiösen System zu leben, das es sich nicht selber ausgesucht habe.

Das Gleiche gelte für das sowjetische Volk, sagte ich. Es könne niemals glücklich sein, wenn es keinen Zugang zur Alternative zum Kommunismus erhalte, nämlich zu Jesus Christus. Alle Anwesenden wussten, dass ich der Bibelschmuggler war, denn auf jedem Büchertisch lagen zusammen mit meinen anderen Büchern zahllose Exemplare von „Der Schmuggler Gottes" aus, und ich machte ja auch keinen Hehl daraus, dass es mein inniger Wunsch war, Bibeln nach Russland zu bringen.

„Und ich werde auch weiterhin versuchen, Bibeln nach Russland zu bringen, egal wie", fuhr ich fort, „bis alle Menschen in den Kirchen und Gemeinden eine Bibel haben, bis alle in den Schulen eine Bibel haben, und bis die Bibel überall in den Buchhandlungen zu kaufen ist, damit den Menschen das Wort Gottes ohne Schwierigkeiten zur Verfügung steht."

Während ich diese in ihren Ohren sicherlich unerhört klingenden Dinge ansprach, hörten die Sowjets im Konferenzraum schweigend zu. Ich hatte mich bis hierher vorgewagt, jetzt gab es kein Zurück mehr.

„Als Anfang möchte ich ein Geschenk von einer Million Bibeln an die russisch-orthodoxe Kirche machen", sagte ich.

So, das war es, was ich sagen wollte, und ich hatte es tatsächlich ausgesprochen. Ich muss zugeben, dass ich die Sache mit meinem Vorstand nicht besprochen hatte, da er wahrscheinlich dagegen gestimmt hätte. Es gibt manchmal Dinge, die man allein tun muss, wenn man sich von Gott geleitet sieht, und dann muss man ihm die Konsequenzen überlassen.

Im Weiteren erwähnte ich auch jene vierhundert Gefangenen, und ich drängte die leitenden sowjetischen Delegierten, sie alle freizulassen. „Solange es in Russland einen Menschen gibt, der um seines Glaubens willen im Gefängnis sitzt", sagte ich, „fühle ich mich nicht frei. Wir werden nicht die Hände in den Schoß legen, wenn *fast alle* Gefangenen freigelassen sind. Open Doors wird auch nicht mit der Arbeit aufhören, wenn sehr viele Bibeln im Umlauf sind. Nein, wir werden weitermachen, bis *alle* Gefangenen freigelassen sind und *alle*, die eine Bibel haben möchten, eine bekommen können."

Ich war natürlich nicht der Einzige, der auf die Gefangenen zu sprechen kam; ein anderer Delegierter machte später einen beredten Aufruf und händigte daraufhin dem Justizminister eine vollständige Liste aller gefangenen Christen aus.

Im Anschluss gab es eine Pause. Wir erhoben uns und gingen an den Tisch, an dem Kaffee ausgeschenkt wurde. Ein freundlich aussehender Herr kam auf mich zu und sagte: „Andrew, ich mag Sie, aber Ihre Rede hat mir nicht gefallen."

Ich las sein Namensschild. Er hieß Marian Dobrosielsky und war polnischer Regierungsbeamter. Damals stand Polen noch unter kommunistischer Herrschaft.

„Beantworten Sie mir eine Frage", fuhr er fort. „Wenn ich in Ihrem Büro auf den Schreibtischen Bibeln liegen sehe, dürfte ich dann eine Lenin-Büste danebenstellen?"

Das war eine jener Situationen, in der man keine Zeit zum Beten hat. Während der Regierungsbeamte gespannt auf meine Antwort wartete, offenbarte Gott mir im Bruchteil einer Sekunde etwas unglaublich Bedeutsames: Dort, wo Menschen eine Bibel bekommen und sie ihr Leben völlig danach ausrichten können, kann Lenin getrost kommen. Er kommt so oder so. Und wenn er nicht kommt, dann ein Ähnlicher. Soll die Versuchung doch kommen. Soll die Sünde doch kommen. Sollen Probleme doch kommen. Was es auch sein mag – soll es doch kommen. Wenn mein Leben fest auf dem Wort Gottes gegründet ist, dann bin ich in Christus mehr als Überwinder.

„Ja", sagte ich, „das dürften Sie."

Sofort entspannten sich seine Züge. Er ergriff meine Hand freundschaftlich. „Jetzt sind wir richtige Freunde." Auch später hielten wir den Kontakt aufrecht.

Die Konferenz endete mit einem offiziellen Empfang im Staatsministerium in Den Haag. Mein Angebot war allgemein positiv aufgenommen worden, die Bestätigung von offizieller Seite ließ jedoch einige Monate auf sich warten. Der Metropolit Juvenaly, leitender Geistlicher und zuständig für die Auslandsangelegenheiten der russisch-orthodoxen Kirche, sagte vorsichtig: „Es besteht die Möglichkeit, Bibeln zu importieren, wenn sie uns von den Kirchen angeboten werden."

Burlatsky jedoch begrüßte das Angebot. „Ich sehe keinerlei Probleme", sagte er auf einer späteren Pressekonferenz. „Die Bibel ist nicht nur ein religiöses Buch, sondern ein Buch von großem kulturellen und moralischen Wert. Ich selbst habe auch eine Bibel zu Hause."

Selbst ein General des KGB mit Namen Andrej Gratschow kam beim Verabschieden auf mich zu. Er schüttelte mir die Hand und sagte: „Andrew, Sie und Ihre eine Million Bibeln sind sehr willkommen bei uns, aber wickeln Sie den Transport bitte nicht in einer einzigen Nacht ab wie in China."

Ich lachte. „Keine Sorge, Andrej. Das werde ich nicht. Das werde ich nicht."

Ich erwartete eigentlich, dass meine Mitarbeiter und der Vorstand von Open Doors mein Angebot, der russischen Kirche eine Million Bibeln zu schenken, negativ bewerten würden, zumal ich ihre Zustimmung im Voraus nicht eingeholt hatte. Doch sie „vergaben" mir und sicherten mir von ganzem Herzen ihre Unterstützung zu. Wir mussten demnach nur noch auf die Antwort seitens der russischen Kirche warten.

Die Antwort erfolgte durch einen Kirchenführer in Form einer Bitte. Er bat um schriftliche Bestätigung meines Angebots. Dann fügte er etwas entschuldigend hinzu: „Wären Sie auch bereit, anstelle von vollständigen Bibeln Neue Testamente mit Psalmen zu schicken? Die meisten unserer Gläubigen wissen mit dem Alten Testament nicht viel anzufangen."

Ich schickte also ein offizielles Schreiben an das geistliche Oberhaupt der russisch-orthodoxen Kirche in der Sowjetunion, den Patriarchen Pimen. Hier einige Auszüge:

„Die in diesem Jahr stattfindenden Feierlichkeiten zum tausendjährigen Bestehen der Christenheit in Russland sind ein bedeutender Meilenstein auf dem Wege der Geschichte des Christentums. Als Glieder am Leibe Christi und Glieder seiner Gemeinde wissen wir, dass das Band, das uns im Glauben miteinander verbindet, in den Seiten des Wortes Gottes, der Bibel, zu finden ist.

In Übereinstimmung mit dem Geist der Tausendjahrfeier und in dem Wunsch, während des historischen Augenblicks mit Ihnen verbunden zu sein, habe ich das ehrenvolle Vorrecht, der russisch-orthodoxen Kirche ein Geschenk von einer Million Neuer Testamente mit Psalmen zu machen. Sie werden unser Geschenk im Verlauf des Jahres 1988 erhalten."

Unglücklicherweise ließ die Antwort einige Zeit auf sich warten, sodass unsere Vorfreude getrübt wurde und der Sorge wich. Es vergingen zwei, drei, dann vier Monate. Würde unser Angebot doch nicht angenommen werden? Oder war meine Bitte im Meer sozialistischen Papierkriegs untergegangen? Ich schickte mehrere Briefe an die Kirche und auch an einen Konferenzdelegierten des Rates für Religiöse Angelegenheiten. Schweigen.

Mitte Juli traf dann endlich der lang ersehnte Brief in meinem Büro ein. Er kam vom Metropoliten Filaret, einem Vorsitzenden der Abteilung für Auswärtige kirchliche Beziehungen der russisch-orthodoxen Kirche:

„Mit großer Dankbarkeit erhielten wir Ihr Schreiben ... Wir möchten Ihnen aufrichtig für diesen großzügigen Ausdruck Ihrer christlichen Liebe danken.

Wir betrachten es als angenehme Aufgabe, Sie darüber zu informieren, dass wir die uns angebotene Ausgabe der Heiligen Schrift annehmen ...

Mit herzlichen Grüßen im Herrn und besten Wünschen für gute Fortschritte in Ihren Bemühungen."

Welche Freude herrschte an jenem Tag bei uns! So wie das „Projekt Perle" mit seiner Lieferung von einer Million Bibeln Geschichte gemacht hatte, so sollte auch diese Sache in Russland Geschichte machen. Zur Bestätigung schickte ich voll Freude einen Brief mit folgendem Wortlaut ab:

„Mit großer Freude haben wir zur Kenntnis genommen, dass Sie mit Christen hier im Westen zusammenarbeiten wollen, um diese Schriften unter den Gläubigen der russisch-orthodoxen Kirche in der Sowjetunion zu verteilen.

Wir haben mit dem Druck der ersten 100 000 Neuen Testamente begonnen und erwarten ihre Lieferung vor Weihnachten d. J. ... Ich würde mich freuen, wenn Sie ein Treffen zwischen Ihnen und mir zum Zeitpunkt der ersten Auslieferung arrangieren könnten."

Eine Million Neuer Testamente sollten nun tatsächlich zu je hunderttausend Exemplaren frei, offiziell und ungehindert nach Russland gebracht werden. Wer hätte sich so etwas vorstellen können?

Doch dann erinnerte ich mich an die Vision, die mir Gott gegeben hatte, an das Bild der Bibeln, die lastwagenweise ungehindert über die sowjetische Grenze ins Land gelangten. Seit dieser Vision war kaum ein Jahr vergangen, und nun wurde sie Wirklichkeit.

ACHTER SCHRITT

Treu sein!

In „Der Schmuggler Gottes" berichte ich vom Besuch in einem winzigen, abgelegenen Dorf im damaligen Jugoslawien (S. 110). Zusammen mit einem guten Freund, der die Sprache kannte, fuhren wir in meinem VW die Straßen entlang, bis die Straßen nur noch Gehwege, die Gehwege nur noch Staubpisten, die Staubpisten nur noch Furchen und schließlich die Furchen nur noch gepflügte Felder waren. Schließlich ließen wir den Wagen stehen und stolperten über die Felder, bis wir die kleine Dorfgemeinschaft Nosaki erreichten.

Dort in jenem Dorf am Rande des Nichts fanden wir das Haus einer armen alten Frau namens Anna. An der weiß getünchten Fassade ihres Hauses hatte sie in großen Buchstaben zwei Worte gemalt: „Molitven Dom", Gebetshaus. Der Begriff steht ursprünglich in Jesaja 56,7 und wird in Matthäus 21,13 von Jesus zitiert: „Mein Haus soll ein Haus des Gebets sein" (freie Wiedergabe).

Anna war über das Stadium, lediglich als Christin bekannt zu sein, hinausgewachsen. Sie hatte einen Ort errichtet, an dem die Gläubigen zum Gebet zusammenkommen konnten. Darum geht es hier im „Achten Schritt": Das vertraute Umfeld hinter sich lassen und dort, wo Gott einen haben möchte, eine dauerhafte Operationsbasis schaffen.

Wenn ich bei meinen Reisen in Osteuropa in einer Stadt nach einer Gemeinde fragte, zuckten die Menschen gewöhnlich mit den Achseln und antworteten, dass ihnen so etwas nicht bekannt sei. Wenn ich jedoch fragte: „Wo ist das Haus des Gebets?", dann hieß es immer: „Ja, das können wir Ihnen genau sagen."

Wenn wir erst einmal irgendwo als Christen bekannt sind und unseren Glauben in echter, aktiver Weise ausüben, dann werden Gläubige dort zusammenkommen. Ich spreche nicht von Bauten oder Bauvorhaben, sondern von einem Ort, der als Haus des Herrn bekannt ist. Und wenn es auch nur ein Wohnzimmer sein sollte, so ist es doch ein

Ort, an dem Menschen im Namen Jesu Christi zusammenkommen.

Was ist der Schlüssel zu diesem Schritt des Ausharrens? Der Schlüssel liegt in den Christen, die bereit sind, dorthin zu gehen und dort zu bleiben, wo Gott sie haben will.

Selbstverständlich unterstütze ich all die wunderbaren Gelegenheiten für Menschen, einen kurzfristigen Missionsauftrag auszuführen, besonders für junge Menschen. Sie machen großartige Erfahrungen und erhalten einen Geschmack von dem, was kulturübergreifende Evangelisation bedeutet. Doch dann gehen sie nach Hause, ehe sie die Sprache erlernen und die Kultur aus der Sicht der Bevölkerung kennenlernen können. Wenn wir kurzfristige Einsätze überbewerten, werden wir, fürchte ich, einen Missionsstil entwickeln, der sich in Blitzüberfällen erschöpft.

Zu viele Gruppen haben den Missionsauftrag billig gemacht. Gott will unser ganzes Leben. Es geht darum, den Preis dafür zu zahlen. Das bedeutet mehr als nur ein vorübergehender Besuch, bei dem ein Projekt durchgeführt oder eine groß angelegte Kampagne unterstützt wird.

Gott will Menschen, die bereit sind, ihm auf lange Sicht zu dienen. Und wieder komme ich auf Josef im 1. Buch Mose zurück. Als Sklave nach Ägypten ausgeliefert, dachte er sicherlich, er werde nie mehr nach Hause zurückkehren. Er wusste einfach, dass er den Rest seines Lebens in einem fremden Land verbringen würde. Weshalb versuchte er nicht zu fliehen und zu seiner Familie zurückzukehren? Weil er den festen Glauben hatte, dass Gott ihn zu einem bestimmten Zweck in Ägypten haben wollte. (Wir erkennen das später, als er in 1. Mose 45,5 seinen Brüdern sagt: „Gott hat mich hierher nach Ägypten gebracht, um euer Leben zu retten.") Anstatt davonzulaufen, akzeptierte Josef den Platz, den Gott für ihn auserkoren hatte, ließ sich in Ägypten nieder und ging damit zu dem über, was ich hier den „Achten Schritt" nenne, indem er damit eine dauerhafte Operationsbasis schuf.

Josef konnte aufgrund seiner Entscheidung zu bleiben Menschenleben retten. Gott war mit ihm und segnete ihn, bis er schließlich zum zweitmächtigsten Mann in Ägypten aufstieg. In der Zeit der Hungersnot konnte er durch sein weises Management der Lebensmittelreserven viele Menschen vor dem Tod bewahren. Später rettete er sogar seine eigene Familie vor dem Hungertod. Das wäre nie geschehen, wenn er nicht in Ägypten geblieben wäre.

Das Ausharren an einem Ort um des Reiches Gottes willen mag unterschiedliche Konsequenzen nach sich ziehen. Für einen Missionar bedeutet es gewöhnlich, dass er in einem fremden Land wohnen und sich ein Zuhause schaffen muss. Denken wir an die vielen Flüchtlingsströme in der ganzen Welt, wie im Irak, Pakistan, Darfur … (Oder betrachten Sie einmal ganze Völker, die keine Heimat haben, wie zum Beispiel die Palästinenser und die Kurden.) Flüchtlinge blicken für gewöhnlich nicht zurück. Sie richten ihr Augenmerk auf das Überleben und versuchen, ein neues Leben zu beginnen. Ich möchte die Christen aus diesen Völkern anflehen, einmal in Betracht zu ziehen, ob sie sich nicht ausrüsten lassen wollen, um später als Diener Jesu Christi in ihre Heimatländer zurückzukehren.

Denken Sie einmal an die Millionen von Christen, die viele Jahre lang unter kommunistischer Herrschaft lebten und nun die Freiheit besitzen, in den Westen auszuwandern. Ich habe Verständnis für ihren Wunsch, die Armut hinter sich zu lassen und sich in einem Land mit besseren Möglichkeiten für ein besseres Leben niederzulassen. Und doch bete ich aus tiefstem Herzen dafür, dass sie es vorziehen, in ihrem Heimatland zu bleiben (oder eine theologische Ausbildung zu machen und dann in ihre Heimatländer zurückzukehren) und ihre neu gefundene Freiheit zu nutzen, um dort das Reich Gottes zu bauen, wo sie leben.

Was ist mit all den bekannten Dissidenten aus der Sowjetunion und anderen Ländern mit repressiven Regimen? Viele von ihnen hatten, als sie noch im Gefängnis saßen, einen enorm großen Einfluss auf die Gemeinden und die Gesellschaft im Allgemeinen. Was wurde aus ihnen nach ihrer Entlassung in die Freiheit? Nachdem Alexander Solschenizyn gezwungen worden war zu emigrieren, wurde er Millionär, hielt einige gute Reden, als man ihm noch zuhörte, und verlor dann seinen Einfluss. Ich bin froh, dass er schließlich 1999 nach seiner Rehabilitierung nach Russland zurückgekehrt ist, aber die Gelegenheit, etwas zu bewirken, war, fürchte ich, vorbei.

Es war immer mein Anliegen, frisch aus dem Gefängnis entlassene Christen dazu zu ermutigen, nicht auszuwandern oder ausgedehnte Reisen in den Westen zu unternehmen, sondern zu überlegen, wie Gott sie noch stärker in ihrem Heimatland gebrauchen könnte.

Der Zusammenbruch des Kommunismus war eine gute Sache. Danach wurde deutlich sichtbar, wie groß die geistliche Not des Landes war. Wer könnte eigentlich besser auf die Nöte eingehen als der, dem Volk und Sprache bekannt sind und der als christlicher Leiter um seines Glaubens willen verfolgt worden ist?

Es ist keine leichte Aufgabe, in einem verschlossenen Land eine Gemeinde zu gründen. Die Mitglieder so einer Gemeinde erleben aller Wahrscheinlichkeit nach Verfolgung und Repressalien durch ihre Regierung oder sonstige Machtstrukturen. Es kann dazu kommen, dass das Gemeindehaus niedergebrannt und der Pastor getötet wird. Die jungen Leute können unter Druck gesetzt werden. Verfolgung und Leiden um Jesu willen müssen einkalkuliert werden. Wichtig bei allem ist, dass es ein Haus des Herrn gibt, in dem Gottesdienste stattfinden.

Die Bewegung der Hausgemeinden in China ist die wahrscheinlich größte, vom Heiligen Geist inspirierte Bewegung seit Pfingsten. Zurückhaltenden Schätzungen zufolge umfassen die Hausgemeinden ungefähr sechzig bis achtzig Millionen chinesische Gläubige. Zu diesem Wachstum kam es während und nach Maos Kulturrevolution. Die Hausgemeinden blühen, weil eifrige Christen fest entschlossen waren, ein „Haus des Gebets" zu errichten, wo Gläubige sich regelmäßig zusammenfinden konnten.

Gebet

Herr, du hast mich zu einem bestimmten
Zweck berufen. Hilf mir, dort zu bleiben,
wohin du mich führst, und dir treu zu dienen. Amen.

10. Aus Hammer und Sichel werden Hammer und Meißel

In der Zeit nach der Zusage der russisch-orthodoxen Kirche schienen sich die Ereignisse in Russland, Osteuropa und auch bei Open Doors zu überschlagen.

Wenige Monate später – es war inzwischen Januar 1989 – befand ich mich im Flugzeug nach Moskau. Die Reise war anders als alle anderen Reisen, die ich in die Sowjetunion unternommen hatte. Zum einen waren seit meiner letzten Reise mehr als zwanzig Jahre vergangen. Um die vielen Kontaktpersonen zu schützen, war ich seit der Veröffentlichung von „Der Schmuggler Gottes" nie mehr dorthin zurückgekehrt. Dieses Mal reiste ich sogar auf Einladung!

Die De-Burght-Menschenrechtsgruppe, wie wir sie nannten – die aus der von Open Doors organisierten „Konferenz für Menschenrechte und internationale Zusammenarbeit" entstanden war –, hatte ein Nacharbeitstreffen in Moskau anberaumt. Das allein zeigte, wie sehr sich die Dinge verändert hatten. Es gab aber noch andere hoffnungsvolle Zeichen. Durch unsere verschiedenen Informationsquellen hatten wir erfahren, dass fast alle Gefangenen, die wir auf der ersten Konferenz mit Namen genannt hatten, inzwischen frei waren. Keinerlei Ankündigung hatte darauf hingewiesen. Keine Gesetze waren geändert worden. Die Dissidenten waren einfach freigelassen worden. (Die Fälle der wenigen verbleibenden Gefangenen waren kompliziert, doch ihre Freilassung stand unmittelbar bevor.) Wir erfuhren später, dass es in erster Linie die De-Burght-Gruppe war, die für die Freilassung verantwortlich war, obgleich ich natürlich wusste, dass so etwas ohne die

Gebete vieler Tausend Menschen in der ganzen Welt nicht möglich gewesen wäre.

Beim Landeanflug auf den internationalen Moskauer Flughafen Scheremetjewo hegte ich noch immer ein wenig gesunde Skepsis der dortigen Situation gegenüber. Die der Sowjetunion angehörenden Länder standen weiterhin unter dem Einfluss Moskaus, und das kommunistische System mit seiner kopflastigen Bürokratie war noch immer unverändert, zumindest damals noch. Doch die positive Entwicklung des Landes und die offizielle Bereitschaft, eine Million Neuer Testamente anzunehmen, sowie das Zusammentreffen mit leitenden Regierungsvertretern lösten in mir Freude und gespannte Erwartung aus.

Als sich dann noch das Flughafenpersonal bei mir dafür entschuldigte, dass mein Gepäck, darunter auch zwei große Kartons mit Bibeln, fehlgeleitet worden war, zeigte ich vollstes Verständnis. Ich erntete keine verdächtigen Blicke und wurde keinerlei Befragung unterzogen. Ich musste lediglich meinen Pass vorzeigen. Da ich an der Menschenrechtskonferenz teilnehmen sollte, wurde ich von drei Männern in Empfang genommen – einem Reiseführer, einem Dolmetscher und einem Chauffeur –, die mich im Laufe der folgenden Tage gewissermaßen auf Händen trugen.

Sie führten mich zu einem hervorragenden First-Class-Hotel mitten in Moskau, wo ich mit einigen anderen Konferenzteilnehmern zusammentraf. Dieses neuartige Gefühl, in einem kommunistischen Land als Gast geehrt zu werden, bereitete mir Unbehagen, da ich sonst eher als Krimineller behandelt worden war!

Während der ersten größeren Pause spazierte ich über den Roten Platz. Einerseits sah alles unverändert aus. Der

Platz war trostlos und schmutzig, lediglich die majestätischen Zwiebeltürme der großen Kirche blitzten. Doch andererseits sah alles ganz anders aus. Die Zahl der Soldaten und Gewehre war drastisch reduziert worden. Die Atmosphäre war entspannter, fröhlicher. Auf den Gehwegen wurden Dinge verkauft. An allen Ecken musizierten Straßenmusikanten. Man sah mehr lächelnde Gesichter als je zuvor. Die Verlagerung hin zur freien Marktwirtschaft und besonders zur allgemeinen Freiheit vollzog sich unmittelbar vor meinen Augen.

Ich glaubte zu träumen. Hier befand ich mich mitten im geistigen Zentrum der kommunistischen Welt, einem Zentrum, das nicht länger standhalten konnte, und hatte die Möglichkeit, frei herumzulaufen. Ich dachte an all die zu Gott emporgestiegenen Gebete, all die Bibeln, die unsere Teams ins Land geschmuggelt hatten, an all die Gläubigen, die hier gelitten und die Hoffnung gehegt hatten, dass dieses System der Unterdrückung eines Tages beseitigt werden würde. Obgleich das Ende dieses Systems noch nicht abzusehen war und meiner Einschätzung nach im Laufe der nächsten Jahre noch viel Unruhe und Instabilität zu spüren sein würde, merkte ich, dass das Ende nahte. Ich bin wohl der glücklichste Missionar auf der ganzen Welt, dachte ich bei mir, weil ich erlebe, wie meine Träume wahr werden. In wenigen Monaten würde ich in einem offiziellen, von der Regierung genehmigten feierlichen Akt persönlich die erste Lieferung Neuer Testamente an die russisch-orthodoxe Kirche übergeben. Ich konnte kaum glauben, dass Bibeln nicht mehr hinübergeschmuggelt zu werden brauchten.

Zwei Tage verstrichen, und ich hatte noch immer mein Gepäck nicht erhalten. Täglich schickte ich jemanden vom

Hotel zum Flughafen, um Erkundigungen einzuholen. Schließlich, am dritten Tag, kam jemand mit meinem Koffer ins Hotel zurück, jedoch ohne Bibeln. Am Flughafen wisse niemand etwas von zwei Kartons voller Bibeln, berichtete mir der Hotelangestellte.

Hier stimmt etwas nicht, sagte ich mir. Meine gesunde Skepsis erinnerte mich daran, dass das System noch nicht vollständig umgekrempelt worden war. Ich wusste, dass die Bibeln genau in dem Augenblick ohne Erklärung auftauchen würden, wenn ich für meinen Rückflug nach Amsterdam im Flughafen eincheckte.

Die Menschenrechtskonferenz verlief ohne Zwischenfälle. Wir diskutierten über die vielen Veränderungen, die seit unserem letzten Besuch stattgefunden hatten, und man sagte uns, die Sowjets seien dabei, neue Gesetze im Blick auf mehr Religionsfreiheit zu erlassen. Vorschläge unsererseits werde man dankbar annehmen.

Ich hielt eine kleine Ansprache, bei der ich erwähnte, dass die russische Kirche mein Angebot, ihr eine Million Neuer Testamente zu schenken, angenommen habe. Während der Konferenz überreichte ich Fjodor Burlatsky offiziell eine wunderschöne russische Bibel. Er war damals einer der einflussreichsten Männer in der Sowjetunion, einer von Gorbatschows Sonderberatern. Unglaublich, wie das Wort Gottes bis in die höchsten Ebenen der russischen Regierungskreise gelangte! Er nahm sie dankbar an. Was er dann sagte, traf mich völlig unvorbereitet und erfreute mich sehr:

„Andrew, das ist die dritte Bibel, die ich in diesem Jahr erhalten habe. Die erste Bibel hat meine Frau beschlagnahmt. Ich bekomme die Bibel nicht mehr zu Gesicht, weil meine Frau Tag und Nacht darin liest. Dann gab mir noch jemand eine Bibel. Die hat mein Sohn dann für sich in Anspruch genommen, sodass ich sie wohl auch nicht mehr zu Gesicht bekomme. Aber jetzt habe ich meine eigene Ausgabe, Andrew. Diese werde ich für mich behalten."

Als meine Abreise näher rückte, checkte ich absichtlich sehr früh am Flughafen ein, um meine Bibeln zurückzubekommen. Ich wollte sie auf keinen Fall mit nach Hause nehmen. Mit dem Dolmetscher, dem Reiseleiter und dem Chauffeur an meiner Seite ging ich ins Fundbüro, einem riesigen Warenhaus, und erkundigte mich nach den Kartons.

„Kein Problem", sagte der Beamte. „Ihre Kartons liegen bereits hier auf dem Tisch."

Wie ich es mir gedacht hatte!

„Was ist in den Kartons?", fragte er mich.

„Bibeln für die Kirche", sagte ich ungeduldig.

Dann setzte ein echter Papierkrieg ein. Ich wurde zu ihrem Vorgesetzten geschickt, der mich eine Unmenge langer Formulare ausfüllen ließ, auf denen ich den genauen Inhalt zu benennen und die genaue Reiseroute anzugeben hatte. Keiner wollte mir garantieren, dass ich die Kartons ausgehändigt bekommen würde. Als meine inständige Bitte, mir doch die Bibeln zurückzugeben, auf taube Ohren traf, tat ich in meiner Verzweiflung etwas, was ich sonst unter normalen Umständen nie tue: Ich ließ Namen von berühmten Personen fallen, die mir bekannt waren. Ich sagte: „Eines weiß ich mit Bestimmtheit: Meinem Freund, dem Justizminister Alexander Sucharow, wird das ganz und gar nicht gefallen."

Es dauerte nicht einmal eine Minute, da konnte ich mit meinen Kartons voller Bibeln das Fundbüro verlassen. Ich musste nicht ein einziges Stück Papier unterzeichnen und bei keinem anderen Beamten vorstellig werden. Eines sage ich Ihnen: Das ganze sowjetische System war auf Beziehungen aufgebaut.

Ich überreichte meinem Chauffeur die Kartons mit den Bibeln und sagte: „Bitte fahren Sie diese Bibeln zur Baptistengemeinde." Ich gab ihm die genaue Adresse und bestieg das Flugzeug nach Amsterdam.

Das erste Kontingent Neuer Testamente für die orthodoxe Kirche traf in der ersten Dezemberwoche des Jahres 1988 in Moskau ein, gerade rechtzeitig zum Ende der Feierlichkeiten zum tausendjährigen Bestehen der russisch-orthodoxen Kirche. Die Zeremonie, in der ich offiziell die „erste" Bibel überreichte, fand am 13. Januar 1989 statt, und zwar im teilweise wiederhergestellten Danilow-Kloster. Die wunderschönen Räumlichkeiten, die der Kirche als Hauptsitz dienten, waren unter Stalin beschlagnahmt und erst vor Kurzem zurückgegeben worden.

Eine Anzahl Priester, Metropoliten und Angehörige des Klosters waren am Abend als geladene Gäste anwesend. Es war für mich ein erhebender Augenblick. Als die Zeit für meine Ansprache kam, war ich so aufgeregt, dass ich die Gäste als „extinguished" (ausgelöscht) statt „distinguished" (ausgezeichnet) bezeichnete. Ich konnte mich jedoch schnell verbessern und erzählte dann, was mir auf dem Herzen lag.

Ich berichtete, dass die Neuen Testamente eine Gabe von Christen im Westen seien, um das tausendjährige Bestehen der russisch-orthodoxen Kirche zu würdigen. Ich sprach auch von den Gaben der russischen Kirche an den Westen – ihre Liebe, ihren Glauben, ihr Ausharren.

„Es ist mein aufrichtiges Verlangen, eine lebendige Verbindung zur russischen Kirche zu pflegen", sagte ich. „Es handelt sich hierbei um eine kleine Gabe, die wir Ihnen überreichen. Wir möchten mehr tun, aber vor allem möchten wir Gemeinschaft mit den Geschwistern, den Christen in Russland, haben, weil dieses kostbare Wort Gottes für alle Menschen auf der Welt geschrieben wurde, um uns den Weg zu Gott zu zeigen."

Nach meiner Ansprache erhoben sich nacheinander einige Kirchenführer, um auf das Gesagte einzugehen. Erzbischof Iov sagte: „Ich möchte Ihnen im Namen der Menschen in unserer Kirche für diese Gabe danken, ebenso für Ihre Liebe zu unserer Kirche und unseren Kirchenmitgliedern. Ich möchte Ihnen versichern, dass wir diese Neuen Testamente an die Gläubigen verteilen werden. Sie werden überall in den Häusern und auch im Leben der Gläubigen einen Ehrenplatz einnehmen."

Ein weiterer Priester mit Namen Vater Vitali Borovoi dankte im Namen der Mönche des Klosters und im Namen der Mitarbeiter der Abteilung für Auswärtige kirchliche Beziehungen. Er sagte: „Sie nennen sich Open Doors, und genau das brauchen wir, sowohl hier als auch im Westen. Die Türen werden allmählich geöffnet, in unserem wie auch in Ihrem Land. Sie werden sich jedoch nicht so leicht öffnen lassen, weil sie so lange Zeit verschlossen waren. Die Menschheit war gespalten, und weil sie nicht dazu bereit war, sich gegenseitig anzuerkennen, bekriegten sie sich gegenseitig. Jetzt hat sich die Tür geöffnet, sodass wir uns gegenseitig ansehen und miteinander kooperieren können."

Dann verwies Vater Borovoi auf ein erstaunliches Stück russischer Kirchengeschichte, von dem ich nie zuvor gehört hatte: „Die Tausendjahrfeierlichkeiten unserer Kirche dienten als Anlass für diese Gabe. Es handelt sich hierbei um einen symbolträchtigen Augenblick, und zwar wegen des Bruders, der uns die Gabe darreicht: Er heißt nämlich Andrew."

Er drehte sich um und zeigte auf ein großes Gemälde an der hinter ihm liegenden Wand. „Das Christentum wurde durch den Apostel Andreas (englisch: Andrew) in unser Land gebracht. Dort auf dem Bild ist er zu sehen. Laut unserer Tradition war er der Erste, der nach Russland kam, um das Evangelium unseres Herrn zu predigen. Unsere Kirche betrachtet sich als die Kirche des Apostels Andreas. Er brachte der griechisch-römischen Welt das Christentum, und Sie, Bruder Andrew, stellen mit Ihren Büchern und Einsätzen eine Fortsetzung dieses Apostelamtes dar. Die Taten des Apostels Andreas reichen bis in die heutige Zeit. Wir heißen diese Fortsetzung seines apostolischen Dienstes hier in unserem Land willkommen.

Doch nicht nur Sie und Ihre Brüder im Westen sollten Neue Testamente drucken und bei uns verteilen. Ich denke vielmehr, es ist unsere Aufgabe, und zwar die allerwichtigste Aufgabe unserer Kirche, selbst Bibeln zu drucken. Wir haben es bereits sechsmal getan, aber wir erreichten noch nicht die fünfzig Millionen Bibeln, die unser Volk braucht. Das ist eindeutig unsere Aufgabe und Pflicht, denn ohne die Bibel wäre unsere Kirche, die so reich an geistlichem Leben ist, keine Kirche."

Welch ein Ereignis! Diese abschließenden Bemerkungen gefielen mir ganz besonders, da sie das beleuchteten, was ich auch heute noch als meinen persönlichen Ruf und als Ziel von Open Doors betrachte. Unsere Aufgabe ist es nicht, das für andere zu tun, was sie selbst tun können. Unsere Aufgabe besteht vielmehr darin, Kirchen und Gemeinden zu unterstützen und zu stärken, damit sie ihre eigene Arbeit zur Verbreitung des Glaubens in Angriff nehmen können. Ich möchte verschlossene Türen öffnen, damit andere hindurchgehen können.

Nachdem alle Reden gehalten waren, begann ich mit dem Verteilen der Neuen Testamente an die Priester und die Klosterbrüder. Die Reaktion war überwältigend. Ein Priester bat mich um tausend Exemplare. Ich sagte, das sei kein Problem, doch wir müssten diese Menge separat versenden. Wir würden Mittel und Wege dazu finden.

Einer der Mönche sagte: „Andrew, Sie sollten nicht nur hier austeilen, sondern auch in den Kirchen selbst, damit die einfachen Leute auch eine Bibel bekommen können."

Daraufhin besuchten meine Kollegen von Open Doors zwei Tage später die Elia-Kirche in Moskau, wo sie zweihundert Neue Testamente verteilten, während ich an weiteren Treffen der Menschenrechtsgruppe teilnahm. Die Gemeindeglieder strömten nach vorn, in der Hoffnung, ein Exemplar zu erhalten, und viele Empfänger konnten die Freudentränen nicht zurückhalten.

Unser Besuch bei den führenden Geistlichen der orthodoxen Kirche ermöglichte es uns, Freunde unter diesen christlichen Brüdern zu finden, zu denen wir bisher noch gar keinen Kontakt gehabt hatten. Bis zu diesem Zeitpunkt hatten sich unsere Kontakte auf baptistische und andere evangelikale Kreise beschränkt. Die Baptisten hatten nichts dagegen einzuwenden, und wir sorgten dafür, dass auch sie ihren Anteil an Bibeln erhielten.

Im Verlauf des nächsten Jahres reiste ich mehrere Male nach Russland, und jedes Mal erlebte ich etwas Überraschendes oder hörte ich etwas Neues, das auf echte Veränderungen in der kommunistischen Welt schließen ließ.

Bei meinem zweiten Besuch passte ich besonders gut auf, dass mein Gepäck nicht verloren ging, und legte mir keine Beschränkungen beim Mitbringen von Bibeln auf. Am Zollschalter stellte ich meine zwei Kartons vor der Beamtin auf den Tisch und sagte: „Das sind Bibeln. Sie können die Kartons ruhig öffnen. Dann zeige ich sie Ihnen."

Etwas überrumpelt lehnte die Beamtin es ab, die Kartons zu öffnen. Vielleicht fürchtete sie, ich werde anfangen zu predigen. Sie ließ mich die Kartons mitnehmen, und ich musste nicht einmal eine Unterschrift leisten. Umso besser!

Neben den orthodoxen Kirchenführern besuchte ich noch eine Anzahl evangelikaler Gemeinden, die wir über die Jahre mit Bibeln versorgt hatten. Sie schienen noch genauso wie vorher zu sein: Das Gebäude war mit aufrecht stehenden Menschen gefüllt, die Frauen trugen Kopftücher, und es erklangen die gleichen feierlich-ernsten Gesänge in Moll. Die Gläubigen waren jahrelang treu gewesen und wollten es auch bleiben.

Ich lernte jedoch auch Christen kennen, die neue mutige Wege gingen, um das sich verändernde Land zu evangelisieren. Die Baptistengemeinde in Moskau hatte ein riesengroßes Theater gemietet und benutzte Lautsprecher, um die Menschen auf der Straße öffentlich zu den Gottesdiensten einzuladen. Ich wollte diese Versammlung kennenlernen, und so ging ich mit zwei Kollegen hinein und setzte mich hin.

Der große Saal war brechend voll, und auffallenderweise nicht nur mit Christen. Die meisten evangelikalen Christen und auch die Baptisten in Russland kleideten und verhielten sich konservativ, und an Rauchen oder Trinken war gar nicht zu denken.

Und so konnte ich anhand des Zigarettengeruchs und der Kleidung erkennen, dass es den Gläubigen gelungen war, viele Nichtchristen zu erreichen. Ich konnte die Predigten der verschiedenen Sprecher nicht verstehen, doch die Art und Weise, wie sie auf ihre Bibeln zeigten und voll Geistes sprachen und beteten, ließ keinen Zweifel daran aufkommen, dass sie das Evangelium predigten. Gegen Ende wurde zur Bekehrung aufgerufen, und viele Menschen hoben die Hand oder gingen nach vorn, um Christus anzunehmen. Die überwältigende Reaktion rührte mich zutiefst.

Nach dem Gottesdienst bahnten wir uns einen Weg durch die Menge und gelangten schließlich bis an die Bühne. Die leitenden Brüder und die Sprecher wussten, wer wir waren, und hießen uns willkommen.

Ihre erste Frage war: „Andrew, weshalb hast du keine Bibeln verteilt?" Sie selbst hatten keine Bibeln, die sie den Menschen hätten überreichen können.

„Du liebe Zeit, ich wusste nichts von der Möglichkeit", antwortete ich. Die Sowjetunion befand sich noch in einer Übergangsphase, und von einem Monat zum nächsten wusste man nicht, welche Aktivitäten geduldet und welche nicht geduldet werden würden. Doch die Tatsache, dass Christen evangelistische Veranstaltungen außerhalb ihrer Gemeindegebäude abhalten und sich auch sonst als Christen einsetzen durften, zeigte einen deutlichen Ruck in der politischen Lage an. Wir sahen es mit eigenen Augen, und das machte mich sehr glücklich.

Die Veränderungen schienen sich über die Grenzen der Sowjetunion hinaus bemerkbar zu machen. Auf einem meiner Flüge von Moskau erlebte ich etwas Lustiges. Ich hatte einen Platz am Gang, die beiden Plätze zu meiner

Rechten waren nicht belegt. Bei einem Zwischenstopp in Warschau füllte sich das Flugzeug bis auf die beiden Plätze neben mir. Dann kamen zwei Männer in schwarzen Anzügen und Pastorenkragen den Gang herunter. Sie blieben neben meinem Platz am Gang stehen, überprüften ihre Bordkarten und bestätigen, dass sie sich auf die beiden freien Plätze setzen wollten.

Ich erhob mich, um sie durchzulassen, und stellte mich vor: „Mein Name ist Bruder Andrew." Der erste Mann lächelte, sagte: „Mein Name ist Bruder Andrew", und setzte sich. Dann sagte der zweite Mann zu meinem Erstaunen: „Meine Name ist auch Bruder Andrew."

Es handelte sich um polnische Missionare! Einer von ihnen hatte mit der „Oasis-Bewegung" zu tun, einer charismatischen Bewegung in Polen, die Open Doors seit Jahren unterstützte. Nun saßen wir da, drei Brüder Andrew in einer Reihe. Ich freute mich nicht nur wegen des komischen „Zufalls", sondern wegen der Tatsache, dass diese beiden Männer christliche Missionare waren, die von ihrer Kirche in ein noch immer unter kommunistischer Herrschaft stehendes Land geschickt wurden. Die Welt hatte sich tatsächlich verändert.

Eine andere unglaublich klingende Geschichte kam uns später zu Ohren. Sie betraf eine wachsende Baptistengemeinde in Kobrin, einer Stadt in der Nähe der polnischen Grenze zum heutigen Weißrussland. Die Gläubigen hatten die Genehmigung erhalten, ihr erstes Gemeindegebäude zu errichten, doch der Mangel an Baumaterial machte es unmöglich, mit dem Bau anzufangen. Schließlich genehmigten die Behörden ihnen, etwas zu tun, was einige Jahre zuvor undenkbar gewesen wäre: Sie durften nahe gelegene verlassene sowjetische Armeebaracken und

Raketenrampen niederreißen, um die Ziegelsteine, Beton-
blöcke und den Stahl für den Bau ihres Gemeindehauses
zu verwenden.

Als die freiwilligen Helfer der Gemeinde sich daran-
machten, diese besagten Mauern niederzureißen, stießen sie
auf eine leere Patronenhülse aus dem Zweiten Weltkrieg,
die in eine Mauer aus Ziegelsteinen eingemauert worden
war. In der Hülse fanden sie einen Zettel, auf dem 1948 in
russischer Schrift geschrieben worden war: „Diese Ziegelsteine stammen aus polnischen und russisch-orthodoxen
Kirchen. Wenn dieser Raketenkomplex jemals niedergerissen werden sollte, dann bitten wir darum, dass die Ziegelsteine dazu benutzt werden, um Kirchen zu errichten."
Mehrere Menschen hatten unterschrieben, wahrscheinlich
gläubige Bauarbeiter.

Während und nach dem Zweiten Weltkrieg hatte Stalin
viele Kirchen und Gemeindehäuser zerstören lassen, um
aus dem so gewonnenen Material Gebäude für den sowjetischen Militärapparat zu errichten. Nun sorgte Gott dafür, dass die Ziegelsteine ihrem rechtmäßigen Zweck wieder zugeführt wurden, nämlich dem Bau seines Reiches.

Der polnisch-kanadische Missionar George Bajenski,
der uns diese Geschichte übermittelte, erinnerte uns an
Jesaja 2,4, wo es heißt: „Dann schmieden sie aus ihren
Schwertern Pflugscharen."

Der Wind der Demokratie und der freien Meinungsäußerung traf, wo immer er wehte, auf wenig Widerstand,
besonders in Russland und Osteuropa. Eine tragische
Ausnahme bildete allerdings das Massaker auf dem Platz
des Himmlischen Friedens in China im Juni 1989.

Die Satellitenstaaten der Sowjetunion begannen eine ei-
genständige Politik unabhängig von Moskau zu verfolgen

und wählten ihre eigene politische Führung. In der Tschechoslowakei wurde der Schriftsteller Václav Havel Präsident. In Rumänien wurde der brutale Diktator Nicolae Ceaușescu gestürzt, und auf den Straßen von Bukarest sah man Menschen Hammer und Sichel aus der Nationalflagge reißen.

Das vielleicht kraftvollste und symbolträchtigste Ereignis überhaupt war wohl die Öffnung der Berliner Mauer, jener Mauer also, die nicht nur die Stadt, sondern auch die ganze Welt in zwei Teile trennte: in ein kommunistisches und ein nicht kommunistisches Lager. Während ich bei der Zeremonie zum Fall der Mauer im Dezember nicht anwesend sein konnte, war mein Kollege Jan Zeuge dieses außergewöhnlichen Meilensteins. Hunderte, ja Tausende von Menschen versammelten sich am Brandenburger Tor, dem wohl schmerzlichsten Punkt der Mauer, um dieses Ereignis mit hoher Symbolkraft mitzuerleben. Es hatte emotionsgeladene Szenen der Wiedervereinigung gegeben zwischen denen, die Jahre zuvor bereits nach West-Berlin geflüchtet waren, und ihren Angehörigen, die keine Möglichkeit zur Ausreise gehabt hatten. Einige von ihnen hatten ihre Angehörigen fünfzehn oder zwanzig Jahre nicht mehr gesehen.

Unter der Menge befanden sich auch einige Christen, die evangelisierten, indem sie ein überdimensionales Banner mit den Worten aus Psalm 24,7 trugen: „Öffnet euch weit, ihr ehrwürdigen Tore! Der mächtigste König will einziehen!" Ein sehr treffendes Wort für das Brandenburger Tor. Damit verbunden war auch eine kraftvolle Botschaft, so als wolle man sagen: Friede ist nicht die Abwesenheit des Kommunismus, sondern die Gegenwart des einen Königs der Herrlichkeit, Jesus Christus. Nachdem die Mauer offiziell offen war, trugen die Christen ihr Banner nach Ost-

Berlin und evangelisierten dort weiter. Es war das erste Mal seit Jahren, dass so etwas geschah.

Jan war einer von Tausenden, die die Mauer bestiegen, um mit einem Hammer Steine loszubrechen. Er sammelte etliche Stücke der Mauer und gab sie Freunden, die lange und ernsthaft darum gebetet hatten, dass sie zusammenbrechen möge. Als er später von diesem Erlebnis berichtete, sagte er: „Hammer und Sichel sind Hammer und Meißel gewichen." Das gefiel mir.

An diesen Mauerstücken war ich aber keineswegs interessiert, und beim Herausklopfen wollte ich auch nicht unbedingt dabei sein, hatte ich doch das Errichten der Mauer mit eigenen Augen als Zuschauer miterlebt und war unter den Ersten gewesen, die hindurchfuhren. Selbstverständlich war ich überglücklich, dass sie keinen Bestand mehr hatte, aber ich wollte lieber vorwärtsgehen und nicht zurückschauen.

Jan freute sich ganz besonders auf den ersten Sonntag nach dem Fall der Mauer. Er wollte nämlich die Gelegenheit wahrnehmen, einen Gottesdienst in Ost-Berlin mitzuerleben. Er freute sich auf den Jubel, das Loben und Danken der Christen, weil Gott ihnen ihre Freiheit zurückgegeben hatte – die Freiheit, Gott zu dienen, die Bibel zu lehren und ohne Furcht vor Strafe zu evangelisieren. Doch als er in die Kirche trat, stellte er schockiert fest, dass sie fast leer war. Was war der Grund dafür? Die meisten Gottesdienstbesucher waren zum Einkaufen nach West-Berlin gefahren.

„Jetzt interessieren sie sich für den Supermarkt, anstatt für unseren Super-Gott, der uns befreit hat", klagte der Pastor mit einem Seufzer.

Ich war zwar traurig über diesen Bericht von Jan, konnte aber trotzdem diese Christen nicht verurteilen. Wenn ich all die Jahre in Ost-Berlin gelebt hätte, hätte ich vielleicht das Gleiche getan. Ihr Handeln zeigte mir jedoch wieder klar, dass der Kapitalismus keine gute Alternative zum Sozialismus darstellt, wenn der König der Herrlichkeit nicht eingeladen ist.

In dieser Zeit der Turbulenzen und des Triumphs fuhren unsere Lastwagen alle sechs Wochen zu bestimmten Verteilerpunkten in Russland, um die Neuen Testamente abzugeben. Jede Ladung enthielt hunderttausend Bibeln. Die letzte Lieferung erfolgte Anfang 1990. In der ersten Märzwoche flog ich nach Moskau, um dem Patriarchen Aleksej, dem neuen Oberhaupt der orthodoxen Kirche, das „letzte" Neue Testament zu überreichen. Mein Kollege Klaas und ein Fernsehteam begleiteten mich, um das Ereignis dokumentarisch festzuhalten.

Wir hatten Gelegenheit, im Danilow-Kloster ein üppiges Mahl zu uns zu nehmen und einen Abendempfang beim Patriarchen Aleksej zu erleben. Er war mindestens so alt wie ich und hatte einen langen grauen Bart. Er trug lange schwarze Priestergewänder, eine weiße Kopfhaube und ein großes Medaillon an einer Kette um den Hals. Wir hielten beide eine kurze Ansprache. Dann übergab ich ihm das „millionste Neue Testament" und ein Exemplar von „Der Schmuggler Gottes".

„Das ist das letzte Neue Testament der ersten Million", sagte ich ihm. „Ich hoffe, dass ich nie mehr Bibeln nach Russland schmuggeln muss."

Er nickte zustimmend, während er mit würdevoller Geste die Bücher im Empfang nahm. Dann fragte er: „Andrew, können wir zusammen beten?"

Wir gingen in seine Privatkapelle und stellten uns vor eine Wand mit wunderschönen Ikonen, die als „Ikonostas" (Bilderwand) bezeichnet wird und seit Jahrhunderten zur russisch-orthodoxen Gottesdienstordnung gehört.

„Wir wollen das Vaterunser zusammen beten", schlug er vor. „Bitte beten Sie auf Holländisch, und ich werde auf Russisch beten."

Während wir laut zusammen beteten und ich das Vaterunser in beiden Sprachen vernahm, traf mich plötzlich der Gedanke, dass wir Christen doch alle eine Familie sind. Trotz der Unterschiede in Sprache, Kultur und Erscheinung war das Herz dieses Mannes genauso hungrig nach der Liebe Gottes wie meins.

Wir besuchten dann noch weitere Kirchen. Eine davon war die orthodoxe Kirche Kuncevo am Rande von Moskau. Die Kommunisten hatten sie geschlossen und zu einem Kaufhaus umfunktioniert, doch im Jahr zuvor war das Gebäude wieder an die orthodoxe Kirche zurückgegeben worden. Die Wiederherstellung des Gebäudes würde wenigstens fünf Jahre dauern, wurde uns gesagt, und die Kirche müsse alles selber bezahlen.

Nach der Liturgie, während der die Menschen Kerzen anzündeten, sangen und auf dem schäbigen Boden knieten, stellte uns der Priester der Gemeinde vor und teilte einige Neue Testamente an Gemeindeglieder aus. Und wieder strömten die Menschen nach vorn, um ein Exemplar zu erhalten, und bedankten sich nachher überschwänglich bei unserem Team.

Ich besuchte auch eine Baptistengemeinde, die sich in einem ähnlichen Umbauzustand befand. Überall war Dreck und Unordnung zu sehen, da es eine Unmenge Arbeit zu tun gab. Die Gottesdienste wurden im oberen Stockwerk abgehalten, während der Gottesdienstraum unten wiederhergerichtet wurde. Für die Gemeinde war es eine gute Nachricht, dass sie ihr Gebäude wieder zurückerhalten hatte, eine schlechte Nachricht jedoch, dass die hohen Kosten und der enorm hohe Zeitaufwand für die Umbauarbeiten andere Aktivitäten der Gemeinde lahmlegten.

Eines Abends besuchten wir einen überfüllten Gottesdienst in der Moskauer Baptistengemeinde und sprachen anschließend mit Nikolai Kolesnikow, einem der dortigen Leiter. Mit großer Begeisterung erzählte er uns von den Dutzenden von Nachfragen nach Bibeln seitens einiger Schulen und Militärakademien. Die Gemeinde verteilte auch regelmäßig Bibeln an die nicht registrierten Gemeinden Russlands.

Ein persönlicher Höhepunkt für mich bedeutete das Zusammentreffen mit einem meiner Vorbilder, Josef Bondarenko, und zwar zum ersten Mal in seinem eigenen Land. Bekannt als „der Billy Graham der Sowjetunion", hat sich dieser mutige Bruder aus Litauen der Evangelisierung Russlands verschrieben. Drei Gefängnisstrafen von jeweils drei Jahren musste er absitzen, ehe er in den Achtzigerjahren entlassen wurde und frei und ungehindert seine Arbeit fortsetzen konnte. Jahrelang hatte ich seine Aktivitäten verfolgt, und nun stand ich dort mit ihm zusammen, wo sein Missionsgebiet war.

Welch ein liebevoller, würdiger Mann, so voller Begeisterung und Liebe zu seinem Herrn! Gemeinsam suchten wir den Roten Platz auf, um für unser Fernsehteam Interviews zu machen. Josef begann unmittelbar vor dem Lenin-Mausoleum auf Russisch zu predigen und Neue Testamente auszuteilen. Eine Frau, die sehr wenig über die Bibel wusste, trat auf ihn zu, und so erläuterte er ihr die

Gute Nachricht von Jesus und bat sie, Johannes 3,16 laut vorzulesen. Die Menschen hörten begierig zu und baten uns inständig um mehr Bibeln. Es war eine bewegende Szene.

Nach den Filmaufnahmen und den Gesprächen mit einigen Menschen gaben wir Josef einen Karton mit achtundsiebzig Bibeln für Sibirien, denn er hatte vor, dort drei Wochen lang zu evangelisieren. Anschließend reisten wir nach Holland zurück.

Meine Verbindung zu der De-Burght-Menschenrechtsgruppe blieb auch weiterhin bestehen. Im März 1991 kam die Gruppe im internationalen Friedenspalast in Den Haag zusammen. Josef Bondarenko und seine Familie besuchten mich um diese Zeit herum in Holland, und ich fragte sie, was sie zur Unabhängigkeit Litauens zu sagen hatten.

Können Sie sich vorstellen, was mein Bruder sagte? „Andrew, ich möchte nicht, dass meine Heimat unabhängig wird, weil ich dann mein Missionsfeld verliere." Anders ausgedrückt: Mit einem unabhängigen Litauen würde wahrscheinlich die Einreise nach Russland erschwert, sodass das Evangelisieren in Russland größere Schwierigkeiten mit sich bringen würde.

Seine Worte überraschten mich. Sie erinnerten mich jedoch an eine wichtige Wahrheit, die gerade uns Christen betrifft: Nationalbewusstsein kann etwas Wunderbares sein, doch wenn unser Verlangen nach politischer Unabhängigkeit größer ist als unser Verlangen, die Welt zu evangelisieren, dann werden wir nie gegen die Mächte der Finsternis gewinnen. Der Pfad der Verfolgung ist möglicherweise der einzige Weg zum Sieg, wie bei Josef.

Bei seinem Aufenthalt in Holland sprach Josef in meiner Heimatgemeinde, und seine Familie sang für uns. Der Gottesdienst war noch nie so gut besucht gewesen wie an diesem Tag. Die Predigt war einfach, und doch enthielt jedes Wort große Autorität.

Während ich Josef zuhörte, beugte sich der Mann neben mir zu mir herüber und fragte: „Andrew, warum hat dieser Mann diese Autorität?"

Spontan antwortete ich: „Weil er den Preis dafür bezahlt hat." Und noch ehe ich mich zurückhalten konnte, fügte ich hinzu: „Du und ich, wir werden dafür bezahlt."

Vielleicht hätte ich das nicht sagen sollen, aber es ist die Wahrheit.

Nach der Predigt hatte ich Gelegenheit, mit Bruder Josef zusammenzusitzen. Ich wollte ihm von unserer sieben Jahre dauernden Gebetskampagne für die Sowjetunion berichten, die gerade zu Ende gegangen war. In diesen sieben Jahren, in denen wir gebetet hatten, war so viel passiert. Nicht nur Russland, sondern auch die ganze Welt schien wie umgekrempelt.

„Josef", sagte ich, „du weißt doch, dass wir sieben Jahre lang für dich gebetet haben?"

Sanft antwortete er: „Andrew, hört bitte nicht auf zu beten. Wir beten schon siebzig Jahre lang."

Da stand ich nun wieder in meiner kleinen Ecke, wohin ich gehörte. Natürlich beteten sie. Auch für uns. Das Prinzip, über das ich so oft predige, war mir entfallen: Wir brauchen die Gemeinde in der Verfolgung genauso, wie sie uns braucht. Wir können genauso viel von ihnen lernen (vielleicht sogar mehr!) wie sie von uns.

Nicht einmal das sture Albanien konnte die Flut der Veränderungen in der kommunistischen Welt aufhalten. In den späten Achtzigerjahren begannen unsere Gebetsteams, die durch die Städte und Dörfer gewandert waren, die Antwort auf ihre Gebete zu erleben. Der grausame Tyrann Enver Hoxha, der einmal gesagt hatte: „Der Glaube an Gott muss mit den Wurzeln herausgerissen werden", starb 1985. Es entstand ein großer Riss im Gesamtgefüge des Landes. Endlich, im Jahre 1990, begann sein Nachfolger, Präsident Ramiz Alia, einige der Einschränkungen für die Bürger zu lockern.

Danach gab es kein Zurück mehr. Bald darauf zerfiel das gesamte kommunistische System, und viele Tausende flohen aus dem Land. Da keine natürlichen Ressourcen vorhanden waren und die Hälfte der Bevölkerung ohne Arbeit war, glitt das Land in einen Zustand der Anarchie. Verbrechen und Korruption waren an der Tagesordnung. Diebe zerschlugen Autofenster und stahlen den im Auto sitzenden Insassen Wertsachen aus dem Wagen. Wenn die Polizei überhaupt auftauchte, dann, um Bestechungsgeld zu fordern oder sich stattdessen auch etwas aus dem Auto herauszuholen.

Zu diesem Zeitpunkt beantragte eine als „Ancient World Outreach" bekannte Organisation in Zusammenarbeit mit anderen Missionsgesellschaften einschließlich Open Doors die Genehmigung für eine erste Evangelisation im Albanien der Neuzeit. Da sich das Land in so großer geistlicher Not befand und sich überall in Europa die freie Meinungsäußerung durchzusetzen begann, erhielten wir wie erwartet eine Zusage.

Was uns jedoch wirklich überraschte, war die Begeisterung, mit der unsere Anfrage aufgenommen wurde. Man gestattete uns nicht nur die Durchführung, sondern bot uns kostenlos das Stadion in der Hauptstadt Tirana an.

Am 1. Juli 1991 eröffnete der Kulturminister Prec Zogaj offiziell den ersten Abend, indem er sagte: „In Albanien herrscht ein großer Bedarf an solchen Versammlungen. Das Land braucht geistliche Dinge."

Ich durfte die erste Ansprache an die Menge halten. Fünf Tage lang kamen achttausend Menschen zusammen. Nach Jahrzehnten der Finsternis hörten die Menschen trotz des windigen Wetters aufmerksam zu, denn ihr Hunger nach geistlicher Wahrheit war groß. Das staatliche albanische Fernsehen strahlte den ersten Gottesdienst überhaupt im ganzen Land aus, und die ehemalige kommunistische Parteizeitung „Zeri i Populit" berichtete ausführlich darüber. Die Erwartungen und das Interesse waren sehr groß. Während eines Interviews bat der Journalist den Evangelisten, sich wegen der zeitlichen Begrenzung kurz zu fassen, doch der erwiderte: „Nein, ich werde mich nicht kurz fassen, denn seit zehn Jahren habe ich auf diesen Augenblick gewartet, und nun werde ich mir ausreichend Zeit nehmen."

Was für eine unglaubliche Woche das war! Am letzten Tag fand eine besondere Versammlung für die 157 Neubekehrten statt, bei der wir in einem nahe gelegenen See 43 Menschen tauften. Während der Evangelisation gelang es uns, zehntausend Johannesevangelien, siebentausend Neue Testamente und eine große Menge anderer Schriften zu verteilen. Später arbeiteten wir zusammen mit „European Christian Mission", um eine Übersetzung der gesamten Bibel in modernem Albanisch herauszubringen. Es war nicht zu übersehen, dass das Land in ein neues Zeitalter hineinkatapultiert wurde.

Im darauffolgenden Jahr kam es beim nationalen Gebetsfrühstück in Washington zu guten Gesprächen mit einigen der führenden Politiker Albaniens, die damals zum ersten Mal dabei waren. Der albanische Botschafter bei den Vereinten Nationen kam später auf mich zu und sagte: „Bruder Andrew, so etwas müssen wir in Albanien auch haben." Die Begeisterung war groß.

Aus einem albanischen Gebetsfrühstück ist zwar nichts geworden, doch später erhielt ich mehrere Briefe vom Präsidenten und vom Ministerpräsidenten des Landes. Darin wurden Bitten geäußert, doch möglichst schnell Bibeln nach Albanien zu bringen, damit, so hieß es, Jesus albanisch sprechen könne.

Es standen noch andere lustige Sätze in den Einladungsschreiben, zum Beispiel: „Könnten Sie bitte mit der Bibel kommen, damit wir eine Bibelparty haben können?" Sie wussten nicht, wie man eine Feier zur Überreichung der Bibel nennen sollte. Mir gefiel der Ausdruck „Bibelparty" gut. Sie schrieben auch: „Bitte bringen Sie Käse und Cracker und Coca-Cola für die Bibelparty mit."

Ich empfand tiefe Befriedigung und drängte auf die schnelle Fertigstellung der Bibelübersetzung. Anfang 1993 war es endlich so weit, und die ersten Exemplare gingen im Mai in Druck. Inzwischen hatte der Bosnienkrieg begonnen, sodass unser Lastwagen mit seiner großen Ladung Bibeln, Käse, Cracker und Coca-Cola durch Italien und mit der Fähre über die Adria nach Albanien fahren musste. Einen Tag später flogen wir nach Tirana. Wir nahmen sicherheitshalber eine kleine Menge Bibeln mit, für den Fall, dass der Lastwagen irgendwo hängen blieb.

Das Ereignis fand im modernen Internationalen Kulturzentrum statt, in jenem Gebäude also, das Hoxha als Monument zu seiner eigenen Ehre hatte bauen lassen.

Ursprünglich hatte dort in Mammutgröße eine Statue von Hoxha gestanden, aus einem zweiundvierzig Tonnen schweren Marmorblock gehauen. Sie war inzwischen entfernt worden.

„Was ist denn mit der Statue geschehen?", fragte ich den Premierminister. „Ist etwas davon übrig geblieben?"

„Nein", lautete seine Antwort. „Wir haben sie vollständig zu Pulver zermahlen, damit niemand ein Stück für sich davon zurückbehalten konnte." Ein interessanter Vergleich zur Berliner Mauer, dachte ich bei mir. Dort wurden die Stücke nicht nur gehortet, sondern für gutes Geld verkauft.

Im Internationalen Kulturzentrum überreichte ich den Albanern die erste komplette Bibel in zeitgemäßer Sprache. Mehr als zweihundert Personen waren bei der Zeremonie anwesend, einschließlich einiger Mitglieder des Parlaments. Ebenso eingeladen waren drei Staatssekretäre für Religiöse Angelegenheiten (jeweils einer als Vertreter der orthodoxen und katholischen Christen und einer als Vertreter der Muslime) sowie Vertreter von mehr als vierzig Kirchen und Gemeinden, die in den vergangenen Jahren gegründet worden waren. Ein Kinderchor sang zum Festakt.

Nach meiner kurzen Ansprache wollten sich mehrere führende Regierungsvertreter äußern. Zekri Palushi bedankte sich im Namen des Ministerpräsidenten. „Unsere Kinder müssen nicht mehr an Enver Hoxha glauben", sagte er. „Jetzt sollen sie den Namen Jesus kennenlernen. Das wird ihren Geist und Verstand bereichern."

Yili Vesjoe, der kurz zuvor in Pension gegangene Erziehungsminister, fügte hinzu: „Viele Jahre lang wurde uns dieses Buch vorenthalten. Die Bibel weist den Weg zum Frieden, zur Liebe und zu einem besseren Leben. Nach einer Zeit der Diktatur brauchen die Menschen eine geistliche, moralische und wirtschaftliche Erweckung. Die

Bibel kann dazu beitragen. Die Zeit der Diktatur hat die Menschen in den Ruin getrieben, doch die Bibel kann sie wieder aufrichten."

Als letzter Sprecher erinnerte uns der Parlamentsabgeordnete Pjeter Pepa an die vielen Albaner, die für ihren Glauben an Jesus Christus getötet worden waren: „In den vergangenen fünfzig Jahren hat der Teufel unser Land regiert. Jetzt haben wir die Bibel, und wir hoffen, dass der Teufel vertrieben wird."

Im Anschluss an diese Ansprachen feierten wir alle zusammen eine großartige Bibelparty.

Es war eine Frage der Zeit, wann die Freiheitswelle in Russland und Osteuropa Rückwirkungen auf unseren Arbeitsbereich bei Open Doors haben würde. Da Bibeln in allen ehemaligen kommunistischen Ländern legal verteilt, ja sogar gedruckt werden konnten, benötigten wir die Fähigkeiten vieler unserer Mitarbeiter, die unsere europäischen Schmuggeloperationen geplant und durchgeführt hatten, nicht mehr. Wir mussten schließlich fast die Hälfte unseres Personals in Holland, insgesamt dreißig Leute, ziehen lassen. Alle hatten hervorragende Arbeit geleistet. In unserem Büro herrschten gemischte Gefühle. Es war eine traurige Zeit, als wir uns von unseren engen Freunden verabschieden mussten, mit denen wir jahrelang zusammengearbeitet hatten. Und doch war es auch eine Zeit der Freude, denn wir hatten ein großes Ziel erreicht, auf das wir hingearbeitet hatten.

Auch gingen unsere Einnahmen drastisch zurück, wahrscheinlich, weil viele Geldgeber fälschlicherweise dachten, der Zerfall des Kommunismus mache unsere Missionsarbeit überflüssig. Weit gefehlt! Es bedurfte in diesen Ländern gründlicher Nacharbeit, da dort große politische, wirtschaftliche und geistliche Instabilität herrschte.

Wir dürfen nicht vergessen, dass der Sprung von einer langjährigen Diktatur zur Demokratie nicht ohne Probleme möglich ist. Die Schwierigkeiten werden nicht schnell überwunden. Die Herstellung demokratischer Lebensformen in diesen Ländern könnte genauso viel Zeit benötigen, wie ihre Beseitigung in den kommunistischen Anfängen gebraucht hat. Wenn wir Christen erleben möchten, wie die Gemeinde Jesu in diesen Ländern erstarkt und zunimmt, müssen wir Geduld haben und wachsam sein. Denn wenn es uns erlaubt ist, in die Länder einzureisen, dann ist es auch Muslimen, Buddhisten und Hindus erlaubt.

Nach dem Projekt „Eine Million Bibeln für Russland" starteten wir das Projekt „Samuel", bei dem wir eine Million Kinderbibeln ins Land brachten. Da es so viele andere Missionsgesellschaften gab, die die üblichen Bibeln lieferten, setzten wir uns das Ziel, die Kleinen zu erreichen, denen es Generationen hindurch verboten gewesen war, die biblischen Geschichten zu hören.

Heute brauchen besonders die Christen in den ehemals sowjetischen zentralasiatischen Republiken wie Usbekistan, Tadschikistan, Aserbaidschan und Turkmenistan Unterstützung. Dort ist nach dem Zerfall der Sowjetunion der zur Zeit des Kommunismus ebenfalls unterdrückte Islam wieder erstarkt. Wie immer, wollte ich etwas tun, was niemand anders tat. Sobald sich Türen öffnen und andere ohne Einschränkungen durch sie hindurchgehen können, gehen wir woandershin.

Übrigens ist der Kommunismus beileibe noch nicht tot. Dazu braucht man nur jemanden in China, Vietnam, Laos oder Kuba zu fragen. Noch immer wird die Gemeinde Jesu in diesen Ländern verfolgt, und wir haben noch immer viele Mitarbeiter, die den Gläubigen Bibeln und Unterstützung bringen. Doch seit der Eiserne Vorhang gefallen ist, sind wir in der Lage, mehr Kraft und Zeit für einen geistlichen Kampf einzusetzen, der viel stärker ist als alles, was wir bisher im Zusammenhang mit dem Kommunismus erlebt haben. Ich meine damit den Kampf zwischen der christlichen und der islamischen Welt.

NEUNTER SCHRITT

Jesus ist Sieger!

Nie werde ich jenen Tag im März 1990 vergessen, an dem ich auf dem Roten Platz in Moskau stand und Josef Bondarenko beim Predigen in russischer Sprache beobachtete. Das hatte ihm früher neun Jahre Gefangenschaft eingebracht, doch jetzt wurde er von niemandem am Predigen gehindert.

Auch jene Zeit werde ich nicht vergessen, als ich im Stadion von Tirana in Albanien die Menschen betrachtete, die zum ersten Mal seit Jahrzehnten an einer Evangelisation teilnahmen. Die Veranstaltung fand sogar unter dem Segen der Regierung statt. Das ist unser Ziel bei Open Doors: die Botschaft Gottes frei und furchtlos zu verkündigen. Das sollte auch unser persönliches Ziel sein.

Natürlich geschieht das nicht, indem wir einfach irgendwo hereinplatzen und die Botschaft verkündigen. Wir erreichen dieses Ziel erst, wenn wir die ersten acht Schritte gegangen sind und uns damit das Recht erworben haben, die Botschaft zu verkündigen.

Selbst wenn man den Zerfall des Kommunismus in der Sowjetunion und in Osteuropa berücksichtigt, haben wir in fast 50 Prozent der Welt noch immer nicht die Freiheit, öffentlich von Jesus Christus zu sprechen. Viel von unserer Arbeit bei Open Doors geschieht noch immer im Untergrund, doch unser Ziel ist es stets, das Feld zu erschließen, um die Möglichkeit für eine Verkündigung frei zu machen. Wir streben eine Veränderung in allen verschlossenen Ländern an, damit jeder öffentlich die Herrschaft Jesu Christi bezeugen kann.

Anders ausgedrückt: Religionsfreiheit ist ein grundsätzliches Menschenrecht, und wir sollten jede Regierung der Welt dazu drängen, ihren Bürgern zu gestatten, eben dieses Recht auszuüben. Im Laufe der Jahre haben verschiedene internationale Menschenrechtsorganisationen oft mit positivem Ergebnis Druck auf jene Länder ausgeübt, die die freie Religionsausübung einschränken. In diesem Buch habe ich die bedeutende Rolle der De-Burght-Menschenrechtsgruppe bei der Wiederherstellung der Glaubensfreiheit in den Ländern der ehemaligen Sowjetunion geschildert.

Als Christen sind wir aber nicht nur um das eigentliche Recht auf Verkündigung bemüht, sondern ebenso um die Verkündigung an sich. Wir verkündigen die Herrschaft Jesu dort, wo Menschen oder Systeme Verehrung einfordern – und das ist überall der Fall. Das führt unweigerlich zu Konfrontationen, wie ich bereits in der „Fünften Stufe" erwähnt habe, denn die Botschaft des Evangeliums kollidiert immer mit den vorherrschenden Systemen, seien sie politischer, wirtschaftlicher oder religiöser Natur. In verschlossenen Ländern geht die Konfrontation möglicherweise mit Verfolgung einher.

Wenn wir die Herrschaft Christi verkünden, werden sich die Mächte der Finsternis um uns herum aufmachen, und der geistliche Kampf wird sich verstärken. Und doch brauchen wir uns nicht zu fürchten, weil das Ende des Kampfes schon feststeht. Vor zweitausend Jahren wurde der Sieg errungen, als Jesus am Kreuz starb und von den Toten auferstand. Er hat bereits das Böse und den Tod besiegt. Und aus der Schrift wissen wir, dass eines Tages jedes Knie sich beugen und jede Zunge bekennen wird, dass Jesus Christus der Herr ist (Philipper 2,10-11).

So ist die Botschaft, die wir verkündigen, eine Botschaft des Sieges durch Jesus Christus. Wir gewinnen! Weil wir von diesem Sieg Jesu wissen, werden die Ruhe und Hoffnung, die wir ausstrahlen, viele Menschen anziehen, und sie werden unserer Verkündigung zuhören. Das bedeutet jedoch, dass wir in enger Gemeinschaft mit Gott leben und in seinem Wort gegründet bleiben müssen.

Erinnern Sie sich noch an die alttestamentliche Geschichte von Josef? Seine Verkündigung begann damit, dass er dem Pharao erzählte, Gott sei derjenige, der ihm die Interpretation der Träume gegeben habe. Nachdem der Pharao ihm seine beiden Träume mitgeteilt hatte, erklärte Josef: „Gott hat dem Pharao im Traum gezeigt, was er vorhat" (1. Mose 41,25). Diese Worte liebe ich einfach. Sie erinnern mich an die Worte, die Gott sprach, ehe er das Gericht über Sodom und Gomorra niedergehen ließ: „Darf ich wirklich vor Abraham verheimlichen, was ich mit Sodom vorhabe?"

Gott verheimlicht uns nicht, was er mit dieser Welt vorhat. Es steht alles in der Schrift geschrieben, und unsere Aufgabe ist es, das jedem Menschen und jedem Volk zu verkündigen.

Trotz des intensiven geistlichen Kampfes um uns herum, oder vielleicht gerade deshalb glaube ich, dass uns Gott Gelegenheiten schenken wird, die gute Nachricht von Christus gerade den Menschen zu verkündigen, die unserer Meinung nach keinerlei Interesse an ihr haben. Viele von ihnen leben in Ländern, in denen das politische System bereits umgestürzt wurde oder im Begriff ist, umgestürzt zu werden. Die Unzufriedenheit in ihren Herzen hat ihren Höchststand erreicht. Vielleicht sind sie unserer Verkündigung gegenüber aufgeschlossener als früher.

Der Islam ist in hohem Maße eine Religion des Verkündigens. Fünfmal am Tag dröhnt jener durchdringende Appell zum Gebet von Millionen von Minaretten herab auf Städte und Dörfer in aller Welt. Über die Spanne der tausenddreihundertjährigen Geschichte des Islam sind das zusammengerechnet Billionen von Verkündigungen.

Während des Krieges zwischen dem Iran und dem Irak Mitte der Achtzigerjahre besuchte ich den Iran, um die dort lebenden Christen zu ermutigen. Kurz vor meinem Rückflug wollte ich am Flughafen von Teheran einige Dinge kaufen, die mich an den Iran erinnern sollten. Ich erblickte an einem Zeitungskiosk eine Kassette mit der Aufschrift „Koran", und da ich davon keine Audiokassette besaß, wollte ich sie kaufen.

„Ist das der Koran?", fragte ich und merkte augenblicklich, dass ich diese Frage besser nicht gestellt hätte.

„Ja, ich werde sie Ihnen einlegen", kam die Antwort des Verkäufers, und ohne auf meine Zustimmung zu warten, legte er sie in den Kassettenrekorder ein und drückte auf die Play-Taste. Plötzlich war der ganze Flughafenkomplex mit dem Aufsagen von Koranversen erfüllt.

„Aufhören! Aufhören!", rief ich verzweifelt. Der Gedanke, dass das Abspielen von Koranversen im Flughafen von Teheran auf meine Initiative hin geschah, war für mich ein schrecklicher Gedanke. Deshalb kaufte ich die Kassette und zog mich schnellstens zurück. Zu Hause angekommen, legte ich sie ins Regal und hörte sie mir nie mehr an.

Auch das Christentum ist auf die Verkündigung angewiesen. Dabei denke ich an Mose, der ohne Furcht vor dem Pharao stand und rief: „Lass mein Volk gehen!" Am Ende seines Lebens, als er noch einmal alles, was Gott ihn gelehrt hatte, seinem Volk in einer Zusammenfassung übergeben wollte, legte er das Gelernte in Form eines Liedes nieder, da ja Liedverse leichter zu behalten sind als Prosatexte. „Schreib nun für sie das Lied auf, das ich dir sage. Sie sollen es lernen und nachsingen", sagte Gott zu Mose. „Wenn dann schwere Schicksalsschläge sie treffen, wird dieses Lied ihnen sagen, warum das geschieht. Sie werden es immer noch singen, und so wird es als Zeuge gegen sie dastehen" (5. Mose 31,19.21).

Wenn also das nächste Mal die Ausrufe von einer Moschee herunter ertönen oder jemand Mantras aufsagt, dann denken Sie daran, dass wir als Christen unsere eigenen Worte Gottes haben und dass wir sie gegen böse Aussprüche einsetzen können. Ehemaligen Muslimen, die nun Jesus nachfolgen, rate ich immer, beim Hören islamischer Gebetsrufe jedes Mal zu sagen: „Jesus ist Herr, Jesus ist Herr." Das ist auch eine Art Ausrufen, selbst wenn es nicht laut vor einer Gruppe von Menschen ausgesprochen wird. So wird Christus ausgerufen, und zwar für den, der spricht, und auch für die unsichtbare Welt.

Selbst das laute Vorlesen der Bibel ist eine Art Verkündigung (Offenbarung 1,3). Wir sollen uns jedoch damit nicht zufriedengeben. Wir müssen die Botschaft aus unseren

Schlaf- und Wohnzimmern hinaus- und in unsere Nachbarschaft, unsere Schulen und zu unseren Arbeitsplätzen
tragen. Denn diese Welt ist noch immer Gottes Welt und
wir können sie für ihn beanspruchen. Wir können jeden
Ort, auf den wir unsere Füße setzen, zu einem Ort erklären, den wir für das Reich Jesu Christi beanspruchen.

Viele Länder und Menschen dieser Erde haben noch
immer keine Freiheit, das Evangelium zu verkünden. Sie
brauchen dringend Menschen wie uns, die ihnen helfen,
den Willen Gottes, die Offenbarung Gottes, die Kraft
Gottes, das Reich Gottes, die Gebote Gottes, die Liebe
Gottes, die Gerechtigkeit Gottes und den Frieden Gottes
zu verkündigen. Eines Tages werden sie alle seinen Namen
verkündigen. Die Bibel sagt, dass das bald geschehen wird!
Gehen Sie mutig voran und verkünden Sie voller Freude
den Sieg, den er bereits gewonnen hat.

11. Die muslimische Herausforderung

Obwohl ich im Laufe meines Dienstes von Zeit zu Zeit durch den Nahen Osten reiste und dort viele Freunde unter den Christen fand, war mir die Existenz der Gemeinde Jesu in den streng muslimischen Ländern verborgen geblieben. Ich hatte ganz naiv angenommen, dass es sie einfach nicht gab, im Glauben, die islamisch-fundamentalistischen Regierungen hätten sie ausgelöscht.

Wie groß war meine Überraschung, als Ende der Siebzigerjahre ein Mann aus dem Mittleren Osten während einer Konferenz auf mich zukam und sagte: „Bruder Andrew, wann besuchen Sie mal die Gemeinden im Iran?" Er stellte sich als evangelikaler Pastor im Iran vor, und seine Anfrage war ernst gemeint.

Sprachlos blickte ich Johan an, der neben mir stand. Dann wandte ich mich wieder dem Mann zu und fragte in ehrlichem Erstaunen: „Was meinen Sie mit ‚Gemeinden im Iran'? Gibt es dort tatsächlich Gemeinden?" Ajatollah Khomeini war an der Macht, und sein fanatisches muslimisches Regime hatte buchstäblich alles, was nach Westen roch, verurteilt, weshalb ich glaubte, die christlichen Gemeinden seien längst zugrunde gegangen.

War das ein Irrtum? Im Winter 1981 besuchten mein Kollege Johan und ich endlich zum ersten Mal den Iran. Khomeini befand sich auf dem Höhepunkt seiner Macht und mitten im iranisch-irakischen Krieg. Erst wenige Monate zuvor waren die Geiseln aus der amerikanischen Botschaft in Teheran befreit worden.

Unser Flugzeug musste mitten in einem heftigen Schneesturm landen. Im Terminal herrschte absolutes

Chaos. Hunderte von Menschen warteten stundenlang auf ihr Gepäck, und sobald das Eintreffen von Koffern gemeldet wurde, rannten alle zur Gepäckausgabe. Die Menschen schubsten, schrien und fluchten in ihrer Frustration. Wir entdeckten schließlich unsere Koffer hinter einer Reihe von Tischen, und nachdem wir über die Tische hinweggestiegen waren, gelang es uns, durch den Zoll zu kommen und das uns erwartende Auto zu erreichen.

Ein ebenso großes Chaos herrschte im Straßenverkehr auf dem Weg zur christlichen Gemeinde. Die meisten Ampeln funktionierten nicht, und wenn eine funktionierte, wurde sie meist ignoriert. Daraus entstand ein irres Verkehrsgetümmel, und manch eine Stoßstange wurde beschädigt. Schließlich kamen wir an einem kleinen Gemeindegebäude an, das sich in derselben Straße befand wie die amerikanische Botschaft. Auf einem großen Platz gegenüber der Gemeinde stand eine riesige Moschee, in der damals eine Million Muslime zum Freitagsgebet kamen. Wir sagten zueinander: „Was würde geschehen, wenn eine Million Christen jede Woche in Amsterdam oder Washington zusammenkämen?"

Im Gebäude befand sich ein kleiner Buchladen, in dem unter anderem auch das seit Kurzem in Farsi, der persischen Sprache, erschienene Buch „Der Schmuggler Gottes" ausgestellt war. Ich hatte schon erwartet, dass die Gläubigen über das wirtschaftliche und politische Durcheinander klagen würden, in das der Ajatollah das Land geführt hatte, und über den religiösen Druck. Das, was ich zu hören bekam, überraschte mich völlig.

„Gott ist gut zu uns gewesen", sagten sie. Denn wegen der Wirren und des Durcheinanders hatte die Gemeinde die Genehmigung zum Drucken von Bibeln fünfmal hintereinander nutzen können. Und außerdem waren mehr Muslime in die Gemeinde gekommen. Die Gläubigen hatten ihnen Gottes Liebe weitergeben können, auch wenn es ihnen nicht gestattet war, Leute zu bekehren.

Meine Brüder machten eine weitere überraschende Bemerkung: „Khomeini ist der größte Segen, den unser Land je hatte. Er hat das wahre Gesicht des Islam offenbart. Ehe er kam, zeigte sich der Islam in hübscher Verpackung und ruhte gewissermaßen auf dem Regal. Khomeini nahm das Paket, entfernte die Verpackung und zeigte der Welt, was wirklich drin ist."

Viele, mit denen ich mich persönlich unterhalten konnte, hatten tatsächlich die dunklere Seite des Islam mit seiner Intoleranz, den Schikanen und der häufigen polizeilichen Überwachung und Befragung kennengelernt. Doch die Verfolgung schien diese Menschen in ihrem christlichen Glauben nur gestärkt zu haben.

Von all dem hatte ich keine Ahnung gehabt! Ich hatte sogar darüber gepredigt, dass in Gottes Augen kein Land verschlossen ist. Jetzt wurde mir bewusst, dass ich Länder wie den Iran und Saudi-Arabien abgeschrieben hatte, in der Annahme, die Gemeinden dort könnten nie und nimmer überlebt haben. Nun wurden meine Augen geöffnet, und ich wollte etwas tun.

Als Erstes informierten wir die Gebetspartner in der ganzen Welt und baten sie um Fürbitte für ihre Schwestern und Brüder im Iran. Dann begannen wir 1980, kleine Projekte zu unterstützen, um die Gemeinden zu stärken. Wir lieferten zum Beispiel Studienmaterial und Nachschlagewerke für die Pastoren und übermittelten ihren Familien finanzielle Hilfe.

Während wir für die Gemeindehirten beteten, gab uns

Gott eine weitere Idee. Weshalb sollten wir nicht einige von ihnen zur Ermutigung, biblischen Schulung und Erholung für eine Woche ausfliegen lassen? Sie würden sicherlich bei dem täglichen Druck, dem sie als Geistliche in einer dem Glauben gegenüber feindlich gesinnten Gesellschaft ausgesetzt waren, eine Unterbrechung brauchen können. So organisierten wir für zwölf leitende Pastoren der Kirche im Iran und ihre Frauen einen Urlaubsflug in ein verhältnismäßig freies Land im Nahen Osten.

Alle Vorbereitungen mussten heimlich geschehen, um nicht die Aufmerksamkeit der iranischen Geheimpolizei zu erregen. Selbst als Johan und ich auf dem Flughafen in der Nähe unseres Erholungszentrums auf sie warteten, hatten wir keine Ahnung davon, wie viele der Ehepaare es tatsächlich schaffen würden, den Iran zu verlassen. (Die Iraner durften normalerweise das Land verlassen, doch da die Pastoren auf der Überwachungsliste der Polizei standen, war die Gefahr, dass man ihnen folgte oder dass sie zurückgehalten werden würden, hoch.) Wir machten uns Sorgen, weil sich das Flugzeug verspätet hatte, doch schließlich traf es ein. Als die Passagiere durch die Abfertigung gingen, erkannte ich einige der Pastoren wieder. Wir atmeten erleichtert auf, weil wenigstens einige von ihnen es geschafft hatten. Ein Ehepaar nach dem anderen kam durch den Zoll auf uns zu. Die Frauen trugen selbst bei diesem heißen Wetter Kopftücher, um dem iranischen Gesetz Genüge zu tun. Sie blieben, da sie sich ja in der Öffentlichkeit befanden, zunächst reserviert, doch ich konnte an ihrem Gesichtsausdruck die Aufregung erkennen. Obgleich sie sich nicht mehr im Iran befanden, waren sie besorgt, dass sie jemand während des Fluges beobachtet haben könnte.

Ein einziges Paar wurde vom Zoll aufgehalten, und wir mussten eine Dreiviertelstunde warten, bis sie durchgecheckt waren.

Als wir schließlich in unseren gemieteten Kleinbus stiegen und den Flughafen hinter uns ließen, entspannten sich die Männer und Frauen, als hätten sie während des gesamten Fluges die Luft anhalten müssen. Die Frauen rissen sich die Kopftücher herunter, und alle begannen zu lachen. Es war, als habe man sie aus dem Gefängnis entlassen.

Unsere gemeinsame Woche war eine ganz besondere Zeit für uns alle. Wir genossen es, mit diesen wunderbaren, engagierten Christen zusammen zu sein. Morgens hielten Johan und ich Bibelarbeiten zur Ermutigung und Schulung. Auch ein im Westen lebender iranischer Pastor legte das Wort Gottes aus. Es gab eine Zeit des Gebets und des Lobpreises, der Gemeinschaft und auch eine Zeit, in der wir schwimmen gingen oder am Strand entlangspazierten.

Im Laufe der Woche berichteten einige der Männer, wie schwierig es sei, unter den islamischen Gesetzen als Pastor tätig zu sein, aber auch, wie herrlich zu erleben, wie Gott im Iran wirke. Wir erfuhren mehr über Mehdi Dibaj, einen Pastor, für den wir Tag für Tag gebetet hatten. Man hatte zwar nie formell Anklage gegen diesen Mann erhoben, aber ihn dennoch für das „Verbrechen" inhaftiert, sich vierzig Jahre zuvor vom Islam zum Christentum bekehrt zu haben.

Einer der Pastoren unserer Gruppe berichtete, wie er von der Polizei verhaftet, stundenlang verhört und dann gegen Mitternacht in ein Hotelzimmer in Teheran eingesperrt worden war. Nachdem er mehrere Stunden lang dort gesessen und gebetet hatte, fragte er sich, was wohl als

Nächstes passieren würde. Irgendwann öffneten einige der Beamten, die ihn verhört hatten, die Tür. Er versuchte, sich auf eine weitere Zeit des Verhörs einzustellen, doch als sie das Zimmer betraten, sahen sie verändert aus.

„Erzählen Sie uns mehr von diesem Jesus", sagten sie. Während des ersten Verhörs hatte er berichtet, was Jesus alles in seinem Leben getan hatte. Sie wollten mehr erfahren. Er erzählte ihnen alles, und in jener Nacht legten sie ihr Leben in die Hand von Jesus Christus.

Ein anderer Pastor erzählte uns, wie der Herr sie während des schrecklichen Erdbebens im Jahre 1990 bewahrt hatte. Ihr gesamtes Wohngebiet war zerstört worden. Nur das Gemeindehaus war heil geblieben. Er berichtete, er habe einen Engel gesehen, der das Dach des Gebäudes festgehalten habe.

Die Trennung gegen Ende der Woche fiel uns allen schwer, doch ich freute mich darüber, dass sie ein wenig erfrischt und mit neuem Mut heimkehren konnten, gut ausgerüstet mit Bibeln und christlichen Büchern.

Kurz nach dieser Konferenz verschlimmerten sich die Verhältnisse für die iranischen Gemeinden. Menschen wurden verhaftet, das Büro der Bibelgesellschaft wurde geschlossen, und etliche der leitenden Pastoren verließen das Land. Sie dienten aber vom Ausland aus weiterhin ihren Brüdern und Schwestern im Iran.

Pastor Haik Hovsepian war einer von denen, die es trotz Ausreiseerlaubnis vorzogen, im Iran zu bleiben. Diesen Bruder traf ich zum ersten Mal während der Konferenz, doch später hatte ich Gelegenheit, ihn richtig kennenzulernen. Er war ein tapferer Leiter, der ein Leben der Hingabe führte. Als die iranische Regierung die Aktivitäten und Freiheiten der Christen einzuschränken versuchte, tat er seinen Mund auf. Er hatte sich auch öffentlich für die Freilassung von Pastor Mehdi Dibaj eingesetzt.

Im Dezember 1993 konnte ich Haik in Pakistan sehen. Wir waren beide als Redner zu einer Pastorenkonferenz eingeladen worden. Ich war sehr beeindruckt von der Leidenschaft dieses Bruders und von den Zielen, die er sich gesetzt hatte. Es ist eine Sache, „theoretisch" über Verfolgung und Leiden zu sprechen, aber eine ganz andere, aus persönlicher Erfahrung darüber zu berichten. Er war wegen seines Glaubens mehrfach knapp dem Tode entkommen und vertrat nun die iranische Gemeinde Jesu in der Verfolgung. Obgleich uns nur eine kurze Zeit miteinander vergönnt war, spürte ich eine große innere Nähe zu ihm.

Als wir uns am Ende des Seminars zum Abschied die Hände schüttelten, blickte er mir direkt in die Augen, packte meine Hände noch fester und sagte: „Andrew, wenn der Tag kommt, an dem sie mich töten, dann geschieht es, weil ich gesprochen habe, nicht, weil ich geschwiegen habe."

Wenn der Tag kommt, sagte er und meinte nicht, *falls* der Tag kommt.

Im Iran fuhr Haik fort, das Evangelium mutig zu verkündigen. Er setzte sich mit Nachdruck für seinen christlichen Bruder Mehdi Dibaj ein, der inzwischen neun Jahre im Gefängnis verbracht hatte. Pastor Dibaj war ein erstaunlicher Mann, mit einer tiefen Hingabe an Gott und willig, für ihn zu sterben.

Mehdi musste zwei Jahre Einzelhaft in einer dunklen Zelle von nur einem Quadratmeter Größe verbringen. In dieser Zeit war er jedoch seinem Herrn so nahe, dass er später, als er zusammen mit anderen Gefangenen in eine normale Zelle gebracht wurde, darum bat, in seine alte Einzelzelle zurückgebracht zu werden. Dort, meinte er, werde er nicht ausgelacht und könne ununterbrochen mit seinem Gott sprechen.

Im gleichen Monat, als ich Haik in Pakistan traf, beschloss die iranische Regierung, Mehdi formell für das Verbrechen des Glaubensabfalls anzuklagen. Darauf stand die Todesstrafe. Er durfte in einem Prozess seinen Fall selbst vertreten, doch er entschied sich stattdessen, seinen Glauben an Jesus Christus in einem tief bewegenden Zeugnis darzustellen. Im Folgenden ein Ausschnitt aus seiner „Verteidigungsrede":

„Sie sagen mir: ,Kehre zurück!' (zum muslimischen Glauben). Doch zu wem könnte ich zurückkehren, wenn ich die Arme meines Gottes verlasse? Ist es richtig, auf das einzugehen, was Menschen sagen, anstatt dem Wort Gottes zu gehorchen? Es sind inzwischen fünfundvierzig Jahre, in denen ich mit dem Gott der Wunder lebe, und seine Freundlichkeit zu mir ist wie ein Schatten, der mir folgt. Ich schulde ihm viel für seine väterliche Liebe und Fürsorge.

Er ist unser Retter, und er ist der Sohn Gottes. Ihn kennen heißt, ewiges Leben haben. Ich, ein wertloser Sünder, habe seiner geliebten Person und all seinen Worten und Wundern, die in den Evangelien stehen, Glauben geschenkt und habe mein Leben in seine Hände gelegt. Leben bedeutet für mich die Gelegenheit, ihm zu dienen, und der Tod ist eine bessere Möglichkeit, bei Christus zu sein. Deshalb bin ich nicht nur damit zufrieden, dass ich für die Ehre seines heiligen Namens im Gefängnis sitze, sondern ich bin auch bereit, mein Leben für meinen Herrn Jesus zu geben, um so schneller in sein Reich zu gelangen."

Das Gericht ließ sich nicht beeindrucken und verurteilte ihn zum Tode. Als uns die Nachricht erreichte, alarmierten wir sofort unsere Beter, und bald taten Tausende Christen in der ganzen Welt Fürbitte für Bruder Dibaj. Pastor Haik betete auch und organisierte eine internationale Kampagne für ihn.

Es vergingen keine drei Wochen, da erhielten wir die wunderbare Antwort auf unsere Gebete: Bruder Dibaj war entlassen worden. Anscheinend hatte der öffentliche Aufschrei in Verbindung mit allen Gebeten die Regierung veranlasst, das Urteil zu revidieren.

Doch die Regierung verfolgte weiterhin ihr Ziel, allerdings mit anderen Methoden. Anstatt durch ein offizielles Gerichtsverfahren zum Ziel zu gelangen, griffen sie zu inoffiziellen Mitteln, um ihre schmutzige Arbeit zu tun.

Nur wenige Tage nach der Freilassung Mehdis aus dem Gefängnis verschwand Haik auf dem Weg zum Flughafen, wo er einen Freund abholen wollte. Er wurde entführt und brutal ermordet.

Und so kam es, dass wir mitten in unserer Freude über die wunderbare Freilassung Pastor Mehdis aus dem Gefängnis in tiefe Trauer um Pastor Haik gestürzt wurden. Der Verlust dieses mir so nahe stehenden und mutigen Mannes ging mir ganz besonders nach.

Auf Haiks Beerdigung sagte Mehdi: „Ich, nicht er, hätte sterben müssen. Er hatte eine Frau und eine Familie und einen Dienst." Mehdi hatte auch einmal eine Familie gehabt, doch seine Frau hatte sich während seines Gefängnisaufenthaltes wieder zum Islam bekehrt und ihn verlassen.

Haiks Ermordung war lediglich der Anfang. Fünf Monate später wurde auch Mehdi Dibaj unter mysteriösen Umständen getötet. Dann wurde Haiks Nachfolger, Tateos Michaelian, durch gezielte Schüsse in den Hinterkopf umgebracht. Drei Männer Gottes – alle in einem einzigen Jahr getötet. Die Regierung leugnete natürlich jegliche Beteiligung an den Ermordungen. Der neue Gemeindeleiter hielt sich zurück und arbeitete mit einem Team zusammen, um die Risiken so gering wie möglich zu halten. (Mehr über Haik Hovsepian, Mehdi Dibaj und die iranischen Christen in dem Dokumentarfilm „Hilferuf aus dem Iran", Open Doors/Brunnen Verlag Gießen.)

Wir unterstützten die Familien dieser Märtyrer finanziell – die meisten von ihnen haben den Iran inzwischen verlassen –, und helfen noch immer den Gemeinden im Iran, indem wir sie mit dem Wort Gottes sowie christlicher Literatur beliefern. Und wir werden auch weiterhin die weltweite Gemeinde Jesu zur Fürbitte für die Gemeinde Jesu im Iran auffordern und besonders für die Leiter.

Ich bin zu der festen Überzeugung gelangt, dass der Islam heute die größte Herausforderung für die Gemeinde Jesu ist. Nicht für politische oder wirtschaftliche Systeme, sondern für die Gemeinde Jesu. Denn wir Christen im Westen erreichen nicht annähernd den Grad der Hingabe, Entschlossenheit und Stärke der vielen islamischen Gruppierungen. Christus und die Bibel fordern uns wohl zu vollkommener Hingabe auf, aber unser Lebenswandel und Lebensstil entsprechen dem nicht. Sollten wir das nicht ändern, wird der Islam weiterhin die am schnellsten wachsende Religion bleiben, und zwar nicht wegen ihrer Stärke, sondern wegen unserer Schwäche.

Aus diesem Grunde habe ich mir für den Rest meines Lebens im Dienst zwei Ziele gesteckt: Ich werde im Namen Jesu zu den Muslimen gehen und ich werde meinen Teil dazu beitragen, dass die Gemeinden in der islamischen Welt gestärkt werden. Das ist eigentlich das Gleiche, was ich bisher immer getan habe, aber weil ich mich jetzt auf eine bestimmte Gruppe konzentriere, die für Christen absolut verschlossen ist, habe ich das Gefühl, als startete ich eine völlig neue berufliche Ausrichtung.

Eines der ersten Gebete in der Bibel ist das Gebet Abrahams für einen seiner Söhne: „Wenn nur Ismael am Leben bleibt! Lass doch deine Zusage für ihn gelten!" (1. Mose 17,18)

Wenn mehr Christen heute anfangen würden, dieses Gebet zu sprechen, dann würde unser Einfluss auf die Welt des Islam zunehmen. Deshalb beschlossen wir von Open Doors 1991, ein weiteres Gebetsprojekt zu starten: zehn Jahre Gebet für die Gemeinde Jesu in der islamischen Welt.

Das Projekt wurde ähnlich durchgeführt wie das Gebetsprojekt für die Sowjetunion, jedoch mit zwei wichtigen Unterschieden. Zum einen beteten wir zehn Jahre lang und nicht sieben, denn die islamische Welt ist dem Evangelium gegenüber viel verschlossener, als die Sowjetunion es jemals war. Zum Zweiten konzentrierten wir unsere Gebete auf die Gemeinde Jesu in der islamischen Welt, weil sie viel zu schwach und an manchen Orten buchstäblich nicht existent war. In Russland und Osteuropa war immer ein solides, aktives Netzwerk von Gläubigen vorhanden. In den arabischen Ländern ist das nicht so.

Drei Anliegen standen im Zentrum unserer Kampagne:

Gebet um Glauben, Mut und Schutz für die Christen.

Gebet um ein kraftvolles christliches Glaubenszeugnis unter den Muslimen.

Gebet, dass der Heilige Geist die Herzen der Muslime für das Evangelium öffne.

Während der zehn Jahre Gebet konnten wir feststellen, dass im Westen die Oberflächlichkeit und die Säkularisierung der Kirchen zunahm, während die islamische Welt eine gegenläufige Entwicklung erlebte. Das islamische Bewusstsein wuchs in diesen zehn Jahren in ungeheuerem Maß. Die Muslime lebten ihren Glauben immer selbstbewusster und verliehen ihm auch deutlicher Ausdruck. Der Islam drückte den muslimischen Gesellschaften viel stärker seinen Stempel auf. In Kairo, Amman, Karatschi, Jakarta und Zamboanga auf den Philippinen prägten nun verschleierte Frauen das Stadtbild – zehn Jahre zuvor waren sie noch so selten, dass sie auffielen. Auch der fundamentalistische Islam ist weiter fortgeschritten. Und unter dem Druck der Islamisten verschlechterte sich die Situation der Christen.

Hatte unser Gebet gar nichts bewirkt? Der Islam war stärker, radikaler geworden, die Lage der Christen verschlechterte sich, der Exodus von ethnischen Christen der Ostkirchen aus Ländern, in denen sie seit Jahrhunderten gelebt hatten, hielt weiter an.

Aber unser Gebet bleibt nie ohne Wirkung. In Jakobus 5,16 heißt es: „Des Gerechten Gebet vermag viel, wenn es ernstlich ist" (rev. Lutherbibel). Und auch die Gebete von Christen aus aller Welt, die zehn Jahre lang für die Kirche in der islamischen Welt beteten, blieben nicht unbeantwortet.

Zahlreiche Muslime waren durch die Methoden der Islamisten irritiert und kehrten dem Islam insgeheim den Rücken. Missionswerke begannen, sich stärker um die islamische Welt zu kümmern, obwohl dort leider bis heute die geringste Anzahl christlicher Missionare zu finden ist.

Die Kirche in einigen muslimischen Ländern wuchs. Während unserer zehn Jahre Gebet haben sich in fast allen islamischen Ländern Hauskirchen gebildet. Selbst in den fünf Ländern, in denen das nicht der Fall war (Libyen, Saudi-Arabien, Jemen, Malediven und Afghanistan), kannten wir inzwischen einheimische Christen. Zum ersten Mal in der Geschichte existiert im Zuge des Zusammenbruchs der Sowjetunion in ehemaligen Sowjetrepubliken wie Turkmenistan, Aserbaidschan und Usbekistan eine einheimische Kirche. Auch in Kurdistan gründete sich eine einheimische Kirche, und zum ersten Mal seit Jahrhunderten gab es wieder christliche Afghanen, Mauretanier und Berber.

Die Kirche im Sudan ist unglaublich gewachsen. Die Zahl der Gläubigen hat sich innerhalb von zehn Jahren von 2,5 Millionen 1990 auf fünf Millionen verdoppelt, obwohl es keine größere Freiheit gab. In Ägypten, das im Zentrum der islamischen Welt liegt und den größten Anteil von Christen hat, wurde die Freiheit auf Druck von Islamisten eingeschränkt und die Diskriminierung nahm zu. Die zahlreichen ägyptischen Christen oder Kopten, die zum Islam übertraten, in der Hoffnung auf Verbesserung ihrer materiellen Lage, geben Anlass zur Sorge. Doch viele Kopten sehnen sich immer mehr nach dem Wort Gottes. Durch einen von Open Doors gesponserten Bibelfernkurs wurde der Glaube an Jesus für viele Christen lebendig und blieb nicht nur eine Tradition. Auch immer mehr ägyptische Muslime wurden Christen.

Die Schreckensherrschaft der Taliban in Afghanistan warf einen dunklen Schatten auf den Islam, und viele öffneten sich für das Evangelium. Einzig die Furcht vor Verfolgung hinderte sie daran, Christen zu werden. Auch im islamischen Gottesstaat Iran war und ist eine große Offenheit für das Evangelium zu verzeichnen. In Pakistan gehörten Ausbrüche von Gewalt gegen Christen weiterhin zur Tagesordnung. Doch erstaunlicherweise waren auch Evangelisationskampagnen vor Tausenden von Menschen möglich. Soziale Projekte von eindeutig christlicher Prägung wie unser Alphabetisierungsprogramm wurden sogar von der Regierung gefördert.

Indonesien ist das Land mit der größten Anzahl von Muslimen weltweit. Während unserer zehn Jahre des Gebets endete die religiöse Toleranz und Hunderte von Kirchen wurden in Brand gesteckt, ungezählte Christen auf Java und Sulawesi drangsaliert und ein blutiger Glaubenskrieg wütete in verschiedenen Landesteilen, vor allem auf den Molukken. Doch unglaublicherweise nahm die Zahl von Muslimen, die zum Christentum übertraten, zu. Aus allen Landesteilen wurde uns gemeldet, dass Muslime beeindruckt waren vom Glauben der Christen, die sich lieber töten lassen wollten, als Jesus zu verleugnen. Die Verfolgung trug zur Glaubensvertiefung und zu mehr Einheit unter den hoffnungslos gespaltenen Kirchen bei.

Auch im Süden der Philippinen, wo die Islamisierung weiter vorangetrieben wurde, wuchs eine einheimische Kirche aus ehemaligen Muslimen.

Wir haben allen Grund, Gott für das zu danken, was er schon getan hat. Im Gegensatz zur siebenjährigen Gebetskampagne für die Sowjetunion können wir für die islamische Welt jedoch nicht behaupten, dass der Kampf schon gewonnen sei. Die Gemeinde Jesu in der islamischen Welt braucht weiterhin unsere Gebete. Und Mitarbeiter aus vielen islamischen Ländern berichten uns, dass viele Muslime in Träumen und Visionen Jesus begegnen. Deshalb konzentrieren wir uns in unserem Dienst heute nun wieder auf die islamische Welt. Im Herbst 2008 starteten wir unsere neue, mindestens dreijährige Gebets- und Hilfskampagne „Gefährlicher Glaube – Gebet und Hilfe für Christen in der islamischen Welt". Wir würden uns freuen, wenn auch Sie für Christen in der islamischen Welt und besonders für Christen muslimischer Herkunft beteten. Weitere Informationen finden Sie auf unserer Internetseite unter www.opendoors-de.org.

Es gibt ein Hindernis, das es zu überwinden gilt, wenn wir die Muslime erreichen wollen. Wir müssen ein für allemal den Gedanken ausräumen, dass sie unsere Feinde sind. Das haben wir mit den Russen jahrzehntelang gemacht. Sie waren die schrecklichen, bösen Kommunisten, die die Welt erobern wollten. Diese Haltung ist auch der Grund, weshalb es so lange dauerte, bis das System in sich zusammenbrach. Vor lauter Furcht haben wir ihnen die Liebe Gottes nicht näher gebracht.

Heute haben viele die islamische Welt zum Feindbild erklärt. Es sind alles Terroristen, die unsere Flugzeuge kapern, unsere Botschaften in die Luft sprengen und unschuldige Menschen als Geiseln nehmen. Das ist nicht nur unwahr, sondern ein unüberwindliches Hindernis auf dem Weg, sie mit dem Evangelium zu erreichen. Mit dieser Haltung kann uns Gott nicht gebrauchen.

Vor etlichen Jahren wurde ich in Amerika für eine christliche Fernsehsendung interviewt. Ich sprach über diese Tendenz, sich ein Feindbild zu schaffen. Vielleicht erstellen wir solche Bilder, weil es für uns einfacher ist zu definieren, *wogegen* wir sind, als *wofür* wir sind. Ich erklärte der Gastgeberin der Talkshow, dass die Kommunisten und die Muslime nicht unsere Feinde sind. Die Interviewerin war völlig sprachlos. Sie gestikulierte wild und sagte: „Na schön, Andrew, wenn diese Leute nicht unsere Feinde sind, wer dann?"

„Der Teufel", sagte ich. „Menschen niemals."

Christen in den kommunistischen Ländern sagten uns häufig, dass sie es leichter im Leben hätten als wir im Westen. „Wir wissen wenigstens, wer unser Feind ist, aber ihr wisst es nicht." Solange wir irgendeine Gruppe von Menschen zu unserem Feind erklären, können wir sie nicht lieben. Gott wird uns nicht zu einem Volk oder zu Menschen führen, für das bzw. für die wir in unseren Gebeten keine Tränen vergießen.

Auch müssen wir es vermeiden, in den verschiedenen Konflikten innerhalb der islamischen Welt politisch Partei zu ergreifen. Wir stehen in der Versuchung, sie als „gut" oder „böse" abzustempeln. Jeder, der einige Zeit damit verbracht hat, die Probleme des Nahen Ostens unter die Lupe zu nehmen, wird bestätigen, dass jede Angelegenheit, jede Situation weitaus komplizierter ist, als sie aussieht. Jede Seite hat gute und böse Motive; jede Seite hat sowohl gute als auch scheußliche Dinge getan.

Anstatt sich einen Feind zu suchen oder Partei zu ergreifen, sollten wir alle Seiten mit der Liebe Jesu zu erreichen suchen. Wir sollten versuchen, so zu sein wie der Engel, der Josua auf der Straße nach Jericho begegnete (Josua 5,13-14). Josua stellte ihm die gleiche Frage, die wir auch gern stellen: „Freund oder Feind?" Der Engel antwortete: „Keines von beiden" und stellte sich als Teil der Armee Gottes vor.

Ich bin keineswegs Spezialist für islamische Angelegenheiten und den Glauben der Muslime und werde es auch nie sein. Ich beschäftige mich sehr viel mit ihrer Philosophie und Theologie, weil ich ihre Bedürfnisse, ihre Verletzungen, ihre Ängste im Hinblick auf die Zukunft und auf die Ewigkeit verstehen möchte. Vor allem möchte ich ihnen zuhören können. Nur dann kann ich ihnen helfen.

Bei jeder Reise, die ich bisher in den Nahen Osten unternahm, angefangen bei meinen frühen Besuchen Mitte der Sechzigerjahre in Israel und Jordanien, habe ich in jeder Hinsicht dazugelernt. Sehr oft musste ich auch umlernen, weil mich Geistliche im Westen viele Dinge anders gelehrt hatten.

Indem ich die Situation dort unmittelbar erlebte und mit vielen Menschen direkt ins Gespräch kam, erhielt ich eine völlig neue Sicht von diesem Teil der Welt und seinen verschiedenartigen Menschen. Hier einige Beispiele:

Ich erfuhr, dass es unter den Palästinensern viele Christen gab. Als ich mir die Zeit nahm, mit diesen Brüdern und Schwestern zu sprechen, breiteten sie ihre Not vor mir aus, und insbesondere die Not, von der Kirche im Westen nicht als Teil des Leibes Jesu anerkannt zu werden. Viele Christen im Westen, sagten sie mir, sind so eingenommen von Israel und seiner Stellung innerhalb der biblischen Prophetie, dass sie die Gemeinde Jesu in Israel völlig ignorierten. Das Ergebnis sei, dass sich die Gläubigen im Stich gelassen, einsam, verlassen und verraten fühlten.

In Gaza-Stadt gibt es nur eine sehr kleine Baptistengemeinde. Als kleine Minderheit haben die wenigen Christen es unter der großen Mehrheit der Muslime schwer. Arbeitslosigkeit und Armut in Gaza sind hoch, vor allem die jungen Leute sehen meist keine Perspektive für ihre Zukunft. 2007 übernahm zudem die radikal-islamische Hamas die Herrschaft im Gazastreifen.

Die Christen im Westen hätten nicht nur die Gemeinde Jesu in Israel ignoriert, wurde mir berichtet, sondern auch die unmenschliche Behandlung der Palästinenser durch die israelische Regierung. Es scheine immer genügend Sympathie für Israel zu geben und mit Recht dort, wo Menschen Opfer terroristischer Angriffe sind, aber Israels brutales Vorgehen gegen die Palästinenser werde geflissentlich entschuldigt oder übersehen. Palästinensische Christen werden oft zwischen den Fronten aufgerieben. Sie haben niemanden, der sich für sie verwendet und sie unterstützt.

Ich erfuhr, dass die Zahl der Christen im Nahen und Mittleren Osten in alarmierender Weise zurückgeht. Aus einer Vielzahl von Gründen ist eine große Anzahl von ihnen im Laufe des 20. Jahrhunderts emigriert, und dieser Trend setzt sich fort. In Syrien und im Irak zum Beispiel stellten die Christen um 1900 zwischen 30 und 40 Prozent der Bevölkerung. Heute sind es nur noch drei oder vier Prozent.

Ich erfuhr, dass bei den Muslimen ebenso wie bei den Christen unterschiedliche Gruppierungen zu finden sind. Es gibt viele islamische Gruppen und Sekten, die sich genauso wenig einig sind und sich gegenseitig bekämpfen, wie es die Katholiken und Protestanten im Laufe der Jahrhunderte getan haben. Einige interpretieren die islamische Lehre des „Dschihad", des „Heiligen Krieges", wörtlich und meinen damit Krieg oder auch Terrorismus, während andere glauben, der „Dschihad" sei ein Ausdruck dafür, dass man bestrebt sein solle, die Lehre des Koran radikal auszuleben. Was ich schnell lernte, war, dass Muslime keine große einheitliche Gruppe darstellen, die alle das Gleiche glauben und in der gleichen Weise handeln.

Was mir jedoch auffiel, war, dass Muslime im Allgemeinen ein höheres Maß an Hingabe zeigen als die meisten mir bekannten Christen. Besonders unter den fundamentalistischen Gruppierungen habe ich eine unglaubliche Hingabe und einen enormen Eifer gesehen. Einige Wochen nach einem Attentat auf einen Bus in Tel Aviv lobte der Führer der für die Tat verantwortlichen radikalen Hamasbewegung den Selbstmordattentäter für seine Überzeugung: „Unsere Liebe zum Tod ist größer als eure Liebe zum Leben."

Die Fernsehübertragungen aus dem Nahen Osten zeigen unweigerlich Szenen von muslimischen Jungen, die schreiend Steine werfen. Was diese Berichte nicht erwähnen, ist, dass die organisierten Gruppen aus Jugendlichen bestehen, die sorgfältig nach der Kraft ihrer religiösen Hingabe ausgesucht wurden. Nur wer nach den Worten des Koran lebt, treu seine Gebete in der Moschee verrichtet, sexuell rein bleibt und weder Drogen noch Alkohol zu sich nimmt, darf daran teilnehmen. Außerdem müssen diese Jugendlichen vor ihrer Wahl ausdrücklich den Wunsch bekräftigen, dass sie für Allah sterben möchten. Sie müssen ihre Eltern auf die Möglichkeit ihres Todes vorbereiten. Ein Teenager sagte, nachdem er von dem Massaker an Muslimen in einer Moschee in Hebron erfahren hatte: „Wenn ich wüsste, dass irgendwo morgen noch ein Massaker geschieht, würde ich zusehen, dass ich dabei bin."

Wie können wir Christen eine ähnliche Hingabe zeigen? Wir können es nicht. Oder genauer gesagt, wir wollen es nicht. Die Bibel fordert uns an keiner Stelle dazu auf, Gelegenheiten zum Sterben zu suchen, sondern bereit zu sein, für die Sache Christi zu sterben. Bedauerlicherweise nehmen viele von uns ihren Glauben in dieser Hinsicht nicht ernst genug. Und das wissen die Muslime.

Ich erfuhr, dass viele Gemeinden im Nahen Osten sich noch nicht darüber im Klaren sind, was sie mit den Christen machen sollen, die einen muslimischem Hintergrund haben. Das Problem liegt darin, dass in vielen islamischen Ländern die Bekehrung zum Christentum illegal ist. Muslime, die Christus annehmen, können von ihren Familien verstoßen werden, müssen damit rechnen, dass ihnen Frauen und Kinder fortgenommen, sie selbst ins Gefängnis geschickt und eventuell zum Tode verurteilt werden. In vielen islamischen Ländern müssen Christen und besonders Pastoren mit Verhaftung und Gefängnisstrafen rechnen, wenn sie Muslime evangelisieren. Viele von ihnen raten Neubekehrten aus muslimischem Hintergrund davon ab, sich ihrer Gemeinde anzuschließen, weil sie Angst haben, dass ihre Gemeinde unter Beobachtung kommen, Nachteile und Druck durch die Behörden erfahren oder gar geschlossen werden könnte.

Je mehr christliche Missionsgesellschaften ihr Augenmerk auf die islamische Welt richten, desto mehr wird deshalb die Begleitung der Neubekehrten eine Schlüsselrolle spielen, damit sie im Glauben wachsen und stark werden.

Ich habe gesehen, dass einige islamische Gruppierungen sich Jesus gegenüber offen zeigen. Der Koran betrachtet Abraham, seine Söhne, Mose, David, Salomo und Jesus als Propheten. Er anerkennt die Thora, die Psalmen und die Evangelien als heilige Schriften. Der Koran selbst wird als letzte Offenbarung betrachtet. Es gibt in der Tat Gelegenheiten für uns, Brücken zu bauen. Hoffentlich sind wir bereit, sie in Liebe zu begehen.

Weshalb arbeite ich so viel unter Muslimen? Weil Christus auch für sie starb, so wie er für jeden Einzelnen von uns starb. Und ich versuche immer Menschen zu erreichen, für die sich die meisten anderen nicht einsetzen. Ich möchte außerdem die Christen unter ihnen unterstützen. Deshalb suche ich auch zum Beispiel die Palästinenser auf.

Außerdem möchte ich nicht nachlassen, auf die Dringlichkeit hinzuweisen, dass wir so viele islamische und arabische Gruppierungen wie möglich erreichen, solange sie noch erreichbar sind. Denn jeder, der äußerlich erreichbar ist, ist auch innerlich erreichbar und kann gewonnen werden. Unter einigen dieser Gruppierungen haben wir eine erstaunliche Offenheit dem Evangelium gegenüber erlebt. Wenn wir jedoch nicht in Liebe zu ihnen vordringen und versuchen, sie für Jesus zu gewinnen, dann wird der stetig zunehmende Kreislauf der Gewalt sie dahin bringen, dass sie Hardliner werden und extremistische Positionen beziehen. Dann werden sie zu uns, in den „christlichen" Westen, kommen und hart auftreten.

Im holländischen Fernsehen sah ich vor einiger Zeit eine beängstigende Dokumentation über zunehmende Aktivitäten seitens militanter Islamisten in Amerika. Der Sprecher des FBI, Oliver Revell, nahm in seinem Bericht darüber kein Blatt vor den Mund: „Die Hisbollah und die Hamasbewegung sind in den Vereinigten Staaten sehr aktiv. Wir wissen heute, dass sie militärische Trainingsoperationen durchgeführt haben, unter anderem Schießübungen sowie Bau und Herstellung von Explosivkörpern und Bomben."

Nach den Ereignissen des 11. September 2001 stand die ganze Welt unter Schock: Islamisten hatten vier Flugzeuge entführt und drei von ihnen in die Zwillingstürme des World Trade Centers in New York sowie das Pentagon, das amerikanische Verteidigungsministerium, geflogen. Der extremistische Islam und der von seinen Anhängern ausgeübte Terrorismus waren nunmehr nicht länger auf weit entfernt liegende Unruheregionen beschränkt, sondern in einem Kernland der westlichen Welt zu einer realen und ernst zu nehmenden Gefahr geworden.

Ich erwähne diese Bedrohung nicht, um uns Angst einzujagen, sondern um die Gemeinde Jesu dazu herauszufordern, aufzustehen und Gemeinde Jesu zu sein. Wenn wir nicht aufwachen und das, was übrig ist, stärken, wenn wir unseren Glauben nicht so hingebungsvoll leben und so ernst nehmen wie die Muslime ihren Glauben, wenn wir nicht die Initiative ergreifen und zu ihnen gehen, ehe sie zu uns kommen, dann werden wir als Christen in wenigen Jahren finstere Zeiten erleben. Deshalb versuche ich jede Gelegenheit zu ergreifen, um Muslime zu erreichen, wo immer ich sie finde.

Anfang der Achtzigerjahre ereignete sich gewissermaßen vor meiner eigenen Haustür in Holland etwas Unglaubliches. Ich erhielt einen Anruf von dem Pastor der amerikanischen Gemeinde in Den Haag. Ein junger Araber hatte ihn angesprochen und gefragt, ob er einen christlichen Geistlichen kenne, der mit seinem kranken Vater beten könne. Der Pastor fragte mich, ob ich ihn begleiten wolle, um für diesen Mann zu beten.

Und ob ich wollte! So gingen wir zu der angegebenen Adresse in Den Haag. Der Vater, ein großer Mann, lag völlig abgemagert im Bett. Er war sehr krank. Der Sohn stellte uns vor, und wir unterhielten uns mit ihm. Wir erfuhren, dass er früher als Direktor an einer christlichen Schule in Nazareth tätig gewesen war. Wir beteten mit ihm, teilten das Abendmahl aus und sangen sogar gemeinsam einige Lieder.

Der Sohn, ein großer, drahtiger Mann, hatte sich in der Zwischenzeit im Wohnzimmer aufgehalten. Um Konversation zu machen, fragte ich ihn, was er beruflich tue.

„Ich arbeite für unseren Vorsitzenden Arafat", lautete

die stolze Antwort. „Ich bin seine rechte Hand." Es stellte sich heraus, dass er der wichtigste „Botschafter" für die PLO in Westeuropa war.

„Hmmm, das ist interessant", meinte ich. „Wäre es möglich, dass ich Kontakt zu Ihrem Chef bekomme?"

Das sei kein Problem, meinte er. Ein Telefonanruf genüge.

Als ich an jenem Abend nach Hause kam, konnte ich kaum glauben, was sich da ereignet hatte. Ich hatte lediglich für einen kranken Mann beten wollen und war mit einer direkten Verbindung zu PLO-Chef Jassir Arafat zurückgekommen.

Seitdem hatte ich tatsächlich Gelegenheit, mit Herrn Arafat zusammenzutreffen, ihm eine Bibel zu geben und mit ihm über Jesus zu sprechen. Es hat mich ungemein gefreut, als ich kurze Zeit nach diesem Zusammentreffen in einem Interview einer englischen Zeitung las, dass Arafat täglich in seiner Bibel lese. (Vielleicht war es jene Bibel, die er von mir erhalten hat. Wer weiß!) Und auch später sollte dieser Kontakt zu Arafat von großer Bedeutung sein.

1996 wollte der Direktor der Palästinensischen Bibelgesellschaft, Labib Madanat, einen Bibelladen in Gaza-Stadt eröffnen. Er hatte schon ein geeignetes Gebäude gefunden. „Aber ich habe Probleme", erzählte er mir. „Unter der palästinensischen Herrschaft gibt es so viel Bürokratie. Ich komme einfach nicht weiter, um eine Erlaubnis zur Geschäftseröffnung zu bekommen."

„Vielleicht kann ich dir helfen?", fragte ich.

Labib lachte und fragte: „Wie?"

„Ich kenne da jemanden."

„Wen?"

„Jassir Arafat."

Labib war einen Augenblick sprachlos, dann lächelte er und sagte: „Du hast recht. Seine Zustimmung würde sehr viel helfen."

„Gib mir ein Exemplar deiner wunderschönen arabischen Kinderbibeln mit. Ich werde sie Mr Arafat zum ersten Geburtstag seiner Tochter schenken."

Labib gab mir auch einen Brief für Arafat mit. Einen Termin bei diesem zu bekommen, war erstaunlich einfach für mich. Er war vor Kurzem Präsident der Palästinensischen Autonomiebehörde geworden. Arafats Büro und die der anderen Palästinenserführer waren in einer Reihe von Gebäuden am Mittelmeerstrand untergebracht. Der Komplex sah sehr schlicht aus für einen Mann, der der Präsident von drei Millionen Menschen war. Ich stieg aus dem Taxi und ging durch die Eingangskontrolle zum Hauptbüro. Während des Tages war Arafats Empfangszimmer immer voller Journalisten, ausländischer Persönlichkeiten und Geschäftsleute. An diesem Abend arbeiteten nur noch der Präsident und einer seiner Berater, Nabil Abu Rudeineh.

„Ich bin gekommen, um meinen Freund Arafat zu sehen!", sagte ich, während ich das Gebäude betrat, um meine Ankunft anzukündigen. Sogleich öffnete sich eine der Bürotüren, und ich hörte Arafats Stimme: „Bruder Andrew!" Er erschien mit seinem bekannten Kopftuch, der Kafija. Er hielt mich an den Schultern fest, küsste mich auf beide Wangen und sagte: „Komm herein, komm herein!" Der berühmte Mann mit dem ständigen Dreitagebart war erstaunlich klein, nur 1,65 Meter groß, und seine Erscheinung entsprach nicht seinem großen Einfluss in den Angelegenheiten des Nahen Ostens. Aber hinter seinem bescheidenen Auftreten steckte eine charismatische Persönlichkeit.

In seinem Büro fragte ich ihn: „Muss ich dich jetzt mit Mr Präsident anreden?"

„Nein, nein!", lachte er.

„Ich hörte, dass du auch stolzer Vater einer kleinen Tochter bist. Ich habe dir ein Geschenk mitgebracht – eine Kinderbibel auf Arabisch. Du kannst sie deiner Tochter vorlesen, wenn sie bei dir auf dem Schoß sitzt." Arafat nahm das Buch und schaute es sich ehrfürchtig an. „Das ist ein wunderschönes Buch. Vielen Dank."

„Ich habe noch eine Bitte für einen Freund." Ich holte den Brief aus meiner Jackentasche. „In diesem Umschlag befindet sich ein Brief von Labib Madanat, der die Palästinensische Bibelgesellschaft leitet. Sie gehört zur Vereinigten Bibelgesellschaft, die diese Bücher herausgibt. Diese Kinderbibel wurde in Beirut gedruckt."

Der Präsident begann das Buch sorgfältig durchzublättern und sich die Bilder anzuschauen. Einige Minuten vergingen, Arafat schien von dem Buch fasziniert. Schließlich sagte er: „Wir brauchen mehr qualifizierte Bücher wie diese."

„Deshalb bin ich hier", sagte ich, diese Möglichkeit wahrnehmend. „Die Bibelgesellschaft würde gerne hier in Gaza-Stadt einen Buchladen eröffnen. Labib Madanat hat ein leer stehendes Bürogebäude entdeckt, das dafür passen würde, direkt gegenüber dem Al-Ahli-Krankenhaus. Wir hätten gerne deine Erlaubnis dafür."

„Natürlich, natürlich", sagte Arafat und schaute mich an. „Ihr habt die Erlaubnis!" Er las den Brief, nahm dann seinen Stift und schrieb eine Notiz für Nabil Abu Rudeineh: „Bitte fahre mit der Registrierung der Bibelgesellschaft und der Lizenz des Buchladens in Gaza-Stadt fort, gemäß dem palästinensischen Recht." Abu Rudeineh schaute sich die Anweisung an und sagte dann: „Bruder Andrew, ich mache davon eine Kopie und gebe sie Ihnen für Mr Madanat mit." Die Buchhandlung der Palästinensischen Bibelgesellschaft konnte tatsächlich in Gaza-Stadt eröffnet werden.

Doch sie war auch mehrfach Angriffen extremistischer Muslime ausgesetzt. Eine unbekannte Gruppe forderte zu Beginn des Jahres 2006 die Schließung des Buchladens. Der Laden wurde kurzzeitig geschlossen, nachdem Militante mit zwei Rohrbomben den Eingangsbereich bombardiert und Mitarbeiter Morddrohungen erhalten hatten. Glücklicherweise wurde niemand verletzt. Mitte April 2007 wurde erneut ein Anschlag auf den christlichen Buchladen verübt. Wieder blieb es bei Sachschäden.

Doch im Oktober 2007 wurde Rami Ayyad, der damalige Leiter des christlichen Buchladens in Gaza, entführt und ermordet. Seitdem hat sich die Situation der Christen weiter zugespitzt. Nachdem zum Jahreswechsel 2008/2009 Kämpfe zwischen Israel und der extremistischen Hamas ausbrachen, versuchten auch viele Christen, die Stadt und den Gazastreifen zu verlassen und ins sicherere Westjordanland oder ins Ausland zu gelangen.

Mitte bis Ende der Achtzigerjahre verbrachte ich viel Zeit im kriegsgebeutelten Libanon mit dem Ziel, die Gläubigen zu ermutigen und Brücken zwischen den verschiedenen kriegstreibenden Parteien zu bauen. Mit Bibeln bewaffnet, suchte ich den Ministerpräsidenten, den Präsidenten und die meisten Generäle der verschiedenen Bürgerkriegsarmeen auf.

Eine vielversprechende Beziehung ergab sich Anfang 1988 auf einem Flug von Rom nach Beirut. In der ersten

Reihe der ersten Klasse saß ein vornehm aussehender Mann mit Turban, der von Bodyguards umgeben war. Da ich spürte, dass es sich dabei um einen wichtigen Mann handeln musste, begann ich, für ihn zu beten und den Herrn um eine Gelegenheit zu bitten, mich mit ihm unterhalten zu können. Ich ging extra vier- oder fünfmal auf dem Weg zur Toilette an ihm vorbei und suchte Augenkontakt zu ihm.

Es stellte sich heraus, dass er der Großmufti, also der führende Geistliche aller Sunniten im Libanon war. Wir unterhielten uns ein wenig, und ich gab ihm ein Exemplar meines Buches „Der Schmuggler Gottes". Er lud mich seinerseits in sein Büro ein. Gut so.

In der nächsten Woche machte ich mich auf und besuchte den kleinen Palast des Großmufti im Zentrum von West-Beirut, dem muslimischen Teil der Stadt. Kaum hatte ich sein Büro betreten, da rief er auch schon: „Andrew, das Buch, das Sie mir gegeben haben …! Ich habe meinen Kindern täglich nach dem Essen daraus vorgelesen!"

Wir hatten eine wunderbare Zeit miteinander, in der wir uns über unsere Hoffnung auf Frieden unterhielten. Ich übergab ihm eine Bibel. Dann sagte er: „Andrew, dieser Jesus, den kennen wir besser als ihr; denn er war einer von uns. Er lebte unter uns, er kannte unsere Kultur, er sprach unsere Sprache. Und er fühlte unseren Schmerz." Ich verließ ihn in der Hoffnung, mich irgendwann einmal mit diesem islamischen Führer wieder unterhalten zu können. Sechs Wochen später wurden er und sämtliche Bodyguards von einer Autobombe zerfetzt.

Was kann ein Mensch tun, wenn er dort lebt, wo solche Akte von Terrorismus zum Alltag gehören? Er kann auf und davon gehen, wie es manche tun, oder aber bleiben und sich als Vertreter Christi einsetzen lassen.

Lucien Accad leitete 25 Jahre lang die „Middle East Bible Society" (Bibelgesellschaft des Nahen Ostens) in Beirut. Er war einer jener mutigen Christen, die nicht ausreisen wollten. Er und seine Familie lebten in einer bescheidenen Wohnung auf einem Hügel mit einem wunderschönen Ausblick auf Beirut. Während der schlimmsten Zeit des Bürgerkrieges wurde die Wohnung mehrere Male fast zerstört, als Artilleriegeschosse durch die Fenster ins Wohnzimmer drangen.

Einmal hielt sich Luciens Familie während der Angriffe im Kellerbunker ihres Wohnhauses auf und sah das Video „Die Zuflucht", um sich von der ständigen Angst abzulenken. Lucien selbst telefonierte gerade in der Küche hinter der Wohnzimmerwand, als ein Artilleriegeschoss einen Volltreffer landete und ihn zu Boden warf. Fast die gesamte Wohnung wurde zerstört. Weil er beim Angriff hinter der Wand gestanden hatte, kam er mit dem Leben davon. Nach der Explosion war er eine Woche lang taub, doch sonst fehlte ihm nichts.

Ich besuchte ihn kurz nach dem Bombenangriff. Wir setzten uns auf den Schutt, an der Stelle, wo einmal sein Wohnzimmer gewesen war. Er war verständlicherweise sehr niedergeschlagen und sprach davon, aufzugeben und das Land zu verlassen.

Nachdem ich einen Tag dort mit ihm verbracht hatte, wusste ich auch warum. Wie ein Irrer musste ich mit der Familie die Treppe in den Keller hinunterrennen, wo in einem Raum von der Größe eines Wohnzimmers alle Menschen aus dem Gebäude untergebracht waren. Beim Raufund Runterlaufen kam ich mir wie ein Jo-Jo vor. Es gab zwar kein Kabelfernsehen, doch mithilfe eines Generators konnte man Videos ansehen. Oder wir sangen und lasen zusammen, bis der Angriff vorüber war. Dann machten wir uns auf den Weg nach oben, dorthin, wo noch etwas von der Wohnung übrig geblieben war.

„Lucien", sagte ich schließlich, „hast du jemals einer Spinne beim Spinnen ihres ausgetüftelten Netzes zugesehen? Wenn sie das Werk beendet hat, ist es ein großartiges Kunstwerk. Was tut die Spinne jedoch, wenn das Netz zerstört wird? Es vergeht kaum eine Minute, da spinnt sie ein neues. Das musst du jetzt auch tun. Du musst wieder aufbauen."

Irgendwie fand er genügend Kraft, um von vorne zu beginnen. Er lebt heute noch dort. Ich glaube, dass ihm nicht das, was ich zu sagen hatte, so sehr Mut machte wie meine Bereitschaft, dorthin zu gehen und einfach mit ihm zusammen im Schutzraum zu sitzen.

Zwar führten die meisten meiner Reisen mich in den Nahen Osten, doch habe ich auch andere islamische Länder besucht. Für gewöhnlich war die Gruppe von Gläubigen, die ich vorfand, klein. Sie war zwar sehr lebendig, bedurfte jedoch dringend der Ermutigung. Die Leiter dieser Gemeinden informierten mich oft über Dinge, von denen ich noch nie gehört hatte und die Gottes Wirken in ihrem Land betrafen.

Die Situation im Iran bleibt sehr gespannt. So verstärkte sich die Verfolgung von Christen mit der Wahl des Hardliners Mahmud Ahmadineschad 2005. Die verschiedenen Sicherheitskräfte wurden angehalten, die sich gegen Christen richtenden Gesetze strenger umzusetzen. Allein 2008 kam es zu Festnahmen von 50 Christen, überwiegend ehemaligen Muslimen.

Bis heute stehen Christen aus muslimischem Hintergrund besonders im Visier der Regierung. Denn ihre Zahl ist über die Jahre beträchtlich gewachsen. Über 100.000 der etwa 250.000 iranischen Christen sollen Konvertiten aus dem Islam sein. Der Teufel setzt alles daran, die Gemeinde im Iran auszulöschen. Die Gemeinde lernt jedoch, wie sie die Furcht überwinden und an Mut und Zuversicht zunehmen kann. Verfolgung und Diskriminierung gilt für iranische Christen als Teil ihres Christseins, so wie es auch Jesus in der Bibel vorausgesagt hat. Vielleicht wird der Iran wegen all des durchlebten Leids eines der ersten Länder sein, das die Wohltaten des Evangeliums ernten darf.

Pakistan ist ein weiteres Land, in dem das islamische Gesetz Staatsgesetz wurde. 1985 wurde das pakistanische „Blasphemiegesetz" eingeführt. Es sieht für Lästerung des Islam, des Koran oder des Propheten Mohammed die Todesstrafe vor. Über ein Dutzend Christen sind angeklagt und leben in Angst und Elend im Gefängnis, in Verstecken oder im Exil.

Viele christliche Mitarbeiter in Pakistan halten indessen nicht das Blasphemiegesetz für das eigentliche Problem, sondern die allgemeine Islamisierung der Gesellschaft, durch die Nichtmuslime leicht diskriminiert werden und sich schnell den Volkszorn zuziehen können. Der Fundamentalismus bahnt sich seinen Weg hinein in jeden Aspekt der Gesellschaft, und die strengen islamischen Gesetze richten sich in diskriminierender Weise offen gegen die Christen.

Nehmen wir einmal den Fall des pakistanischen Christen Gul Masih. Er wurde in Pakistan wegen angeblicher „gotteslästerlicher Äußerungen gegen den Propheten" ins Gefängnis geworfen. Oder den Fall des zwölfjährigen Salamat Masih (kein Blutsverwandter), den man beschuldigte, blasphemische Worte an die Wand der Moschee geschrieben zu haben, obgleich er weder schreiben noch lesen konnte. Beide wurden zum Tode verurteilt, doch schließlich durch die Gnade Gottes und mithilfe einer massiven Briefaktion seitens vieler Freunde von Open Doors und vieler anderer Organisationen und Einzelpersonen entlassen. Doch nicht jede Geschichte endet so glücklich.

In diesem Kapitel habe ich im Blick auf die Nöte der Gemeinde Jesu in der islamischen Welt gerade einmal den Gipfel des Eisbergs gestreift. Ich habe noch nicht einmal von den anderen islamischen Ländern berichtet, wie Ägypten und Indonesien, wo es eine enorm große Zahl von Christen gibt. Die orthodoxe Kirche der Kopten in Ägypten, der Legende nach vom Apostel Markus gegründet, ist fast zweitausend Jahre alt und umfasst acht bis zehn Millionen Gläubige. Unter ihnen sind viele wiedergeborene Christen.

Auf den vielen Inseln Indonesiens war in den vergangenen Jahrzehnten ein rasantes Gemeindewachstum zu verzeichnen. Christen machen inzwischen etwa acht Prozent der Bevölkerung aus (5% Protestanten, 3% Katholiken). In eben diesen Ländern, in denen die Gemeinde Jesu inmitten einer mehrheitlich muslimischen Bevölkerung wächst, sollten die Christen die Initiative ergreifen und auf die Muslime zugehen. Sie haben lange genug Seite an Seite mit ihnen zusammengelebt und -gearbeitet und kennen ihre Nöte, ihre Verletzungen, ihre Ängste und ihren tiefen geistlichen Hunger. Sie sind vertraut mit der Sprache und der Kultur. Sie können Brücken bauen und die Liebe Christi erfolgreicher leben als jede ausländische missionarische Gruppe. Deshalb richten wir mit unseren Gebetskampagnen den Blick in erster Linie auf die Gemeinde Jesu in der islamischen Welt.

Die Wahrheit ist, dass wir uns alle mit einem immer stärker werdenden Islam auseinandersetzen müssen, sowohl in Asien, Europa, Afrika als auch in den USA. Er wird in den kommenden Jahren zweifellos an Stärke und Einfluss zunehmen. Der einzige Weg für uns Christen, standhaft zu bleiben, besteht darin, aufzuwachen, den Ruf Gottes zu hören und diesen Ruf ernst zu nehmen.

Vor Kurzem hatte ich auf dem Flughafen von Tel Aviv ein Erlebnis – symptomatisch für die Probleme der heutigen Zeit, deren Lösung allein in Jesus Christus zu finden ist.

Die Sicherheitsbestimmungen in Tel Aviv sind verständlicherweise sehr streng. Jeder Passagier wird, bevor er das Flugzeug besteigen darf, von ein bis drei Sicherheitsleuten befragt. Sie wollen wissen, wo man in Israel unterwegs war und was man dort gemacht hat. Wenn man Orte besucht hat, die als Unruheherde oder Zentren anti-israelischer Aktivitäten bekannt sind, dann wird man noch länger festgehalten und befragt, manchmal sogar stundenlang. Jeder Quadratzentimeter des Gepäcks wird untersucht. Wenn man sein Flugzeug verpasst, hat man Pech gehabt und muss einen anderen Flug buchen.

Da ich die sicheren Gebiete und Touristenattraktionen für gewöhnlich meide, wurde dieses „Spießrutenlaufen" am Flughafen wiederholt zu einem zermürbenden Erlebnis für mich. Einmal musste ich in einer separaten Untersuchungszelle fast alle Kleidung ablegen. Es war sehr peinlich.

Auf dieser besagten Reise wurde ich von zwei Freunden zum Flughafen begleitet. Mir war klar, dass ich dieselben

Orte wie vorher besucht hatte, und so betete ich, dass ich nicht noch einmal diese lange Tortur der Befragung erleben müsste: „Herr, ich tue alles für dich, wenn du mir nur diese Demütigung ersparst. Es dauert alles so lange, und ich bin so müde. Ich glaube nicht, dass ich das überstehe."

Als ich aus dem Auto stieg, sagte einer meiner Freunde: „Andrew, wenn du durch die Sicherheitskontrollen gehst, dann sieh zu, dass du an einen männlichen und nicht an einen weiblichen Kontrolleur gerätst. Die Frauen sind so viel fanatischer."

Raten Sie mal, was passierte!

„Wo waren Sie?", fragte mich die uniformierte Beamtin streng.

Ich seufzte und überreichte ihr meinen Pass. Wenn ich nach Israel reise, besorge ich mir gewöhnlich einen neuen Pass in Holland, um keine Stempel von „falschen" Ländern vorweisen zu müssen. Dieses Mal hatte ich es nicht geschafft, rechtzeitig einen neuen Pass zu beantragen. Mir war, als schrien die Seiten meines Passes der Beamtin geradezu entgegen: Libanon! Ägypten! Saudi-Arabien! Und außerdem war mein Koffer voller Aufkleber und Anhänger von „verbotenen" Flughäfen.

„Ich war in Bethlehem", sagte ich, im Bewusstsein, dass sie darüber nicht sehr glücklich sein würde. Bethlehem liegt im Westjordanland, in den von Israel besetzten Palästinensischen Gebieten.

„Und wo sonst noch?"

„Kiryat Arba."

Ungläubig starrte sie mich an. „Was haben Sie dort gemacht?", fragte sie.

Kiryat Arba ist eine stark rechtsgerichtete jüdische Siedlung. Wegen der Unruhen im nahe gelegenen Hebron war genau in dieser Woche eine Ausgangssperre verhängt worden.

„Der Sohn eines meiner holländischen Freunde lebt dort mit seiner Familie, und er wurde vor Kurzem von einem palästinensischen Terroristen niedergeschossen. Ich wollte die Familie trösten."

Sie schien ein wenig weicher zu werden. „Bethlehem an einem Tag, und Kiryat Arba am nächsten – das ist ein ganz schöner Ortswechsel."

„Ja", meinte ich, „aber es ging jedes Mal um Menschen, die leiden."

Nicht um eine breitgefächerte, gesichtslose ethnische Gruppe, auf die wir unseren Hass projizieren können, nicht um einen neuen Feind, der die Kommunisten ersetzen soll, sondern um Kinder Abrahams, Menschen, die Gott in seinem Ebenbild schuf, Menschen, die einen Heiland namens Jesus brauchen.

Ich blickte ihr in die Augen und erkannte Tränen darin. Sie klappte meinen Pass mit den unbequemen Stempeln zu und gab mir ein Zeichen zum Weitergehen. Kurz darauf saß ich im Flugzeug Richtung Heimat.

12. Weichen für die Zukunft stellen

Als ich vor mehr als vierzig Jahren in einer Kirche in Oldebroek in Holland sprach, kam ein Holländer auf mich zu, der, ohne es zu wollen, eine bedeutende Rolle für Open Doors spielen sollte. Damals bereitete ich mich auf eine Reise nach Amerika vor, wo ich zusammen mit John Sherrill an meinem Buch „Der Schmuggler Gottes" arbeiten wollte. Marinus Companjen kam auf mich zu und verwickelte mich in ein Gespräch. Er arbeitete als Dorfschmied und schien sich für meine bevorstehende Reise zu interessieren.

„Ich bin auch Schmied", sagte ich stolz, „und mein Vater war es auch." (Ich erwähnte nicht, dass ich meinen Beruf nur kurze Zeit und vor vielen Jahren ausgeübt hatte.) Ich versuchte sogar noch, ihn dadurch zu beeindrucken, dass ich von der Kraftprobe erzählte, die mein Vater und die meisten anderen Schmiede mit ihren großen, schweren Vorschlaghammern vollbrachten: Man nahm das Ende des ungefähr sechzig Zentimeter langen Stiels in eine Hand, streckte den Arm kerzengerade parallel zum Boden vor sich aus und bog langsam das Kopfende des Hammers nach oben, bis man damit vorsichtig die Nasenspitze berühren konnte.

Marinus war skeptisch und sagte: „Zeig mir deine Hände." Da wurde mir sofort klar, dass ich in Schwierigkeiten geraten war; denn meine Hände waren schlank, schwächlich und mit zarter Haut überzogen. Er warf einen einzigen Blick darauf und sagte: „Du warst kein Schmied." Seine Hände waren natürlich groß, stark und schwielig. Das hatte ich nun davon, dass ich einen guten Eindruck machen wollte.

Glücklicherweise kam Herr Companjen sofort auf meinen Dienst und im Besonderen auf meine bevorstehende Reise zu sprechen. Dann drückte er mir Papiergeld in die Hand und sagte: „Das ist für Corrys Fahrt nach Amerika." Ohne nachzusehen, wie viel er mir gegeben hatte, dankte ich ihm von Herzen und steckte es in meine Hosentasche.

Preis dem Herrn, ein Ticket für Corry!, sagte ich mir. Ich hatte dafür gebetet, dass Corry mich auf dieser Reise begleiten konnte, aber ich wusste, dass wir es uns einfach nicht leisten konnten. Und jetzt hatte dieser Mann es möglich gemacht.

Auf dem Nachhauseweg stellte ich fest, dass Herr Companjens Spende „nur" ein Zehnguldenschein war, also weniger als fünf Euro. Damit konnten Corry und ich nicht einmal das Taxi zum Flughafen bezahlen. Aus eigener Erfahrung hätte ich wissen müssen, dass ein Dorfschmied viel zu arm war, um ein Ticket für einen Transatlantikflug zu finanzieren.

Doch diese zehn Gulden kamen von Herzen, und Gott gebrauchte sie, um mir eine Glaubenserkenntnis zu schenken. Die schlichte Tat dieses Mannes diente mir als Bestätigung dafür, dass Corry mich tatsächlich auf dieser Reise begleiten würde. Sie pflanzte eine Saat in mich hinein, die Gott später zur Frucht heranreifen lassen wollte.

Kurze Zeit nach unserer Rückkehr aus Amerika kam Marinus' Sohn Johan zu uns, ein junger, dynamischer Christ, der Maschinenbau studierte. Vater Companjen hatte jahrelang für seine sechs Kinder gebetet, und Johan, das drittälteste seiner Kinder, gab als Erster sein Leben Jesus Christus. Keiner von uns ahnte damals, dass dieser begeisterte Student eines Tages die Verantwortung für das gesamte Tätigkeitsfeld von Open Doors International erhalten würde.

Als Johan eines Tages nach der Uni nach Hause kam und alle beim Essen zusammensaßen, berichtete sein Vater etwas von mir.

Er hatte über längere Zeit meinen Dienst verfolgt und der Familie einige Geschichten erzählt, die er in einer der Open Doors-Zeitschriften gefunden hatte. „Weißt du", sagte er zu Johan, „dieser Bruder Andrew kommt zu uns in den Gottesdienst. Vielleicht solltest du einmal hingehen und ihn hören."

Johan brachte seine Freundin Anneke mit. Ich predigte über den großen Missionsauftrag aus Matthäus 28. Leider ließ ich mich hinreißen und sprach eine Stunde lang, anstatt die angesetzten dreißig Minuten einzuhalten, die man mir zugedacht hatte.

Trotz meiner Langatmigkeit kamen Johan und Anneke nach dem Gottesdienst auf mich zu. Sie waren von der Arbeit und den verschiedenen Plätzen, an denen ich gewesen war, fasziniert.

Beim anschließenden Teetrinken platzten sie mit ihren Fragen zur Missionsarbeit, zum Willen Gottes und zum Heiligen Geist heraus. Sie hatten sich mit der Apostelgeschichte befasst, und da die Gemeinde eine Pfingstgemeinde war, fragten sie sich, ob sie die gleichen dramatischen Erfahrungen wie die Apostel machen müssten. Ich war von ihrem Eifer und ihrem tiefen Hunger nach göttlichen Dingen begeistert.

Als sie mich jedoch direkt fragten: „Andrew, was müssen wir tun, um mit dem Heiligen Geist getauft zu werden?", wollte ich ihnen keine glatte, vereinfachte Antwort präsentieren.

Also sagte ich: „Wenn ihr mit dem Heiligen Geist erfüllt werden wollt, müsst ihr als Erstes sichergehen, dass ihr leer seid." Mehr sagte ich nicht.

Sie sahen ein wenig enttäuscht aus. Ich glaube, sie hatten ihr Augenmerk in erster Linie auf die besonderen, spektakulären Zeichen des Heiligen Geistes gerichtet, zum Beispiel auf das Sprachengebet und die Gabe der Heilung, und weniger auf das, was es auf einer tieferen Ebene bedeutet, mit dem Heiligen Geist erfüllt zu sein. Gott kann nur leere Gefäße füllen. Wenn wir nicht jedes Gebiet unseres Lebens an ihn übergeben, einschließlich unserer ureigenen Ängste, unserer geheimen Gewohnheiten, unseres Eigensinns und unserer eingeschränkten Sicht von dem, wie uns Gott gebrauchen kann, sind wir noch nicht leer. Wenn wir sagen: „Herr, ich gehe, wohin du mich sendest, aber bitte nicht in den Iran oder nach Ruanda", dann sind wir noch nicht leer. Dann stellen wir Gott noch immer Bedingungen. Leer sein heißt, alles auf den Altar zu legen, nichts zurückzubehalten.

Ungefähr zu dieser Zeit – 1967 oder 1968 – unternahm ich mehrere Reisen nach Vietnam, wo sich der Krieg immer mehr ausweitete. Es gab dort zwar noch Missionare, doch die Gemeinde Jesu stand bereits unter dem Druck der Verfolgung, und ich wollte herausfinden, wie Open Doors helfen könnte. Auf einer dieser Reisen begleitete mich Corrie ten Boom. Wegen der Tiefflieger, die nachts ununterbrochen flogen, war es zunächst für sie eine qualvolle Erfahrung, die sie in erschreckender Weise an den Zweiten Weltkrieg erinnerte und die Schrecken des Konzentrationslagers wieder wachrief. Weil sie und ihre Familie Juden versteckt hatten, war sie damals in ein Konzentrationslager gekommen. Oft musste ich sie morgens in ihrem Zimmer aufsuchen, mit ihr beten und ihr die Hände auflegen, ehe sie sich so weit beruhigen konnte, dass es ihr möglich war aufzustehen.

Bei unseren Besuchen mussten wir feststellen, dass die Missionare wegen des Krieges mit der Behandlung der Kranken und Verwundeten überlastet waren und ihre Fahrzeuge und Ausrüstung ständig reparieren mussten. Dadurch verloren sie kostbare Zeit, und der Bau des Reiches Gottes wurde beeinträchtigt. Aus diesem Grund veröffentlichte ich dann zu Hause einen Artikel in der Zeitschrift von Open Doors, in dem ich berichtete, dass die Missionare dringend medizinische und technische Hilfe benötigten. Ich hielt Ausschau nach Menschen, die sich bereit erklären würden, ein Jahr in Vietnam zu verbringen, um diesen Missionaren zu helfen.

Inzwischen wirkte Gott in den Herzen von Johan und Anneke, wovon ich jedoch damals nichts wusste. Nach unserem ersten Treffen suchten sie das Möbelhaus auf, das Annekes Vater gehörte und in dem sie oft durch die Gänge gelaufen waren und von ihrer Hochzeit und dem schön eingerichteten Zuhause geträumt hatten, das sie eines Tages ihr Eigen nennen würden. Während sie jedoch im Lager hinter dem Laden standen, wurde ihnen plötzlich klar, was es bedeutete, alles Gott zu überlassen und richtig leer vor ihm zu sein. Bis zu diesem Zeitpunkt hatten sie das Thema Mission gemieden, als sei es so etwas wie eine Strafe Gottes. Doch nun begann Gott ihnen die Augen und die Herzen zu öffnen für die übergeordnete Sache und die mögliche Rolle, die sie darin übernehmen könnten. Sie knieten vor einem kaputten Stuhl nieder und beteten: „Herr, wohin du uns auch senden willst, wir geben dir unser ganzes Leben. Wir möchten dir nicht nur mit unserem

Herzen, sondern mit unserem ganzen Sein folgen." Dieses Gebet war ein absoluter Meilenstein, obgleich sie keinerlei Ahnung hatten, was Gott für sie vorbereitet hatte.

Wenige Monate nach diesem Gebet stieß Johan in einer Ausgabe des Open Doors-Magazins genau auf den Artikel, den ich über Vietnam geschrieben hatte. Während er ihn durchlas, sprang ihm ein besonderer Satz ins Auge: „Meine Freunde, bitte beten Sie mit mir für einen jungen Mann aus Holland, der bereit ist, in Vietnam zu arbeiten." Johan sagte sich: „Klar werde ich dafür beten." Aber in seinem Inneren hörte er eine Stimme, die sagte: „Johan, warum gehst du nicht selber?"

Eine Weile lang argumentierte er: „Habe ich mich etwa verhört? Holländer gehen nicht nach Vietnam, Amerikaner gehen nach Vietnam. Das sieht man doch jeden Tag im Fernsehen."

Kaum hatte er diese Worte in seinem Kopf geformt, da wusste er auch schon, wie schwach das Argument war.

Bald darauf erhielt ich mit der Post einen Brief. Johan schrieb, dass er die Sache mit Vietnam im Gebet prüfe und wissen wolle, ob ich bereit wäre, einen Abend mit ihm und Anneke zu verbringen.

Als wir zusammensaßen, war ich wieder von ihrer Begeisterung beeindruckt, und ich spürte, wie sich ihre Hingabe vertieft hatte. Meine einzige Sorge galt Johans schwachen Englischkenntnissen; die Missionare hatten darauf hingewiesen, dass sie jemanden brauchten, der fließend Englisch sprach. Ehe wir den Abend beendeten, betete ich mit ihnen und für sie. Ich war mir noch nicht sicher, ob sich Johan für diese Aufgabe eignete.

Johan seinerseits war sich sicherer als vorher, dass er nach Vietnam gehen würde. Er wollte seine Englischkenntnisse erweitern und seine Jugendgruppe in der Gemeinde auf eine Unterstützung ansprechen.

Sechs Monate später, am 12. November 1968, reiste Johan mit einem Einjahresauftrag als Techniker für Open Doors nach Vietnam. Anneke, mit der er sich inzwischen verlobt hatte, hatte bereits eine Stelle als Lehrerin angenommen und sollte zu Hause bleiben. Wir hielten eine Abschiedsfeier und sandten Johan aus mit der Zusage unserer Liebe, unserer Gebete und unseres Segens. Corrie ten Boom war bei der Feier auch dabei. Gegen Ende unseres Zusammentreffens nahm sie Johan bei der Hand und sagte ihm etwas, woran er heute noch ehrfürchtig zurückdenkt: „Johan, ich bin so froh, dass du gehst. Vietnam ist ein guter Ort, trotz des Krieges. Mach dir keine Gedanken, wenn die Menschen sagen, du seiest verrückt, weil du so einen gefährlichen Ort aufsuchst. Vergiss nicht: Der beste Platz, an dem du sein kannst, ist im Zentrum des Willens Gottes. Und wenn das Vietnam sein sollte, dann bist du besser dran, wenn du in Vietnam bist, als wenn du zu Hause in Holland bleibst. Der Platz, den die Welt für den gefährlichsten hält, ist eigentlich der allersicherste Ort, an dem du dich befinden kannst, wenn Gott dich dahin stellt."

Sie wollte damit nicht sagen, dass wir automatisch vor allen Gefahren bewahrt werden und dass uns nie etwas passieren kann; sie meinte, dass Gott immer bei uns sein wird und dass er alles, was passiert, dazu gebraucht, seine Absichten zum guten Ziel zu führen. Unsere Aufgabe ist es, auf seine Anstöße zu reagieren und ihm zu folgen, wohin er uns auch immer führen mag.

Und so arbeitete Johan ein Jahr lang in Vietnam als Techniker in einem Waisenhaus und einem Lepraheim. Er leistete Hervorragendes. Schon seine bloße Anwesenheit war ein Segen für das Reich Gottes, und außerdem wurde er auf seine nächste Aufgabe vorbereitet. „Dieses eine Jahr war vielleicht das wichtigste Jahr meines ganzen Lebens", erzählte er mir später, „denn es ging dabei immer um Gehorsam. Ich habe mich oft gefragt: Wenn ich nicht gehorsam gewesen wäre, wo wäre ich dann heute? Ich glaube, dass unser Leben mit dem Herrn eine fortschreitende Linie verfolgt, gewissermaßen, als schritten wir von Stein zu Stein. Es gibt natürlich auch Ausnahmen, aber für die meisten von uns heißt es doch, einen Tag nach dem anderen zu leben und Gott Schritt für Schritt zu gehorchen, während wir weitergehen."

Nach Johans Rückkehr aus Vietnam heirateten Johan und Anneke, und ich durfte sie in ihrer Gemeinde in Oldebroek trauen. Anschließend besuchten beide das „Birmingham Bible Institute" in England, wo sie einen Zweijahreskurs zur Vertiefung ihres Bibelwissens belegten. Wir hielten Kontakt zueinander, und bei wichtigen Anlässen fragte er mich um Rat für Entscheidungen, die zu treffen waren.

Der Herr führte sie 1972 ins vietnamesische Kriegsgebiet zurück, um für die „Christian and Missionary Alliance" (CMA) zu evangelisieren und Gemeinden zu gründen, obgleich Johan sich eigentlich sicher gewesen war, dass er nie mehr dorthin zurückkehren würde. Im ersten Jahr lernten sie in Dalat, einer schönen Stadt im zentralen Hochland, die Sprache. Dann zogen sie mit ihren beiden kleinen Kindern in die Küstenstadt Quinhon, wo sie bei sich zu Hause ihre Sprachkenntnisse erweiterten.

Sie waren gerade fünfzehn Monate in Quinhon, als sich die politischen Verhältnisse verschlechterten. Während einer Missionskonferenz in Danang mussten die Companjens feststellen, dass die nordvietnamesischen Truppen ihre endgültige Offensive gestartet hatten. Wegen der bevorstehenden Gefahr mussten alle Teilnehmer der Konferenz augenblicklich aus Vietnam evakuiert werden, sodass die Familie Companjen, ohne sich von ihren Freunden verabschieden zu können, den ersten Flug aus Danang nahm. Es war schon schwierig genug für sie, so schnell abzureisen, doch für Johan und Anneke war die Angst um die verfolgte Gemeinde, die sie zurücklassen mussten, weitaus schlimmer.

Unverhofft befanden Johan und Anneke sich nun in Holland, scheinbar von ihrer Berufung abgeschnitten. Unangenehm war außerdem die Tatsache, dass sie das Medieninteresse wachriefen, als sie von holländischen Fernsehreportern und Journalisten von Zeitungen und Zeitschriften belagert und interviewt wurden. Die anhaltende Aufmerksamkeit dauerte drei Monate, und Johan war ein gefragter Redner. Ich hatte die Gelegenheit, ihn mehrere Male zu hören, und mir gefiel, was er zu sagen hatte.

Da erhob sich natürlich die große Frage, was er und seine Familie als Nächstes tun sollten. Die CMA fragte an, ob er nicht bereit wäre, nach Frankreich zu ziehen, um dort unter vietnamesischen Flüchtlingen zu evangelisieren. Da ich Johan inzwischen ziemlich gut kennengelernt hatte, verstärkte sich in mir der Eindruck, dass er besser mit unserer Open Doors-Strategie zurechtkommen würde: Wir bemühen uns nicht so sehr um jene Menschen, die ein Unterdrückungssystem hinter sich gelassen haben, denn damit wird nur auf die Symptome und nicht auf die Ursachen eingegangen – in den Herkunftsländern ändert sich dadurch nichts zum Besseren. Außerdem hatten wir erkannt, dass wenige Flüchtlinge, wenn überhaupt, jemals in ihre Heimatländer zurückkehrten. Mein Ansinnen war (und ist es auch heute noch), dass wir dorthin gehen müssen, woher sie kommen, damit wir strukturell etwas unternehmen und das System verändern können. Es versteht sich von alleine, dass auch die Flüchtlinge betreut werden müssen. Doch ich möchte mich mehr mit den Ursachen befassen und demzufolge zum Beispiel nach Vietnam gehen bzw. in andere Länder reisen, aus denen die Menschen fliehen. Ich war mir sicher, dass das auch Johans Herzensanliegen war.

Sobald sich Johans Terminkalender etwas lichtete, schrieb ich ihm einen Brief: „Wenn du einmal nichts zu tun hast, dann ruf mich doch an."

Wir telefonierten einige Male, und dann lud ich ihn zu einem Essen ein, an dem die amerikanische Open Doors-Leitung teilnahm. Er berichtete uns von seinen Erlebnissen in Vietnam und beschrieb einige der Optionen, die ihm und Anneke als nächste Tätigkeit vor Augen standen. Sie waren mehrere Male nach Frankreich gereist, verspürten jedoch im Hinblick auf eine Tätigkeit dort keinen inneren Frieden. Sie hatten auch Indonesien und die Philippinen in Betracht gezogen. Im Laufe unseres Essens stellte ich ihm eine weitere Möglichkeit vor Augen, eine, an die er noch nicht gedacht hatte. „Johan, wie gefällt dir der Gedanke, mit uns hier bei Open Doors zusammenzuarbeiten?"

Als Johan im Alter von neunundzwanzig Jahren zu uns ins Boot kam, war unser holländisches Team noch ziemlich klein. Für alle Operationen standen uns ungefähr zwölf hauptamtliche Mitarbeiter zur Verfügung. Alle gaben sich die größte Mühe, die Berge von Arbeit zu bewältigen. Wir wollten einerseits Bibeln und Schriften für die Gemeinden in der Verfolgung heranschaffen und andererseits Termine in Holland wahrnehmen, um Informationsabende über unsere Arbeit zu gestalten.

Seit der Veröffentlichung des Buches „Der Schmuggler Gottes" hatte ich einen gewissen Bekanntheitsgrad erlangt, weshalb ich zu vielen Gemeindekonferenzen eingeladen wurde. Zwischen meinen Reisen hatte ich mich immer bemüht, so vielen Anfragen wie möglich zu folgen, aber irgendwo gab es Grenzen. Seit ich Johan über seine Vietnam-Erfahrungen hatte sprechen hören, und zwar vor größeren Menschenmengen, wusste ich, dass er sich als Redner für Open Doors eignete. Damit stand sein erster Auftrag fest: Er sollte Dia-Vorträge über die Tätigkeit von Open Doors vorbereiten und diese auf Wunsch in einzelnen Gemeinden halten.

Mir gefiel Johans Begeisterung und sein gesundes Selbstvertrauen bei der Erledigung seiner Aufgaben. Er erhielt zum Beispiel Anrufe von Menschen, die sagten: „Wir planen gerade einen besonderen Gottesdienst über China und möchten Bruder Andrew als Sprecher einladen."

Darauf erwiderte Johan dann: „Das tut mir leid, er ist unterwegs auf Reisen und wird nicht kommen können. Ich könnte in Ihrer Gemeinde einen Dia-Vortrag halten."

Man fühlte sich zunächst vor den Kopf gestoßen, doch es dauerte nicht lange, da sprach Johan in ganz Holland. Mich beeindruckte seine Energie, seine Findigkeit und sein Organisationstalent. Er musste grundsätzlich alles allein machen: die Reise vorbereiten, sprechen, die Dias vorführen. Anfangs verbrachte er die meiste Zeit in Holland, später jedoch erstreckte sich sein Arbeitsfeld auch auf Westdeutschland und die Schweiz. Zur damaligen Zeit hatte Open Doors außerhalb von Holland lediglich vier Büros, nämlich in England, Südafrika, Asien und den

USA. In den nächsten zehn Jahren erweiterten wir unseren Arbeitsbereich auf ungefähr zwanzig Open Doors-Büros, und Johan spielte in dieser Entwicklung eine bedeutende Rolle.

Seine erste Auslandsreise für Open Doors führte ihn im September 1975 nach Manila, wo er an der Love-China-Konferenz teilnahm und jenen gewaltigen geistlichen Durchbruch miterlebte, von dem ich oben schon erzählt habe. Im darauffolgenden Jahr bat ich ihn, mich nach Ruanda und Burundi zu begleiten, wo wir an mehreren Jugendkonferenzen teilnahmen. Im Verlauf unserer Reisen fiel mir auf, wie gut wir als Team zusammenarbeiteten. Ich bereitete die Reisen jeweils in groben Zügen und mit offenem Terminkalender vor, während sich Johan um die Einzelheiten kümmerte. Während der Veranstaltungen pflegte er sich viele Notizen zu machen und diese systematisch zu aktualisieren, etwas, wovon ich nicht den blassesten Schimmer hatte. Dies erwies sich in der Zeit vor der Love-Africa-Konferenz im Jahre 1978 als besonders wichtig.

Im Laufe unserer Reisen entwickelten wir, denke ich, so etwas wie ein Paulus-Timotheus-Verhältnis zueinander. Ich konnte Johan einen genauen Blick für die weltweite Gemeinde Jesu in der Verfolgung vermitteln und ihn an meiner Liebe zu verfolgten Christen und meiner Vision teilhaben lassen. Er verstand es, nicht nur von mir zu lernen, sondern auch von den vielen Pastoren und anderen Christen, deren Glaube angesichts der Verfolgung unseren Glauben in den Schatten stellte. Im Zuge der sich vermehrenden Open Doors-Büros rund um den Globus entwickelte Johan langfristige Beziehungen zu den jeweiligen Leitern, wodurch unsere laufenden Kontakte an Festigkeit gewannen.

Wie viel Zeit wir miteinander verbrachten, entzieht sich absolut meiner Kenntnis. Wir unterhielten uns stundenlang im Flugzeug, beschäftigten uns gemeinsam mit der Bibel, beteten zusammen und unternahmen morgens um fünf Uhr lange Spaziergänge, wenn die Zeitumstellung nach einem Flug uns nicht schlafen ließ. So bauten wir eine tiefe Beziehung zueinander auf. Wir konnten uns gegenseitig viel geben: Ich versuchte, ihm meine Vision zu vermitteln und ebenso meine Liebe zum Herrn und seinem Wort, während Johan meine rechte Hand wurde und mein vertrauter „Kompagnon", auf den ich mich im Hinblick auf grundlegende Strukturen und Unterstützung verlassen konnte.

An zwei besondere Reisen kann ich mich erinnern, bei denen Gefahren und Erkenntnisse (verbunden mit einem gewissen humorvollen Touch) unser Verhältnis besonders vertieften. Die erste Reise unternahmen wir 1977 nach Uganda, zur Zeit der brutalen Herrschaft Idi Amins. Wir waren gerade auf dem Flughafen Entebbe gelandet, als Johan, unser Kollege Jan und ich zitternd erkennen mussten, dass wir die Einzigen waren, die das Flugzeug verlassen wollten (siehe auch fünftes Kapitel). Als wir uns erhoben, um auszusteigen, meinte ich lächelnd zu Johan: „Jetzt kannst du deine Meinung noch ändern." Das war natürlich ein Scherz, aber Johan sagte mir später, dass dieser kurze Wortwechsel symbolischen Charakter für seine Entscheidung hatte. Wenn doch nur mehr Menschen solche bedeutungsschweren Augenblicke wahrnehmen könnten! Unsere Zeit in Uganda lehrte Johan einige „Geheimtipps", die ich über die Jahre kennengelernt hatte.

Der Pastor, der uns zur Hundertjahrfeier der anglikanischen Kirche in Uganda eingeladen hatte, traute seinen

Augen nicht, als wir ihn aufsuchten. „Was macht ihr denn hier? Wie seid ihr hergekommen?", rief er aus. „Wir haben euch doch gar keine offizielle Bestätigung geschickt!"

„Wir warten nie auf die Bestätigung", antwortete ich. „Sie kommt meistens zu spät." Während Johan und ich uns unter den Menschen umsahen, die an den Feierlichkeiten teilnahmen, wurde uns klar, dass Idi Amin genau das bewirkt hatte: Er hatte absichtlich die offiziellen Einladungen an andere Länder verspätet abschicken lassen, damit die Ereignisse ohne Gäste aus dem Ausland stattfinden konnten. Aus anderen Ländern war fast niemand erschienen.

Im fünften Kapitel beschreibe ich auch die entsetzliche Nacht, die Jan, Johan und ich im Hotel verbrachten, als Amins Henker Menschen aus ihren Zimmern holten, um sie in den weißen Range Rovern fortzuschaffen. Noch Jahre danach war Johan der Ansicht, ich müsse ein besonders geistlicher Mensch sein, weil ich in jener schrecklichen Nacht friedlich geschlafen hatte. Später erfuhr er die sehr ungeistliche Wahrheit: Ich hatte eine Schlaftablette genommen.

Eine zweite Reise, die wir 1985 gemeinsam unternahmen, entpuppte sich als weiterer Meilenstein sowohl in unser beider Beziehung als auch in unserer Vision. Wir waren mit Gläubigen im Iran zusammen gewesen und anschließend nach Damaskus in Syrien geflogen, wo wir mit den dortigen Christen eine wunderbare Zeit erlebten. Unser nächster Aufenthalt war Amman in Jordanien, von wo aus wir nach Beirut im Libanon fliegen wollten. Beirut befand sich gerade in einer äußerst turbulenten Phase. Ich hatte die Stadt mehrere Male vorher besucht, doch für Johan sollte es die erste Reise dorthin werden, weshalb er in großer Aufregung war. Ich wusste nichts davon, doch später erzählte er mir, er habe in der Nacht vor dem Abflug kaum geschlafen. Die Angst um sein Leben war so stark gewesen, dass er sogar eine kleine Abschiedsrede an seine Frau auf Band sprach, weil er glaubte, er werde sie nie wieder sehen. Er schickte ihr das Band am nächsten Morgen unmittelbar vor unserer Abreise nach Beirut. „Mir lief der Angstschweiß herunter", erzählte er mir später. „Ich meinte, meine letzte Stunde habe geschlagen."

Als wir am nächsten Morgen auf dem Flughafen von Amman eintrafen und er das Flugzeug erblickte, wuchs sein Vertrauen keineswegs. Es war ein altes, schwarzes, schmutziges Ding, und er fragte sich schon, ob es sich überhaupt in die Luft erheben könne. Ich war des Öfteren mit solchen altersschwachen Maschinen geflogen, weshalb ich mir keinerlei Sorgen machte.

Doch sobald Johan und ich das Flugzeug bestiegen, geschah etwas mit ihm. „Der Herr erfasste mich", lautete seine Erklärung. „Er hob mich über die Verhältnisse hinweg, etwa so, wie es Psalm 27,6 beschreibt. Ich bestieg das Flugzeug und erlebte den besten Flug überhaupt – ruhig und problemlos. Die Zeit in Beirut war hart, überall Straßensperren und Heckenschützen bei Nacht. Aber die dortigen Gläubigen kennenzulernen, war für mich ein einmaliges Erlebnis."

Auf dem Flug von Amman zurück nach Amsterdam geschah etwas noch Bedeutsameres. Wir saßen neben einem Arabisch sprechenden Christen, der uns auf unserer Reise als Dolmetscher geholfen hatte. Seine Familie hatte früher in Palästina gewohnt, war von den Israelis jedoch genötigt worden, umzusiedeln. Heute ist er Evangelist und Bibellehrer überall in den Gemeinden des Nahen Ostens.

Damals kannte ich mich in den komplexen Strukturen nahöstlicher Religion und Politik nicht aus. Da die Israeliten nach der Bibel Gottes auserwähltes Volk sind, glaubte ich, dass wir Christen automatisch hinter der Politik des modernen Staates Israel stehen müssten. Bis zu diesem Zeitpunkt hatte mir niemand etwas anderes gesagt. Dieser Mann erzählte mir jedoch Dinge, von denen ich nie zuvor gehört hatte.

Während wir im Flugzeug saßen und uns unterhielten, fing er an, bitterlich zu schluchzen und dann seinen ganzen Schmerz hinauszuweinen. „Versteht ihr nicht?", rief er, „die ganze Welt scheint gegen uns Palästinenser zu sein, selbst gegen die Christen unter den Palästinensern! Jeder ergreift Partei für Israel und behandelt uns so, als seien wir die Feinde. Wir lieben Christus! Und ich bin bereit, für ihn zu sterben! Weshalb geben die Evangelikalen so viel Geld und Unterstützung an die Israelis, die nicht einmal an Christus glauben? Was ist eigentlich mit uns?"

Inzwischen waren auch mir die Tränen gekommen. Ich bekam einen Blick für einen weiteren Teil der leidenden Gemeinde Jesu. Auch wurde Johan und mir klar, dass unter den Arabisch sprechenden Menschen ein großer Hunger nach dem Evangelium bestand. Dieses Erlebnis war für uns beide etwas sehr Bewegendes und Bedeutsames. Ich glaube, der Herr wollte uns damals eine weitere „offene Tür" für unseren Dienst zeigen.

Nicht lange nach dieser Reise in den Nahen Osten begann ich, mir Gedanken zu machen und intensiv darüber zu beten, wie ich Open Doors stark und effektiv erhalten könnte, damit wir weiter zur Stärkung der verfolgten Gemeinden beitrugen. Etwas wurde mir ganz klar, nämlich dass ich Johan mehr und mir weniger Verantwortung im

Managementbereich übertragen sollte. Während ich nie ein guter Manager gewesen war, hatte Johan immer und immer wieder bewiesen, dass ihn Gott mit starken Fähigkeiten für die Organisation und für die Führung von Menschen ausgerüstet hatte. Ich besprach mich mit meinem Vorstand, und sie waren einverstanden, Johan zum stellvertretenden Geschäftsführer von Open Doors International zu ernennen, obwohl er der Jüngste in unserem Team war.

Haben Sie sich jemals die Geschichte von Nehemia genau angesehen? Im Verlaufe des Buches fallen beim Bau der Mauer um Jerusalem durch Nehemia und das Volk immer wieder bestimmte Begriffe auf, wie „neben ihm", „gegenüber von ihm" und so weiter. Diese Begriffe sind in sich unscheinbar genug, aber ich glaube dennoch, dass sie Bände sprechen über die Wichtigkeit der Arbeit im Team. Nehemia mag ein Einzelgänger gewesen sein, doch er wusste, dass er ein Team um sich scharen musste.

Bei Open Doors habe ich mir jahrelang Nehemias Beispiel zum Vorbild genommen und Menschen um mich herum eingesetzt, die fähiger sind als ich. Im Laufe der Jahre hatten wir im Team Menschen mit einem Doktortitel, Geschäftsführer, ehemalige hohe Militärangehörige, Sprachforscher und andere Fachleute – Menschen mit Fähigkeiten und technischem Know-how, von dem ich nur träumen konnte. Johan hatte als wertvolles Teammitglied begonnen, und in dem Maße, wie er mehr Verantwortung übertragen bekam, baute er sich ein eigenes starkes Team auf.

Als Open Doors 1995 sein vierzigstes Dienstjubiläum feierte, fragte man sich allgemein: „Wie steht es um die Nachfolge? Was geschieht, wenn Andrew in Rente geht oder stirbt?" Wir haben alle erlebt, wie christliche Werke praktisch vom Erdboden verschwanden, als der Gründer starb oder in irgendeinen Skandal verwickelt wurde. Doch der Dienst wird weiter fortgeführt werden, selbst wenn ich morgen von der Bombe eines Terroristen zerfetzt werden sollte. Denn inzwischen haben wir Open Doors-Büros in mehr als zwanzig Ländern und unterstützen die verfolgte Gemeinde Jesu in rund fünfzig Staaten.

Ich verstehe von Management nicht das Geringste. Wenn ich überhaupt etwas weiß, dann das, was ich von Nehemia gelernt habe: Unter allen Umständen ein effektives Team um sich herum aufzubauen.

Kurz nach unserem vierzigjährigen Bestehen wurde Johan zum Vorsitzenden von Open Doors International ernannt, und ich erhielt den schönen Titel „Ehrenvorsitzender". Damit ist wohl gemeint, dass ich „Platz gemacht" habe, doch in Wirklichkeit habe ich gar nicht erst den „Platz eingenommen". Johan und ich haben fast fünfundzwanzig Jahre lang Seite an Seite gearbeitet und wir kennen einander in- und auswendig. Sein Übernehmen der organisatorischen Leitung war so natürlich wie mein eigener Atem. Ich konnte mir keine bessere Wahl vorstellen.

Bevor er offiziell die Zügel übernahm, hatte Open Doors noch nie so effizient und effektiv gearbeitet. Wir brachten mehr Bibeln in Länder, in denen Unterdrückung herrschte, und bildeten mehr Pastoren und Lehrer dort aus als zuvor. Inzwischen ist Johan ebenfalls einen Schritt zurückgetreten und hat die Leitung an andere geschätzte Mitarbeiter übergeben. Seit Ende 2008 ist Jeff Taylor neuer Geschäftsführer von Open Doors International. Ich bin so dankbar für all die lieben Menschen, die der Herr mir anvertraut hat.

Und wie steht es mit mir? Sie können fragen, wen Sie

wollen – Sie werden schnell erfahren, dass ich alles andere als langsamer geworden bin. Ich reise noch immer viel, meist in den Nahen Osten, und verfolge meine Vision, in der islamischen Welt Gemeinde Jesu zu bauen. Ich glaube, Gott möchte, dass ich für Israel bete und unser Netzwerk dort stärke, aber momentan empfinde ich es so: Das Beste, was ich für Israel tun kann, besteht darin, seine Feinde für Christus zu gewinnen. Also bete ich weiter und reise weiter durch den Nahen Osten, um das Evangelium dort hinzutragen und Brücken zu bauen.

Es ist wichtig, dass wir zwischen unserer *Vision* und unserer *Vorgehensweise* unterscheiden. Unsere Vision hat sich seit dem Beginn nicht im Geringsten verändert. Wir wollen wach werden und das stärken, was noch Leben hat, wie es in Offenbarung 3,2 heißt, aber abzusterben droht. Wir wollen die Gemeinde Jesu dort aufsuchen und stärken, wo sie verfolgt wird. In den Anfängen unserer Arbeit waren wir oft die Einzigen, die an bestimmten Stellen tätig waren. Heute ist die Welt eine ganz andere geworden, und es passiert selten, dass wir als einzige Organisation in einem bestimmten Land tätig sind. (In der islamischen Welt jedoch arbeiten immer noch wenige Missionsgesellschaften.) Im Laufe unser „Pionierarbeit" mussten wir sehr viel allein vorangehen. Doch heute wissen wir genau, welche Missionswerke sich in einem bestimmten Land einbringen, woraufhin wir dann herauszufinden versuchen, wie wir zusammenarbeiten können, ohne dass jemand Kompromisse im Blick auf die jeweils eigene Vision machen muss. Darin hat sich eine völlig neue Dimension für unsere Arbeit aufgetan.

Eine der Gruppen, die wir von Anbeginn an unterstützt haben, setzt sich aus christlichen Leitern aus der Arabisch sprechenden Welt zusammen. Diese Gruppe bildet aus, sendet Teams aus und unterstützt eine jährlich stattfindende Konferenz. Sie führt Arabisch sprechende junge Leute und Jugendleiter aus verschiedenen Ländern zusammen, die sie dann anleitet und ausbildet. In Jerusalem führte sie einmal ein Seminar für Leiter innerhalb der palästinensischen Kirchen und Gemeinden durch.

Eine weitere Gruppe, mit der wir zusammengearbeitet haben, nennt sich „Forum of Bible Agencies". Das ist eine Gruppe, die sich aus der „Zweiten Lausanner Konferenz für Weltevangelisation" 1989 entwickelt hat. Sie umfasst Bibelgesellschaften und Bibelübersetzungsorganisationen in der ganzen Welt. Einmal im Jahr kommen all diese Gesellschaften zusammen, um neue Pläne und Projekte vorzustellen und Wege und Mittel ausfindig zu machen, wie man sich gegenseitig helfen kann. Johan ist seit Gründung dieser Gruppe Mitglied gewesen und zudem Vorsitzender des Äthiopienprojektes, das aus mehreren Initiativen besteht und das Ziel verfolgt, eine Million Bibeln in diesem Land zu verteilen. Wenn wir zusammen auf ein gemeinsames Ziel hinarbeiten, erfüllen wir unseren Auftrag und nutzen die uns zur Verfügung stehenden Ressourcen voll aus.

Die Welt hat sich in den vergangenen fünfzig Jahren nicht nur geistlich, wirtschaftlich und politisch verändert, sondern auch in technischer Hinsicht. Computer, Internet, Handys, Fernsehübertragungen via Satellit und zahllose andere Neuentwicklungen haben die Art, wie viele Menschen leben und miteinander kommunizieren, grundlegend verändert. Viele Missionsgesellschaften, einschließlich Open Doors, haben sich diese Fortschritte zunutze gemacht, um das Evangelium zu verbreiten und die Gemeinde Jesu zu bauen.

Ich selbst habe unglücklicherweise (oder vielleicht auch glücklicherweise) mit diesen technischen Fortschritten nicht mithalten können. In meinem Büro steht ein Computer, aber ich weiß nicht, wie ich damit umgehen soll. Mir gelingt es nur mit Schwierigkeiten, das Faxgerät zu bedienen. Für mich ist ein Faxgerät ein Wunderwerk. Ich lege ein Stück Papier ein, drücke auf einige Tasten, und schon landet das Schreiben in Australien! Größere Fortschritte auf technischem Gebiet habe ich mir nicht zu eigen machen können. Ich weiß die mit der fortschreitenden technischen Entwicklung einhergehenden Möglichkeiten zur Verbreitung des Evangeliums wohl zu schätzen, doch ich für meine Person verlasse mich lieber auf Rauchzeichen.

Die jüngere Generation hat mehr Verständnis und Begeisterung für den technischen Fortschritt, als ich sie je werde aufbringen können. Das war ein weiterer Grund dafür, dass ich Johan und sein Leitungsteam die Arbeit habe fortsetzen lassen. Johan schleppte überall seinen Laptop mit sich herum und hielt über E-Mail laufend Kontakt zu unseren Open Doors-Büros in der ganzen Welt. Ich habe ihn und auch andere jedoch gebeten, sich davor zu hüten, in den technischen Gegebenheiten einen Ersatz für den menschlichen Kontakt zu sehen. (Wir stimmen darin völlig überein.) Wir können es uns einfach nicht erlauben, es so weit kommen zu lassen, dass wir uns auf Kosten von zwischenmenschlichen Kontakten von der elektronischen Zauberei blenden lassen. Auch heute noch müssen wir den Menschen in die Augen blicken, auf ihre Stimme hören und ihre Hand ergreifen.

Auch dürfen wir nicht meinen, alle unsere Probleme würden auf dem Weg der Technologie gelöst. Die fortschrittlichsten Computersysteme, mit deren Hilfe man

Dutzende von Bibelübersetzungen und theologischen Werken zurate ziehen kann, wären zum Beispiel im Südsudan völlig nutzlos; denn dort gibt es vielerorts nicht einmal fließendes Wasser und Elektrizität. Die halbe Welt hat keine großen Möglichkeiten, auf Computer zurückzugreifen, und es wird noch einige Zeit dauern, bis sie jedem Menschen zugänglich sind. Deshalb müssen wir auf vielen Gebieten noch immer nach altbewährter Weise vorgehen.

Wenn ich nicht auf Reisen bin, gehe ich zu Hause einer bestimmten, absolut nicht technischen Freizeitbeschäftigung nach: Ich wandere. Insbesondere erwandere ich unsere Deiche und Hollands Strände. Sobald ich einen Abschnitt erwandert habe, kennzeichne ich ihn auf einer Landkarte in meinem Büro, und dann bereite ich mich auf die nächste Deichtour vor. Ich hoffe, am Ende jeden Deich und jeden Strand in Holland „begangen" zu haben.

Beim Gehen bete ich oder schreibe Briefe mithilfe eines alten technischen Dings mit Namen Diktiergerät.

Wenn ich dann so über das Meer hinausschaue, spüre ich die Kraft und Größe Gottes und auch, dass es noch so viel Arbeit zu tun gibt. Die Arbeit zur Verbreitung des Evangeliums scheint kein Ende zu nehmen. Wir werden jedoch nie müde, Christen zu sein oder dem Ruf Gottes nachzukommen. Ich werde nicht aufhören, meinen Teil dazu beizutragen, werde weiterhin auf sein Reden achtgeben und dorthin gehen, wohin er mich führt. So wie Josef es vor Tausenden von Jahren tat und es die Teams von Open Doors weltweit auch heute noch tun, werde ich nicht aufhören, meine Brüder und Schwestern, wo immer sie auf dem Globus verfolgt werden, zu lieben und ihnen die Hand zu reichen.

ZEHNTER SCHRITT

Aus Gottes Kraft leben!

Irgendwann Ende der Achtzigerjahre sprach ich mit einem jungen amerikanischen Missionar in Zypern über die notvolle Situation im Nahen Osten.

„Was ist die Antwort auf all diese Konflikte?", fragte ich ihn.

„Power-Evangelisation", lautete seine Antwort.

Mir sank der Mut. Nicht, weil ich nicht an Power-Evangelisation glaubte – an jenen Begriff, worunter einige Christen nachfolgende Zeichen und Wunder bei Evangelisationen meinen –, sondern weil hinter wahrer Power-Evangelisation mehr steht. Ich verstehe darunter die Kraftwirkung Gottes im Leben einer ganz von Gott abhängigen Person. Power-Evangelisation ist nicht Ausgangspunkt, sondern Folge bzw. Höhepunkt jahrelanger Planungen, Gebete, Vorbereitungen und so weiter. Sie ist nicht etwas, was wir besitzen oder erreichen, sondern vielmehr etwas, was durch uns hindurchgeht und gewissermaßen von uns ausstrahlt. Damit meine ich, dass andere Menschen durch uns die Auswirkungen der Kraft Gottes erkennen.

Werfen wir noch einen letzten Blick auf den Bericht von Josef; denn sein erstaunliches Leben verkörpert in besonderer Weise alle zehn Schritte. Nachdem Josef dem Pharao die göttliche Wahrheit verkündet und dessen Träume interpretiert hatte, machte der Pharao eine überraschende Bemerkung: „Gott hat diesem Mann seinen Geist gegeben. Wir finden keinen, der es mit ihm aufnehmen kann … Gott hat dir dies alles enthüllt. Daran erkenne ich, dass keiner so klug und einsichtig ist wie du" (1. Mose 41,38-39).

Der Pharao erkannte die Kraft Gottes in Josef an. (Seine Worte sind von besonders großer Bedeutung, denn die Pharaonen wurden während ihrer Amtszeit selbst als Götter angesehen.) Und weil er die göttliche Kraft erkannte, übergab er Josef irdische Macht über ganz Ägypten und machte ihn zum zweitwichtigsten Mann neben seiner eigenen Person. Er gab Josef seinen Siegelring, kleidete ihn in feine Gewänder, legte ihm eine Goldkette um den Hals, schenkte ihm eine besondere Kutsche und gab ihm sogar die Tochter eines Priesters zur Frau (1. Mose 41,40-45).

Beim Umsetzen der in diesem Buch dargelegten Schritte sollte unser Augenmerk nicht so sehr auf ein Amt oder auf das Drumherum der Macht gerichtet sein, sondern vielmehr auf das treue Verwalten der Macht und um unseren Einfluss zur Durchsetzung der Ziele Gottes. Irgendwann auf der langen Lebensreise wurde Josef klar, dass Gott ihn für einen besonderen Zweck nach Ägypten geführt hatte, nämlich um Leben zu erhalten (1. Mose 45,5). Ich bin ganz sicher, dass er zunächst nicht erkannt hatte, welche Absicht Gottes dahinterstand und wie diese Absicht erreicht werden konnte. Doch als er Gott treu nachfolgte und jede Gelegenheit wahrnahm, von ihm zu reden, und als er auf seine Weise die von mir in diesem Buch beschriebenen Schritte durchlief, erkannte er immer deutlicher, welche Absichten Gott mit seinem Leben verfolgte. Wo sind heute die Josefs in den Palästen dieser Welt?

Wenn uns einmal klar geworden ist, dass Gott einen Plan mit uns hat, der über unser kleines Leben hinausgeht, dann geht eine Kraft von uns aus, wenn wir evangelisieren. Gottes Plan für uns ist natürlich immer größer als unser Leben. Wir erkennen die Herrschaft Gottes über unser Leben erst dann in aller Fülle an, wenn wir seine Absichten erfassen und uns von ihm dazu gebrauchen lassen, in seiner

Kraft die Gemeinde Jesu zu stärken oder aber politische Strömungen innerhalb eines Systems oder eines Landes zu beeinflussen.

Was werden wir bei diesen „Auswirkungen seiner Kraft" empfinden? Wir werden wahrscheinlich das Gefühl haben, klein und unzureichend zu sein, völlig abhängig von der Kraft Gottes; denn in uns selbst haben wir keine Kraft. Genauso sollte es sein. Und das ist der einzige Weg, um wirklich effektiv zu sein. Und wenn sich unsere Ausgangsposition geändert hat, lassen wir uns zum „Ersten Schritt" zurückführen, um wieder ganz neu auf Gottes prophetisches Wort zu hören. Vielleicht ruft er uns in eine ungewohnte Situation hinein oder zeigt uns einen ganz anderen Aspekt unseres Auftrags. Wir werden dann erneut die Möglichkeit haben, diese Schritte in tieferem Glauben und festerem Vertrauen zu durchlaufen.

Gebet

Herr, hilf mir, mich deiner Macht und deinem großen Ziel für mein Leben auszuliefern. Amen.

ANHANG
Zehn Schritte

1. Hören!
Herr, hilf mir heute, dein prophetisches Wort für mein Leben zu hören. Führe mich dorthin, wo Menschen dieses Wort brauchen, selbst wenn man mich für einen Narren hält.

2. Handeln!
Herr, hilf mir, dein prophetisches Wort heute anzunehmen und mein Leben dementsprechend zu planen.

3. Beten!
Herr, mein Leben will ich im Dienst für dich leben, und so bitte ich dich, dass sich dein Wille in meiner Situation offenbart, und ich bete in deinem Namen gegen jede finstere Macht, die sich deinem Willen widersetzt.

4. Sich rufen lassen!
Herr, mach mich zum brauchbaren Werkzeug in deiner Hand. Lass mich in meinem Verhältnis zu dir heranreifen, damit ich wirklich vorbereitet bin, wenn sich die Gelegenheit ergibt, die Ernte einzubringen.

5. Mutig sein!
Herr, hilf mir, heute etwas für dich zu tun, was ich noch nie vorher getan habe.

6. Da sein!

Herr, zeige mir, wo deine Gegenwart am nötigsten gebraucht wird, dadurch, dass ich ganz einfach da bin.

7. Für Jesus leben!

Herr, hilf mir, so zu leben, dass deine Gegenwart in meinem Leben für andere sichtbar wird. Mach mich heute zum Segen für irgendjemanden.

8. Treu sein!

Herr, du hast mich zu einem bestimmten Zweck berufen. Hilf mir, dort zu bleiben, wohin du mich führst, und dir treu zu dienen.

9. Jesus ist Sieger!

Herr, ich danke dir, dass der Sieg dein ist, auch wenn ich mich mitten in einem geistlichen Kampf befinde. Hilf mir, diesen Sieg heute auszusprechen.

10. Aus Gottes Kraft leben!

Herr, hilf mir, mich deiner Macht und deinem großen Ziel für mein Leben auszuliefern.

Der Dienst von Open Doors

Über 100 Millionen Menschen leiden heute aufgrund ihres christlichen Glaubens unter Benachteiligung und Verfolgung. Manchen wird verboten, Gottesdienste zu besuchen oder sich zum Gebet zu versammeln. Wieder andere werden wegen ihres Glaubens an Jesus Christus gefoltert oder gar ermordet. Open Doors ist ein überkonfessionelles christliches Hilfswerk, das sich seit über 50 Jahren weltweit für verfolgte Christen einsetzt.

WIE ES BEGANN

Die Arbeit begann 1955 mit dem Schmuggeln von Bibeln hinter den Eisernen Vorhang. Damals brachte der Holländer Anne van der Bijl, der als Bruder Andrew oder – nach seiner Bestseller-Autobiografie – als „Der Schmuggler Gottes" bekannt wurde, Bibeln in Länder von Polen bis nach China. Heute ist Open Doors in rund 50 Ländern aktiv, vor allem in Asien, Afrika und dem Nahen und Mittleren Osten.

SCHWERPUNKTBEREICHE UNSERES DIENSTES

- Verteilung von Bibeln und christlichem Schulungsmaterial
- Ausbildung von Pastoren und Mitarbeitern der Untergrundgemeinden
- Gefangenenhilfe und Unterstützung der Familien von ermordeten Christen

- Aufbau von Zufluchtsstätten für ehemalige Muslime, die Christus angenommen haben
- Soziale Hilfsprojekte für mittellose Christen in der Verfolgung (Hilfe zur Selbsthilfe)
- Nothilfeprojekte in Konflikt- und Katastrophengebieten
- Information, Gebets- und Hilfsaufrufe an die Christen in der freien Welt

WAS SIE TUN KÖNNEN

Wer für verfolgte Christen beten möchte, kann das monatliche Open Doors-Magazin kostenlos beziehen.

Darin gibt es aktuelle Berichte von der verfolgten Kirche, konkrete Gebetsanliegen für jeden Tag des Monats und Projektbeispiele.

Darüber hinaus gibt es eine Vielzahl von Möglichkeiten, sich für verfolgte Christen zu engagieren. Gerne kommen Mitarbeiter von Open Doors auch zu Bildvorträgen oder zu Predigten in Ihre Gemeinde. Sprechen Sie uns an:

Open Doors Deutschland
Postfach 1142, 65761 Kelkheim
Telefon +49-(0)6195-6767 0
Telefax +49-(0)6195-6767 20
Internet: www.opendoors-de.org
E-Mail: info@opendoors-de.org
Postbank Karlsruhe, BLZ 66010075, Konto 315185750

Open Doors Schweiz
Postfach 147, CH-1032 Romanel s/Lausanne
Telefon +41-(0)21-731 01 40
Telefax +41-(0)21-731 01 49
Internet: www.opendoors.ch
E-Mail: info@opendoors.ch
Postkonto Schweiz: 34-4791-0

Das monatlich erscheinende Open Doors-Magazin mit Gebetskalender, Informationen und Glaubenszeugnissen verfolgter Christen kann kostenlos bei Open Doors bestellt werden.

Bruder Andrew
Verräter ihres Glaubens
Das gefährliche Leben von Muslimen,
die Christen wurden

416 S., Taschenbuch,
ISBN 978-3-7655-4019-6

Ahmed war von Jesus so fasziniert, dass er in der Moschee öffentlich eine sehr gefährliche Frage stellte. Den anschließenden Schlägen und Misshandlungen seiner Familie konnte er nach einigen Tagen entkommen. Doch wohin jetzt? Er musste untertauchen. Noch mehr jungen Männern und Frauen geht es ähnlich. Vorsichtig suchen sie nach einem Ausweg ...

Bruder Andrew
Licht zwischen den Fronten
Neues vom „Schmuggler Gottes"

384 S., Taschenbuch,
ISBN 978-3-7655-3898-8

Er sitzt bei Freunden in der Wohnung, während draußen Granaten fliegen. Er trifft sich heimlich mit Vertretern von Hamas und PLO, um mit ihnen über den einzigen Weg zum Frieden zu sprechen, den er kennt. Er war schon immer ein Mann ungewöhnlicher Wege: Bruder Andrew. In diesem Buch erzählt er von den tiefen Freundschaften zu Menschen im Nahen Osten, die er im Laufe der Zeit aufgebaut hat.

Soon Ok Lee
Lasst mich eure Stimme sein!
Sechs Jahre in Nordkoreas
Arbeitslagern

192 S., Taschenbuch,
ISBN 978-3-7655-3848-3

Sie glaubte der Propaganda. Sie hatte
eine gute Position in der Wirtschaft. Da
gerät sie durch eine Intrige in einen Machtkampf zwischen
Partei und Sicherheitsapparat. Trotz ihrer Treue zur Partei
wird Soon Ok Lee zu 13 Jahren Arbeitslager verurteilt und
erträgt dort unvorstellbare Leiden.

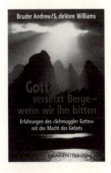

Bruder Andrew
**Gott versetzt Berge –
wenn wir ihn bitten**
Erfahrungen des „Schmuggler
Gottes" mit der Macht des Gebets

160 S., Taschenbuch,
ISBN 978-3-7655-3897-1

Bruder Andrew hat erlebt: Gott versetzt sogar „Berge",
wenn wir ihn darum bitten. Auf diesem Hintergrund setzt
er sich mit Fragen auseinander wie: Darf man Gott wirklich bitten, seine Pläne zu ändern? Ist nicht alles, was geschieht, sowieso Gottes Wille? Ein energischer Aufruf, die
Macht des Gebets wirklich zu entdecken und zu erfahren,
wie Gott antwortet.

Anneke Companjen
Lieder in der Nacht
Mutige Frauen
in der verfolgten Kirche

384 S., Taschenbuch,
ISBN 978-3-7655-4033-2

Anneke Companjen erzählt hier von Frauen, die eines gemeinsam haben: Sie zahlen für ihren Glauben einen hohen Preis. Ihre Männer werden verhaftet oder getötet. Sie müssen die Kinder alleine durchbringen, sind isoliert und verachtet. Die meisten von ihnen bleiben der Öffentlichkeit unbekannt. Aber ohne sie hätte die Kirche keine Zukunft. Und sie lassen sich ihre Hoffnung nicht nehmen.

Anneke Companjen
**Bittere Tränen –
leuchtende Hoffnung**
Die verfolgte Kirche und ihre
vergessenen Frauen

288 S., Taschenbuch,
ISBN 978-3-7655-3880-3

Sie werden bedroht, belogen, gemieden. Sie bangen um ihre Männer und Söhne. Aber sie geben nicht auf! Sie bekämpfen und überwinden mit ihren Familien Angst und materielle Not. Und sie verlieren nicht die Hoffnung. Sie sind die vergessenen Frauen der verfolgten Kirche.

Paul Estabrooks
Flucht aus dem Paradies
Die atemberaubende Geschichte
einer Familie aus Nordkorea

144 S., Taschenbuch,
ISBN 978-3-7655-3949-7

Pil Soo musste etwas tun! Seine Familie hungerte. Vom Staat war im „Paradies" Nordkorea keine Hilfe zu erwarten, da erfährt er: Es gibt einen Fluchtweg nach China! Mehrfach gelangt er heimlich dorthin und kehrt jedes Mal reich beschenkt zurück. Bis die nordkoreanische Geheimpolizei davon erfährt …

Paul Estabrooks
Codename Perle
China – der größte Bibelschmuggel
aller Zeiten

336 S., Taschenbuch,
plus 8 Fotoseiten
ISBN 978-3-7655-4054-7

Es war ein aufregender Weg von den ersten Plänen bis zum Auslaufen des Schmuggel-Schiffes im Sommer 1981. Innerhalb einer einzigen Nacht brachten Open Doors Mitarbeiter per Schiff eine Million Bibeln an einen südchinesischen Strand. Eine beispiellose geheime Aktion praktisch unter den Augen der chinesischen Kriegsmarine …

DVD

Hilferuf aus dem Iran

Die Geschichte der christlichen Märtyrer im Iran

Best.-Nr. 490006
EAN 4250222900060

Der preisgekrönte Dokumentarfilm erzählt das Leben und Wirken von Pastor Haik Hovsepian (1945-1994), der im Iran für seinen Glauben an Jesus Christus starb. Mit Originalfilmaufnahmen wird seine beeindruckende Geschichte im Kampf für die Kirche und Religionsfreiheit lebendig. Hovsepian war der Leiter der protestantischen Kirchen im Iran. Als ihm der Hinrichtungsbefehl für einen langjährig inhaftierten Pastor zugespielt wird, organisiert er eine internationale Kampagne zu dessen Freilassung.

Mit Erfolg: Pastor Mehdi Dibaj wird freigelassen. Hovsepian war immer als mutiger Verkündiger des Evangeliums aufgetreten, auch für Muslime. Schon lange hatte die Regierung deshalb versucht, ihn durch Drohungen und Versprechungen zum Schweigen zu bringen. Nun war sein Leben akut bedroht. 1994 wurde Hovsepian entführt, brutal misshandelt und ermordet. Ein Zeugnis für tiefen Glauben, Vergebung und Liebe.